失われた1100兆円を奪還せよ!

日本を成長経済に回帰させる方法

吉田繁治

ビジネス社

はじめに

本書を手にされた読者にお願いがある。できれば二度、全ページをご覧いただきたい。あたらしい経済観ができるだろう。「観」とは個人の知的財である洞察力である。大げさに聞こえるかもしれないが、経済の成長と世帯の実質所得の増加という観点では失政を重ねてきた政府、財務省、日銀を上回ることができるだろうと思っている。

日本が21世紀に陥っている「長期停滞」から成長軌道にのせる方法はあって、政府は回復の手段を取り得ることを示す。本書の目的がこれである。

経済には、①税を含む制度と仕組み（システム）に関連している「構造的な問題」と、②フローのマネーの量と流通速度、金利、通貨のレート、投資、物価などに関係する「循環的な問題」が重なっている。制度的な問題にたいしては改革しかない。マネーの増発という循環的な方法では解決ができない。

日本には3つの構造的な問題がある。

①高齢化と人口減が原因となった商品需要の減少
②実質賃金の減少（低い名目賃金の上昇率－物価の上昇率）
③1990年代からは1％未満しか上がらなくなった生産性（会社の粗利益額÷総労働時間）

結果として、G7でもっとも低い潜在成長力（0・5％～1％未満）という課題である。

この3つは1995年から30年間続いている投資不足の長期化、および低金利・ゼロ金利という現象である。高齢化と生産年齢の人口にともなって減少した需要に対応して実質所得と貯蓄率が下がり、「乗数効果」を生む国内への投資が減ったことが根本の問題である。こういった構造問題は、ルーカス以来の主流派になった「期待の経済学」を源流とする「異次元緩和」のようなマネーの増発やゼロ金利では直せない。日銀は、日本経済への認知と対策で失策を犯した。そのツケが1／2への円安だった。円の価値を守る使命をもつ日銀が円を下げたのだった。

異次元緩和で増発された500兆円のゼロ金利の円（日銀当座預金）は、400兆円がドル買いとなって米銀に流出し米国の株価・住宅価格を上げた。国内の銀行が日銀に国債を売って増えた100兆円は企業の設備投資と世帯の商品需要には向かわず、主に株の購入になった。日銀が目標とした2％の物価インフレは、二度の消費税増税のときだけだった。

本書では日本経済の30年にわたる問題を多角的に分析し検討した。構造的な問題の根にある「潜在成長力の低さ（0・5％～1％未満）」にたいして、3％に上げるための消費税10％の撤廃を提案した。G7でいちばんの低成長の問題は、サプライサイドより日本の銀行危機の1997年からの実質賃金の低下による需要の減少にある。需要を減らした実質賃金を増やすための消費税撤廃の財源としては、「対外純資産408兆円」の一部になっている外貨準備（1・2兆ドル：174兆円）を5年間にわたって利用する。日本がドイツの外貨準備（0・2兆ドル）の6倍をもつ意味はない。1995年以降の外貨が自由に買える時代には、「ブタ積み」になっているものが1・2兆ドルもある外貨準備である。

70万人／年の人口減のなかであっても、世帯の手取り実質所得の10％増加からGDP3％の経済成長の経済をとり戻すことができる。だれもこれを言っていないのは不思議である。外貨準備は、民間経済の過去の成長と強さの証《あかし》であった。これが2010年以降は無駄な外貨資産になっていて財務省が「専有管理」している。議会には財務省をチェックする能力がない。

米国には、2024年まで日本の1％未満より高いGDPの期待成長率（約3％）があった。3％から5％の金利のドルの買いになる、ゼロ金利の日本から海外への設備投資と証券投資は、とりわけ1995年以降に増えた。海外への設備投資と証券投資の増加が、期待利益率の低い国内への設備投資と、円証券と株への投資を減らしている。1995年から日本も参加した「世界金融のビッグバン」からは外貨の購入は自由化されている。預金金利がゼロの円からは、金利が高いドルへの投資、つまりドル買い／円売りが自然に増える。150円台の円安はその結果である。

中立的な金利は、「その国の物価上昇を含む名目GDPの期待成長率に正比例して変動する原理」を思い起こしてほしい。円が海外に流出する理由は、日本の名目ＧＤＰの期待成長率がＧ７でもっとも低く、金利も低いからである。金利が世界一低い状態を続けている構造的な原因は、潜在成長力がＧ７でいちばん低いことである。「国内のＧＤＰの期待成長率」は１％未満と低い。借入金利が銀行の事務手数料だけの０・５％から０・６％であっても国内への設備投資は増えなかった。借入金は利益から金利を払って返済しなければならない。ＧＤＰの期待成長が低く、設備投資での売上の期待値が約30年も低かった日本では、投資用の借入は金利がゼロ付近でも増えなかった。

円安の原因である日本のドル買いのリスクは、円高／ドル安である。このため海外生産が50％になった企業と経団連そして政府は、ドル建て対外資産と海外事業の利益の為替評価を減らす円高／ドル安を忌避《きひ》する傾向をもつ。円安／ドル高になる日に、日経平均が上がる強い相関があるのは、１９８０年代までは大きかった貿易の黒字が増えるという理由より、海外に行った工場の生産・販売から得るドルの為替差益《かわせさえき》が上がって、ＥＰＳ（１株あたり純益＝事業純益÷発行済み株数）が上昇することがはるかに大きい（累積の設備投資額では３０８兆円：輸出型の大手企業では海外工場の売上が50％）。

日本だけではなく、２０００年からの欧州・米国の生産はグローバル化している。日本の大手製造業の海外生産高は50％に増えてきた。１ドルが80円の円高だった１９９５年ころから、為替の変動を嫌った日本の製造業は、商品の輸出から「工場の輸出」に転換した。

２０１１年以降、貯蓄率の低下のため国内生産からの貿易の黒字はなくなった。海外生産の利益である経常収支はドル建てのまま年平均20兆円の黒字になっている。海外事業の利益は、円転されずドルのまま運用・投資されていて２０１２年からの１／２の円安が生じた。異次元緩和のなかでは、普通は通貨レートを上げる経常収支の黒字が続くなかで奇妙な円安になった。日本の工業の劣化から１／２への円安になったというひとがいるが、それは誤りである。日本の製造業は半導体のエヌビディアとコンピュータ関連以外で米国を超えている。

米国では、24年11月5日の大統領選でトランプが完全勝利をおさめた。上下両院でも共和党が両院を制した。トランプの４年、たぶん副大統領バンスが引きつぐ可能性の高い次の４年、合計ではこれから８年の米国の政策は、日本のみならず世界の政治・経済の体制、政策、国際金融に重大なかかわりをもつ。

トランプはやつぎばやに民主党勢力を一掃する閣僚の予定人事を発表した。その政策パッケージである「ＭＡＧＡ（米国の再興）」がどんな具体策か、世界戦略がどうなるか、まだはっきりしていない。しかし米国保守主義の根底には「プラグマティズム」がある。

米国は英国と戦争をして、新大陸に米国連邦として独立した国家である。欧州では、総じて「論理実証主義」の思考をとる。米国生まれのパース、デューイとともに「プラグマティズム」を創始したジェームズは、「人間は真理を知ることはできない」とし、政策や行動の結果として、いい状態が生じればその行動は正しいとした。米国の戦争もプラグマティズムの考えから行われる。プラグマティズムは、英国産業革命以来の工業で欧州を越えた新大陸における国民の経済倫理の思想になった。現代米国人の思考パターンにもなっている。

伝統主義の共和党とトランプが意識の底にもっている「格率《かくりつ》」、つまり判断あるいは認知と行動の善悪の基準になっているものはプラグマティズムである。米国の中等教育でもこの格率を教える。暗黙の「米国教」としてトランプとバンスの血肉になっている。

民主党では、米国伝統主義ではなく不法移民も許す過剰なダイバーシティ（人種混合）と偏狭なリベラリズムが強くなっている。リベラリズムは本来、自分が自由を欲するからあなたの自由も保証するというものであるが、民主党のリベラリズムは他派の言論の自由を抑圧することと、軍産共同体の米国一極の覇権主義になってしまった。これが民主党のプラグマティズムである。

一方でトランプのＭＡＧＡでは中国にたいする関税60％、他国への10％から20％がある。この関税が正しいものかどうか、だれにもわからない。結果として中国からの輸入を減らして米国産業の再興になれば正しいとする。これがトランプのプラグマティックな思考法である。プラグマティズムは目的合理性の思考法である。

たとえば異次元緩和は、日銀が目的とした２％の安定インフレと名目ＧＤＰの３％成長を果たさなかったから目的合理性の観点では間違いである。しかし日本人は目的合理性の思考が苦手であるから、間違いとは考えていないひとたちはいまでも多数派である。

トランプは、米国民の負担になっている米軍を世界から引きあげると言っている。米軍の戦後80年の世界戦略だった覇権主義の前方展開をやめて、その結果が米国経済にとってよければ退却も正しいとする。米軍の日本への駐留がなくなる方向になれば、日本は外貨準備の米国債1・2兆ドル（174兆円）を5年間にわたって売って5年間の消費税ゼロの財源にできる。

実用主義とも訳されるプラグマティズムは、米国の成果主義である。

こうした筋の政策の合計がMAGAであると考えると、トランプ政策の全体が理解でき、日本は対応策を考えて実行できる。

外交は国益を主張するものであるが、利害の対立があるから相手の考えの筋を知って妥協点を探らねばならない。妥協できないときは国益の追求が戦争にすらなることがある。中東ではいつも戦争が起こっている。

書名にかかげた世帯が政府から奪還できる「1100兆円の所得」の試算根拠を示す。

外貨購入が自由化された1995年以降はムダになった外貨準備1・2兆ドルを5年間にわたって売って、消費税をゼロにすれば、消費額平均250兆円×10%×12年＝向こう12年では300兆円が実質の世帯所得になる。

25兆円の世帯所得の実質が増えて需要に回り、名目GDPが3%台の成長路線にのると、国債の金利から決まる銀行預金の金利は2%には上がる（実質金利はマイナス1%を想定）。その国の名目金利は、消費税ゼロのあとの期待経済成長率3％に正比例して上がる相関があるから、「中立金利」は3％付近に上がる。中立金利は国債の金利と預金の金利に影響を与える。

他方で国庫には、消費税ゼロで23・6兆円の減収が生じる。外貨準備の米国債売りの1年で25兆円(1700億ドル)によって補塡ができる。控え目に1年に1700億ドルを売っても、1・2兆ドルの外貨準備は7年分の消費税ゼロの政府財源になる。外貨準備は、日本政府の対外資産である。国庫の収入が増える政府は、経済を縮小させて世帯の所得を減らす増税や緊縮財政をすることはない。40年から50年も経って老朽化している多くの公共設備にたいしても更新や新設の投資を増やすことができる。地方にいくとわかるが国土の保全には火急の対策が必要である。

需要と国内投資の増加から名目成長率が3％（金額では600兆円×3％＝18兆円／年）に上がると、所得税の「弾性値」は1・0付近であるから、1年後の政府の税収も18兆円増える。所得と税は名目で計算されるからである。（注）政府は2022年の所得弾性値を1・1で計算している。

3％の経済成長による所得税の増収が、「政府国債の1200兆円×想定2％＝24兆円」への国庫からの利払いの増加も補塡する。国債の利払いと公共投資を増やしても財政のプライマリーバランスは黒字に向かう。防衛費2倍の財源にもなる。

消費税ゼロのあと1年くらいで、世帯の実質所得の増加からの商品需要と設備投資の増加がもたらす乗数効果から、日本の名目GDP成長率は3％に向かう。名目GDPが3％に上がると銀行預金の金利は2%あたりに上がる。世帯預金1100兆円×預金金利2%＝22兆円／年の世帯所得も回復する。消費税のゼロ効果で、実質の世帯の実質所得は25兆円増え、加えて預金金利が2%と低くても22兆円、合計で47兆円世帯の所得が増える（所得総額288兆円の16%に相当する）。

ゼロ金利で世帯が失ってきた30年間の預金金利約700兆円は、上がる預金金利だけでも30年で奪還できる。高齢者世帯の平均預金2000万円は、預金金利が普通の2%なら毎年40万円、3%なら60万円になるから、生活費としての厚生年金の不足を補うものだった（源泉税20%を引いて48万円）。65歳以上の2580万世帯（2021年）のささやかな夢の一部はここにあったが、26年間の潜在成長力の1%未満からくるゼロ金利で無効になっていた。こうしたケインズ風の乗数効果は、第9章と終章に書いた。

筆者は24年、無料版と有料版（660円／月）のメールマガジン、『ビジネス知識源プレミアム』を週刊で発行してきた。最新号で1487号になった。一回がA4で約20ページ、書籍では40ページに相当する。24年で書籍49万ページ、計算すれば約200冊分になるから自分でも驚く。重要な時事トピックに合わせて経済問題、数理的な金融、ビジョン経営、流通の生産性上昇、情報技術の意味と利用法、イデオロギーと経済思想という広範囲なテーマについてプラグマティズムの方法で書いてきた。この思考法はウォルマートを創業したサム・ウォルトンもとっていた。「まぐまぐ」のサイトで登録ができる。夢想ではなく「根拠をもった論理的な思考」のため購読をお薦めする。

有料版　：https://www.mag2.com/m/P0000018?reg=mag2top

ホームページ　：https://www.cool-knowledge.com/

著者への質問や要望は、メールで行っていただきたい。

メールのアドレス：yoshida@cool-knowledge.com

吉田繁治

もくじ

第三章 消費税は経済成長を抑圧する

第四章 人口減なのに消費税10％ 五公五民の社会

第五章 外銀も口座をもつ日銀当座預金の機能

第六章 崩壊する資産バブル経済

第七章 国民の実質所得は20年で13%低下した

第八章 わが国の人口構造と住宅需要

第九章　長期停滞にかかった日本経済

第十章　国家の審議がない一般会計と特別会計

第十一章

成果をあげることができなかった異次元緩和

第十二章

1995年からの円安とその意味

第一章
われわれが向かっている経済、金融、社会

われわれが向かっている経済

日本は衰退に向かっていると感じているひとびとが増えてきたように思える。とりわけ2020年からのコロナ・パンデミック、2022年2月からの資源・エネルギーの高騰と世界インフレ、世界の軍事費の急増をもたらしているウクライナ戦争が加わってからだった。

軍事費は国力の費消である。武器の生産と輸入、そして兵士の雇用が増える分、国内の民間経済を圧迫する。結果はいつも物価の高騰である。軍事費は官の経済であって、その国の商品を生産する設備・機械・労働は有限だからである。

人類の歴史を作ってきた戦争は、国民である兵士の死傷、国土の破壊とインフレでしかない。

コロナ禍からウクライナ戦争、イスラエルと中東の戦争に至った世界の激動と国力の費消は、歴史的には冷温の第三次世界大戦に相当するだろう。兵器産業は武器弾薬の在庫一掃と新兵器の生産が必要だから、一極覇権主義の米国は定期的に戦争を仕掛けてきた。強制的に付き合わされる国民にとって害毒でしかない。なお主義とは何を重んじるかということである。

この観点からグローバルな金融投資家たちのなかには、2000年代の世界のディスインフレが戦争が始まった2022年からインフレに転換したと長期的な見解をとるひとたちがいる。しかし戦争経済への感覚が疎《うと》い日本人にその見解は少ない。

コロナ禍によって米国のFRBは4兆ドル（580兆円）、欧州のECBは4兆ユーロ（670兆円）、日銀は170兆円、合計で平時ではありえない1420兆円（日本のGDPの約2・4年分）を使っている。

「時代」はマネー量の増加と循環、すなわちインフレで1単位の通貨価値の低下から変化を加速させる。GDPの成長限界以上の金額が増発された通貨は、1単位の価値を減らす。

時代とは、①生産と流通の経済の構造と技術、②国家・企業・世帯が3つの核である社会の構造、③政治思想、文化、思想の総合からおなじ時代を保つ一定の長さの歴史的な時間をいう。「総合」はダイバーシティのような移民による人種の混合だけではなく、各要素が影響し合って社会の総体を作って変化させる動的なことである。料理でも組み合わせる食材によって量ではなく質が変わる。たとえばEUの30年の目覚ましい変化がある。ドイツのように移民人口が

27％になると人種の混合だけではなく、ひとびとの行動が影響し合って社会、経済、企業、街は一変する。

時代は30年で一変してきた。30代のひとたちが60代に、40代なら70代にみな平等に1年に1歳年齢を重ねる。年齢は生きた時間の量的な変化ではない。体験が重なって人体とその考えが変わる。古来、30年で時代の一世代が転換してきた。１９９５年の１ドル80円の時期に、現在の日本・米国・中国・インド・韓国・ドイツの姿、インターネットやＡＩを想像できるひとはいなかった。

２０００年からの日本経済には、以下の４項が重なっている。
①30年前の１９９５年には想像できなかった世界一の人口減と重なる高齢化。
②人口の40％に向かう高齢層を支えるひとたちの労働生産性の停滞と人口減。
③失業率が２・５％と低くても設備がフル稼働したときの潜在成長力の低さ。１９９０年までは４％付近と高かった。２０２０年代は０・５％あたりである。
④政府債務のＧＤＰ比２５８％は、今後も増える見込みしかないこと（２０２４年）。
この条件下で30年先の２０５５年の日本をどうイメージできるであろうか。１９７０年には２０００年は赫奕《かくやく》として見えていた。１９８０年もおなじだった。資産バブル崩壊の１９９０年から暗雲が垂れこめるように変化してきた。２０００年は米国のＩＴバブル崩壊からはじま

った、11年の3・11は東日本大震災の福島原発の爆発からはじまった。２０２０年はコロナ危機、22年はウクライナ戦争だった。現代史はおよそ10年から12年ごとに大きな事件が起こって枠組みを変えてきた。

ＧＤＰの潜在成長力は生産設備（＝資本）、労働、生産性が１００％稼働したときの仮想的なものである。ＧＤＰの増加率以上のマネー増刷は潜在成長力が低いときにインフレをもたらす。「インフレはいつでもどの国でも貨幣がもたらす現象である」というフリードマンの仮説は正しい。

ここで08年9月のリーマン危機を振りかえる。ひとびとが未来を予知できなかったことの事例として、である。現在のバブルの状況も、われわれには認知できていないだろうから。

マネーの予想リスクを交換するデリバティブが普及したとき、マエストロと讃《たた》えられていたＦＲＢ議長のグリーンスパン（１９８７-２００６：19年4期）は、「これから景気サイクル（好況と不況の景気循環）はなくなる」と言ったが虚説だった。その直後にデリバティブの破綻から08年の9月15日からリーマン危機が起こった。このときは「バブルのなかではバブルという認識はできない」とコトバを翻《ひるがえ》した。

グリーンスパンには認知ができないだろうが、中央銀行しか犯人がいないバブルの認識はできる。グリーンスパンはリーマン危機を起こした人物だった。退任後は、ヘッジファンドと金の会社のコンサルティングをしている。いいかげんな状況論理のエコノミストだったものの、任期は19年と最長だった。黒革のブリーフケースにいれた統計グラフをいつも読んでいた。FRBの議長はいわば世界通貨ドルの大統領である。

「米国はドルを刷ることができるので、米国債が債務不履行を起こす可能性はない」というマネタリスト風のコトバも残して、日本のリフレ派がありがたがって典拠《てんきょ》にしている。

グリーンスパンで印象に残っているのは、「金利を上げたのに住宅価格の上昇が続いている。不思議なことだ」と言ったことだった。人工的な金融に複雑系の動きがあっても不思議はない。おなじ複雑系でも天候や地震に不思議がないこととおなじだ。利上げのなかでも米国の住宅価格が上がった原因は、銀行危機の1999年から金利がゼロだった日本が金利の上がったドルを買って米国にマネーを供給していたからだ。金融・経済は見えない原理どおりに動いているが、人間はそれを認知できない。

米国が利上げで金融を絞ったとき、ゼロ金利の日本がドル国債、ドル債券を買って米国に金融緩和になるマネーを供給する。この構造は2023年、24年の円安のときも変わっていない。

米国の住宅価格は2000年から年平均12%、6年間続けて上がり、全米平均価格は15万ドルから30万ドルへと2倍に高騰していた。2020年から24年とおなじように、ゼロ金利の円がドル買いになって米国に流入し、米国の金融機関が利用した。

【リーマン危機のきっかけは日銀の0・25%の利上げだった】

米国の住宅価格の下落は、２００６年７月に日銀がわずか０・25％への利上げをしたことから起こった（６年間のゼロ金利の解除）。原因は金利が上がった円によるドル買いが減ったからである。

つい最近もおなじことが起こった。日銀によって０・25％への利上げがされた24年７月30日以降、週明けの８月５日に起こったファンドのキャリー・トレードの巻き戻し（円買い）37兆円とおなじである（ブラック・マンデー）。円の暴騰は激しい「ドル売り／円買い」の結果としてドルのマネー量を減らし、世界の株価と資産の価格を下げる。日経平均は、７月11日にたいして25％も下がった（８月５日）。高騰していたナスダック１００は15％下がった（同日）。

１９９５年から日本も加わった金融ビッグバンで外貨購入が自由化されたあと、Ｇ７の国内と国際金融はもう一国金融ではなくなった。金利と通貨レートの予想を媒介にして、マネーの瞬間移動が起こるのが現代の国際金融である。１９８４年までの一国金融を前提とした経済学説は成り立たなくなった（「マンデル・フレミングモデル」という：１９９９年ノーベル賞）。

会社のキャッシュ・フロー計算書を作る仕事を38歳のころまでしていて、マネーの循環から経営と経済を見る癖《くせ》のある当方にとっては自明だが、バランスシートのない損益で見るエコノミストには国際的なマネー循環にたいする実感がないようだ。実感がないと机上論《きじょうろん》になる。日本の国内と海外とのあいだを含む円マネーの資金循環表がこれである。

（日銀資金循環表：24年９月19日）。https://www.boj.or.jp/statistics/sj/sjexp.pdf

①日本の世帯の金融資産（２２１２兆円）、民間法人の金融資産（１１５９兆円）、政府と政府系金融の金融資産（９０６兆円）、日銀の通貨発行（６７６兆円）、合計４１７７兆円が円でのマネー資産の全体である。

②この４１７７兆円は銀行を介して、世帯の借入金（３９２兆円）、民間法人の負債（２２９７兆円）、政府の負債（１４３１兆円）になっている（合計は４１２０兆円：誤差脱漏あり）。

③しかし日本の銀行、官民の法人と世帯は、その金融資産で海外の資産と債券を合計で１６５９兆円買っている（これが海外への貸付金になる＝対外資産）。

他方、海外からの日本の資産と債券の買いは１１１９兆円である（海外からの借入金になる＝対外負債）。差し引き、対外資産１６５９兆円－対外負債１１１９兆円＝対外純資産５４０兆円である。

この５４０兆円が24年6月時点の1ドル１６０円台の円安差益約１００兆円を含む対外純資産である。

④対外純資産は、日本の金融資産が80％は米国に純貸付金となって流出していることを示す。日本経済は、総金融資産（４１２０兆円）の１００％を国内では利用せず、１００兆円の円安差益を抜くと４４０兆円（11％）を海外に純貸し付けしている。円の海外流出とおなじである。日本は１９９０年から一貫して米国にマネーを供給してきた。

【計測方法の異なるインフレがすべてを混乱させている】

ホテルの部屋は満室以上に貸すことはできない。商品の生産なら、生産ラインの能力以上の生産はできない。生産量１００％の瞬間が国の経済では需給ギャップがゼロの実質経済の成長限界、すなわち潜在成長力である。

労働力になる人口と国内への投資が減っている日本では、これが年間０・５％増あたりであってＧ７でいちばん低い。（注）需給ギャップ＝潜在成長力－実際の経済成長：名目経済成長がマネーの増加による需要増から潜在成長力を上回るとインフレになる。

潜在成長力が低いから１９９５年から29年間、金利も世界でいちばん低くなっている。金利が低い円から続けてドル買いが起こり、円の海外純流出の累計が４４０兆円になっている。約30年の日本は、まさに低金利通貨の海外への流出を説くマンデル・フレミングモデルだった。

需要を作る信用通貨は、政府・中央銀行がいくらでも増やせる。他方、１年後の生産量には設備と労働力の限界がある。増やされたマネーが海外に流出しないときは、物価が10％上がって、増やされたマネーの１単位の価値（1万円の購買力）は90・９％に下がる。

10％の期待インフレでは、１年後のマネーの価値は10％下がる。中央銀行が介入しない「マネーの供給と需要だけで決まる自然金利」なら、１年で10％の価値が下がる。だから期間１年の貸し付け金に10％の金利がつく。これが名目金利であり、その社会で期待されるインフレ率を引いた自然の実質金利はゼロという意味である。期待金利＝物価の期待上昇率＋実質ＧＤＰの期待成長率である。

10％の高い金利では、大きな負債をもつ政府と企業側に都合が悪い（不良債券が増える）から、中央銀行はマネーの供給量を増やして、自然金利への金利上昇を抑圧《よくあつ》して実質金利のマイナスを維持する。

コロナ禍前の2019年から各年度の物価のサンプリングを変えて低く出す米国政府統計でも、物価は1・3%、4・7%、8・0%、4・1%、3・0%上がった。5年の合計では1・18へと18%上がっている。これは2019年の100ドルの商品購買力である通貨の価値が100ドル÷1・18＝84・8ドルに下がったことである。

日本では、おなじ年度に政府統計で0%、0%、2・5%、3・3%、2・2%のインフレだった。5年合計では8・2%だった。1万円の通貨の価値は1万円÷1・082＝9242円に下がった。

わが国の1世帯の平均預金は約2000万円である。この2000万円の預金の価値は、政府の低い物価統計でも1848万円へと152万円下がった。知らない間に152万円分の通貨価値が消えた。これが政府の物価統計でのインフレであり、通貨の価値の下落である。

物価が下がるデフレは通貨の価値を上げるが、負債の価値も上げて企業の借り入れを抑制し、経済を縮小させる。企業利益の増加が必要な資本主義では、政府・中央銀行がデフレを選択しない。

【インフレへの社会の集合知は10%と高い】

政府の物価統計と異なる日銀の調査によると、世帯がよく買う生活必需品の価格上昇は2020年2%、21年3%、22年10%、23年10%、24年10%（いずれも中央値）と答えている。これが商品を買う世帯の行動経済学的なインフレの認知の「集合知」である。全品目のインフレ率が低い政府統計ではなく、世帯からの購買頻度の高い商品にかんする調査では、主婦はコロナからの5年で1・5倍の物価インフレがあったと認識している。これは食品の価格の上昇に近い。このように政府統計の物価が低く、実際に商品を買う世帯の集合知の物価が高いと、物価を抑えるときでも中央銀行の金利は低めに決定されるから、インフレは長期化することになる。

（各年度の世帯の物価認識は以下の、「日銀：生活意識にかんするアンケート調査」）
https://www.boj.or.jp/research/o_survey/index.htm

【政府物価とは大きく異なる商品の物価】

物価論の世界的権威で店舗のPOSの調査よる東大日時物価指数を発表している渡辺努教授も、世帯が高頻度に買う商品の価格は全品目の政府統計である3％付近より5ポイント高い8％付近としている。この8％は日銀生活意識調査の23年と24年の10％上昇に近いが、政府統計の2％台や3％台とは大きく異なる。5年間の世帯の感覚にとってスーパーで購買する商品の物価は、5年間で1・5倍に上がっている。

小売業チェーンの経営指導もしている当方の物価感覚も店頭の棚から5年で1・5倍である。店舗で商品を買う世帯にはコロナ禍以来の物価感覚がこれであって、明確にインフレ時代への転換を示している。

1万円の通貨の価値は、過去5年間の世帯の物価感覚から1万円÷1・5＝6666円に下がっている。給料が30万円のひとは、スーパーに行くと5年前に比べて20万円分の購買力しかないと感じている。これは驚くべきことであって、約20年デフレと言われてきた日本は、この5年でマネーの面で事実上「世界の第三次大戦」の戦争状態になって、円の増発からインフレに転換している。

①物価、②失業率、③GDP統計の3つは、政府の一般会計、特別会計の純計320兆円（GDPの60％に相当）の政策予算を決めるベースになるものである。岸田政権、石破政権と自民党は、ともに2024年からの国民の支持率が30％台と低く、政権の維持をむずかしくしている。米国では物価対策を語らなかった民主党のハリスが惨敗し、トランプが大統領に就《つ》いた。その前に自公政権も過半数を割った。

根本の原因は政府・自民党と国民との間にある経済認識のギャップだろう。国民の政府と政権への支持の基盤になるものは、家計の経済以外はない。政府と世帯にはコロナとウクライナ戦争以来、とくに大きな認識の差がある。

ウクライナ戦争の実態は、ウクライナ軍に兵器とマネーを送る米国・英国・EU・日本連合と、拡大BRICSのリーダーであるロシアの代理戦争である。この意味からも内容は世界大戦である。日本は、この10年で500兆円のマネー増発によって「国力」を費消してきた。100兆円を使ったコロナ対策費でも、国民所得を上げる経済的な資産は何も残していない。

物理的な限界がある生産力（潜在ＧＤＰ）のなかで人為的な信用通貨のマネー量の増加（＝銀行預金のマネーサプライの増加）は通貨1単位の価値、すなわち購買力の低下を示すだけのものだ。マネー量×（1＋増加率）＝1年後の物価＝現在の物価×（1＋インフレ率10％）である。

しかし日本では、約30年潜在成長力と金利が世界一低く、５００兆円増発された円は約４００兆円がドル買いに流れて国外に流出したから、国内のインフレは起こらなかった。ドル買いの純額４００兆円のジャパンマネーは米国でドル高とインフレ、株価と不動産価格の高騰を起こした（これも「マンデル・フレミングモデル」。世界一の低金利の通貨の円の海外流出）。

【セキュラー・スタグネーション】

２０００年を起点に年々高まってきた生産年齢人口の構造的な減少によって所得と需要と国内の設備投資が伸びず、ＧＤＰが増えない日本の状態は、米国の経済学者サマーズが指摘した長期停滞（セキュラー・スタグネーション）であった。

インフレ率を引いた日本の実質ＧＤＰの期待成長率が０％から１％あたりに低下した結果、金利も０％あたりに下がって24年も経った。この長期停滞の４つの条件は解消したのではなく、年々強くなってきた。「加速した時代の時間」に併行《へいこう》したのは、マネー量の縮小ではなく増大だったが、マネーの増発は経済成長と賃金の増加に効かなかった。

設備（資本）と労働と技術が１００％稼働したときの潜在成長力は、

①国内の設備投資の減少（海外投資は累積で308兆円に増加）、
②働く世代の生産年齢人口の減少（30年で1546万人減：年平均52万人減）、
③労働時間あたりの生産性（年＋0・5％付近）が約30年も増えなかったからである。
GDP全体の結果はゼロ成長に近く、円は1995年の1ドル80円から1／2の円安である150円台に下がった。

中央銀行によるマネーの増刷は、いわば生理食塩水の輸血であって薄まった血液の量だけが500兆円増えた。ひとびとの需要に生理的な限界がない金融商品の株価と不動産が上がった。国債の価格上昇は、増えたマネーが生む金利の低下である。商品の需要には一定量を越えると充足があって、それ以上の需要はない。しかし株や不動産の金融商品に需要の限界がない。だからマネーがあると価格はどこまでも上がる。これがバブルである。


【GDPの内容】生産年齢人口は男女の15歳から64歳を指し、その世代の就業率が70％と高い。生産は製造業のものだけではない。商品とサービスに付加価値を生む全部の産業をいう。小売業は売上－仕入れ高＝売上収益ともいう付加価値を生産する。医師は診療収入－診療材の仕入れ＝診療の付加価値として医療サービスを生産している。無形の商品を経済学ではサービスという。交通・通信・電力・観光・外食・行政もサービスである。ただし行政は公務員の人件費のコストがサービスと等しいから付加価値は生まない。現在の日本のように官の経済である付加価値を生まない行政サービス（一般会計と特別会計の純計＝約350兆円）がGDPのなかで、五公五民の50％に増加すると、GDPは成長しなくなる。

サービス商品は就業数で雇用の70％に増えていて、付加価値額でもGDPの約70％を占めている。全産業が生む付加価値の国内生産の合計が、名目GDP（国内総生産）である。

たとえば物価上昇が3%なら1・03のデフレーターで割ると、実質のGDPになる。名目は物価上昇を含む金額だが、実質は商品数の生産になる。また日本資本の企業であっても、海外での生産と需要は日本ではなく海外のGDPになる。

日本と世界の金利の決まり方

日銀の国債オペレーション（=売買）を含んで国債を売買する債券市場で決まる長期金利は、物価の期待上昇率を含む名目GDPの成長率との相関がある。

金利は、既発国債の市場における売却価格が決める。債券市場で激しく売買されている国債の価格が下がるとマネーの金利は上がる。国債の価格が上がると国債発行時に固定されている金利の利回りが下がって市場の金利も下がる。（注）日本では、現先を除くと国債の1日平均の売買額が約10兆円である。1200兆円の国債は1年におよそ2回転している。5兆円の売買がある現物株式市場の株は、1年におよそ1回転する。国債市場はドル円のレートを決めている1日160兆円の外為市場について大きい。

債券市場における国債の売買価格で決まる金利のメカニズムについては、意外に知らないひとが多い。経済新聞の記事では、中央銀行が金利を決めているように見える。その理由は、中央銀行の国債の売買額が債券市場でもっとも大きいからである。国債の売買価格で金利を決めるのは、債券市場のプレーヤーである。中央銀行がビッグプレーヤーである。

日本の債券市場では現先を除いて、国債には1年でおよそ2回転する一般売買額がある。官民の邦銀と外銀の銀行間、証券会社のあいだの電子決済なので目に見えない。残高が1200兆円の国債は内外の金融機関が約50％、日銀が約50％をもっている。

国債は満期までじっと温存されているのではない。バラツキはあるが平均の保有期間は6か月であり、激しく売買されていて価格と金利が変動している。（注）「現先」とは一定期間のあとに相手と約束した一定の価格で国債を買い取ることを約束した売買である。日銀と銀行間で盛んに行われている。

外貨の売買が自由化された金融ビッグバン前の中央銀行の公定歩合（銀行に国債担保で貸すときの金利）や、プライムレート（銀行が最優遇顧客に貸すときの金利）の役割は小さくなっている。これらは国債価格ともに変動している国債の利回りに従属し、金利は債券市場における今日の国債の売買価格によって決まっている。現在、米国の10年債の長期金利は4・1％あたりを変動し、日本では1・0％付近である（24年11月9日）。

【1990年以降、期待の経済学になった】

経済学で使う「期待」は、債券市場で国債を売買している投資家の6か月ないし1年先くらいまでの集合的な予想をいう。21世紀の経済学では、ケインズ批判をしたルーカスの合理的期待の理論（1976年）「期待の経済学」が幅を利かしている。国債、株式、外為市場での通貨の価格は変動する内閣の支持率に似ている。社会の集合知が決定し、その心理は変化するから価格は日々激しく動いている。心理は感情と理性の混合である。心理を認知ともいう。人間の経済的な認知、認識と言い換えてもいい。これを研究するのが行動経済学である。

〈集合知とはどんなものか〉 蜜蜂は見事な六角形の巣を作って花の蜜を集める。ところが蜜蜂には巣の設計者はいない。女王蜂は子供を産む役割であり巣の設計者ではない。なぜ世界中でおなじ形の巣ができるのか。蜜蜂という種の社会が協働（コ・ワーキング）する集合知が本能に組み込まれているとしか考えられない。

ここから人間の社会にもあると想定できる集合知の概念が社会学によって作られた。株価は多くの投資家による売買の結果の集合知であろう。

世論調査の結果は、そのときの政治への社会の集合知であり、選挙の結果も集合知である。株価も選挙結果もまちがうときがある。社会の心理である集合知も正しいときと、まちがえるときがある。

われわれは、「世界の状況-内-存在」であって、その時代の個人のものではない社会心理は、個の心理にはいりこんでいる。日本人と米国人、ロシア人、中国人、中東、イスラエルの社会の集合知は、人間は昆虫のようには本能だけでは動かないので異なっている。宗教、経済的利害、価値観、伝統文化、制度と慣習が関係している。

株の売買で見られる、

①「企業の将来のEPS（1株あたり純益）、それに金利、円レートを予想した織り込《おこ》み」、

②日銀の政策金利（短期誘導金利）の決定のときに参照される、およそ1年後の「期待インフレ率」も市場の集合知である。

集合知は、集団内の相互作用から過剰な期待が生じて、まちがえるときがある。これが歴史的には12年から18年のサイクルが多かった、資産バブルの発生と崩壊である。

〔国民の意識とは大きく違う政府統計の物価〕 24年9月時点で、わが国の政府統計での物価上昇率（全分野の商品とサービスの価格の総合）の実績は2・1％である。ただし日銀は24年の通年の期待インフレ率は2・5％、25年は2・1％としている（展望リポート）。この期待インフレ率は、当面下がらない。26年でも1・9％である。日本は借金の増加で経済を成り立たせている米国よりは低いが、インフレ時代にはいっている。

日銀の政策委員9名は、2025年にさほど下がらないと見た期待インフレ率から政策金利を0.25％に上げた（24年7月30日）。債券市場が決める日本の長期金利は上がり気味ではあるが、まだ0・98％と低い（24年10月22日）。

米国では、物価上昇の低下予想の上昇から24年9月の3・6％が11月4日に4・3％へと19％も上がった。日米の金利差拡大のため、円からのドル買いが増えてドル／円は9月16日の142円から153円と8％の円安になっている。

〔0・15ポイントの日銀利上げからの波乱〕 7月30日からの日米の株価を暴落させたときの日

銀の政策金利の上げは、ごくわずかな０・15ポイントだった（日本版ブラック・マンデー：7月11日比の日経平均株価はマイナス25％）。

政策委員たちの集合知である期待インフレ率の想定にわずかな変動があっても、バブルの高い水準で激しく動いている通貨レートと株価にとって重大になる。

世界は、米ドルをもっとも多く買う日本をゼロ金利の国と見ているからだ。

日銀は、24年12月には利上げを見込んでいるという観測がある。

しかしとくに今年は、日本の総選挙（10月27日）と米大統領選挙の（11月5日）のあとの株価次第で、どうなるか不明な部分が大きい。経済の重点政策は政権で変わるからである。

いま株価は２０２５年バブル崩壊と、一層の上昇をするという見方で分かれている。

〔総選挙の前後の株価〕 日本の総選挙が15年ぶりの自公の過半数割れで決定し、明けた10月28日の東証前場（午前）の日経平均は５５０円上げて3万８５００円になった。土曜日の選挙の終了時刻には、自公が過半数を割るという観測が強くなり、３万７２００円（マイナス３％）まで急落していたが、海外ファンドの買いが月曜日にはいって３・５％急騰した。それにたいして円は下がった。株価とドル円のボラティリティ（標準偏差の2倍の変動幅）はともに激しい。

こうした現象は、投資家がいだく経済の将来への不安心理の大きさを反映している。

〔人口構造で世界の先頭を走っている日本〕 １９９７年以降、日本の期待ＧＤＰの成長率はおよそ1％未満であって世界一低い。名目ＧＤＰの期待成長率に比例する傾向がある金利は、０・

5％未満である。約30年、マイナスの金利すらまじったゼロ金利の期間が長かった。これも世界で最初だった。

日本の経済は、人口の構造、ＧＤＰの成長率、物価の上昇率、金利の低さにおいて27年間、世界の先頭を走っている。今後もおなじだろう。先行きの経済の構造的なくびきが加速する人口減少の問題である。２０６０年の人口は９０００万人台と予想されていて、１年平均１００万人、34年で３４００万人（27％）も減ってしまう（国立人口問題研究所）。

年齢の上昇による人口減は確実なので、日本のＧＤＰがいまの構造のままで上がることはない。逆に下がるが、その未来認知はあるだろうか。

〔日米の金利差が円安の主因だった〕１ドル80円の１９９５年以来、期待ＧＤＰ成長率の低さと日本の金利の低さ（０・５％）がドルとドル債の買い（＝円売り）を増やした。

マネーの国際収支

〔赤字の米国にマネーが流入〕経常収支で世界一の赤字を続ける米国（４０００億ドルから１兆ドル）は、構造的に海外からマネーが流入する。国際収支尻で正確にとらえれば、経常収支の赤字（マネーの流出）＋金融収支の黒字（マネーの流入）＝ゼロになる。

金融収支の黒字として経常収支の赤字分のマネーが海外から流入しないと、経常収支は赤字を続けることができない。1995年の金融ビッグバン以降、ドルの海外からの購入が容易になったので米国の経常収支の赤字は膨らんだ。米国は海外からの借金が増えないと経済が回らない。米国の対外純債務は、毎年約1兆ドル増えて21兆ドルに達している。来年は22兆ドル（3190兆円）に増える。

〔黒字の日本からはマネーが流出〕　一方で日本のように1980年代から経常収支の黒字を続ける国では、経常収支の黒字（マネーの流入）＋金融収支の赤字（マネーの流出）＝ゼロになる。

実際の金額で示すと、2023年度は日本の経常収支の黒字が25兆円である。

この分のドルが海外の工場を含む日本資本の企業に流入した。

他方、日本からマネーの純流出である日本の金融収支の赤字（主に米国へのマネーの流出）は22兆円だった。3兆円の差は誤差脱漏である。財務省がとらえきれていない誤差脱漏は、全部がタックスヘイブンへのマネー・ロンダリングとはいえないが、毎年2兆円から4兆円くらいはある。日本の企業会計を全部集計したときの誤差とおなじである。全数の集計データには補足しきれない誤差が出る。

〔ドル買いの超過から円安になる〕　日本からのドル買いの超過が日本側の金融収支の赤字になる。80％は米国のドル買い、ドル証券の買いである。日本の金融収支では、日本から海外への直接投資、証券の購入、外貨準備金の購入の超過になる。

国際収支は複式簿記のバランスシートで見る。感覚とは逆に、貸し方に書く金融収支の赤字が海外へのマネー流出になる。

借入金は負債であるが、銀行から借り入れをすると借入金として振り込まれ、借りたひとの預金マネーが増える。借入金は、キャッシュ・フローではプラスである。これを考えると、対外的な金融負債の増加がマネーの流入、言い換えると金融収支での黒字であることが理解できる。「経常収支での黒字＝金融収支での赤字」であるが、そのマネーのフローは逆方向である。年度で期間を限ると金額にズレが出る。

会社の資金繰り表（キャッシュ・フロー計算書）を作ると、借金（負債）の増加が自社の預金マネーの増加、借金の減少は預金マネーの減少になるから、この仕組みがわかる。わかっていないと資金繰り表を作ることはできない。

財務省のサイトには、１９９６年から２０２３年までの国際収支（経常収支と対照した金融収支）がのっている。見る気のあるひとたちのために財務省のサイトをのせておく。インターネットになってから世界のデータ調べがリアルタイムで、しかも短時間でできるようになり、経済・金融の膨大《ぼうだい》なデータにおいて、官僚たちの独占的優位はなくなった。必要なものは読みとって意味を解釈するための知識である。

（財務省の国際収支統計）
https://www.mof.go.jp/policy/international_policy/reference/balance_of_payments/bpnet.htm

米国の対外純負債は21兆ドル（３０４５兆円）である。米国の過年度からの金融収支の純黒字、言い換えれば対外的な累積の純借金が21兆ドルに達している。米国の対外純債務は、海外との経常収支が赤字だから毎年1兆ドルくらい増える。米国の海外からの借金が減る可能性はどこにも見えない。経常収支が赤字のまま借金が減ったとき、米国は決済不能になる。金融はキャッシュ・フローの会計学である。

【暴発の臨界点に近い米国の負債】

米国政府の債務は21兆ドルの対外純債務と別に、6か月ごとに法的な債務上限に達している国債の36兆ドル（5220兆円）がある。現在は3か月のつなぎ予算であって25年1月にはまた債務上限を超える。25年4月にも議会で騒動がある。

つぎは25年9月……米国の財政と経常収支が赤字であるかぎり永久に続く。なお日本の国債には米国債にある債務上限がない。理由は推測すればわかるだろう。財務省が作る日本の財政（一般会計＋特別会計）は、国会で審議する民主主義から外されているからである。

上下両院が連邦政府の債務上限の引き上げを決定しないと、米国債は一時的にせよデフォルト（利払いと返済の停止）に陥《おちい》る。2025年から28年に米国債は大量償還《しょうかん》期（16兆ドルの返済満期）を迎える。この16兆ドルをどうやって返済するのか、わからない。

①米国の国債の金利を上げ続けることになる借り換え債の増加発行か

②対米純資産をもつ日本や中国に依頼して（または命令して）、返済を引き延ばすか

③または対外的な返済を停止してデフォルトするか

選択肢は3つである。米国に対外債務を返済する意思はない。（注）35兆ドルの国債はワシントン政府の負債である。米国憲法では、ワシントン政府の大統領が敵対国と認定すれば、その国がもつ国債の利払いと返済から免れる（国内の国債はデフォルトしない。海外がもつ国債だけをデフォルトする。選択権はトランプがもつ）。

経常収支が赤字の米連邦には、連邦政府の対外債務を返済する能力はない。満期が来る米国債を全部ＦＲＢが買って、そのマネーで返済すれば、米ドルは暴落する。米連邦財政の２０２５年、26年、27年はドル暴落と金利上昇の挾間《はさま》のタイトロープになるだろう。ロープが切れるか（ドル暴落）、緩《ゆる》むか（金利の上昇）。

【日本の対外資産、対外純資産】

①ＧＤＰの期待成長率、②物価上昇率、③金利の３つが世界一低い日本は、マネーが世界一海外に流出する国を約40年の長きにわたって続けている。ドル買い／円売りの純累積である対外純資産は４７１兆円であって、2位のドイツ、3位の中国を超えて世界一である（２０２３年：Global Note）。ドル買い／円売りが超過すると、ドル高／円安になる。

他方で日本と中国を先頭に、海外のマネーが流入する米国の対外純負債は21兆ドル（３０４５兆円）に達していて今日も増えている。米国の過大な対外純負債こそが国際的なマネー・フローにおいて大きな問題を生む根源である。

〔ドル基軸通貨を巡っての攻防〕 米ドルは基軸通貨だから強い、米国の対外債務が世界に及ぼしている障害を指摘するひとはマレである。米国経済は強いといって、米国経済が株価も世界一高騰していて強く見えるのは、対外負債を増やすことができているからだ。簡単にいえば、G7のなかで金利（国債金利）を高く保って、海外からの借金を増やすことができているという借金経済だからである。企業でも借金を増やすことのできる間は、マネーは潤沢である。

米ドル債を売り越す海外の金融機関、ファンド、投資家が増えると米国の経済は瓦解《がかい》する。借金が増えないと、決済ができず潰《つぶ》れる累積赤字が大きな企業（マネー不足の企業）とおなじである。対外的な借金がほぼ毎年1兆ドルは増えている米国は世界経済の問題だが、指摘するひとが少ないのは世界経済の不思議である。

日本の論者はBRICS国際デジタル通貨への加盟国がいくら増えても、ドル基軸の体制は続くとしている。ところが、この集合知の根拠はあやふやであると断じなければならない。

〔BRICSデジタル通貨について西側では報道しないという裏協定がある〕 西側の主流メディアは拡大BRICS連合の国際戦略とBRICSデジタル国際通貨について、米英の金融資本とシンクタンクから無視するように指示されている。だから、その内容を報道しない。日本のメディアは西側メディアの極東出張所であるから、無論《むろん》、報道しない。

ウクライナ戦争、イスラエル戦争についての認知バイアスのかかった偏向《へんこう》報道はいずれも、米英の金融資本と米国内の左翼系シンクタンクが世界操作するための見方でしかないことが、もう多くのひとに伝わっただろうか。トランプは世界にたいして違った見方をしているが、それが報道されることはない。

大統領に復帰したあとの25年1月からはどうだろうか。たぶん世界が反転したように見えるだろう。

とりわけ外貨購入が自由化されたあとの円安は、ドル買い／円売りが長期の基調だったことを示している。日本のドル買い／円売りの累積が対外資産の1488兆円である。海外から日本への投資である対外負債1017兆円との差が、日本の対外純資産471兆円である（24年5月：財務省）。低金利の円が471兆円分ドル買いの超過になって海外（米国が80％）に流出したことを示す。

ドル／円の国際マネー・フローは1日に160兆円

ドル買い／円売りは、だれでも日本の銀行で行える。このためドル買いの円マネーが、米国に流出したと考えるひとは少ない。日本の銀行もドルをもっているからだ。しかし日本の銀行が買ったそのドルを売ったのは米銀である。日本の銀行でドルを買った日本人は、日本の銀行を経由して買ったドルを米銀に預金や送金して預ける。

あなたが買ったドルは、米銀が運用して利用する。持ち手が使う1万円札や100ドルの紙幣で考えると、こうした国際的なマネーの移動がわからなくなる。現代の預金は紙幣ではなく、世界の銀行間のコンピュータを流れるデジタルの数字である。

【預金マネーがマネーである：紙幣は補助通貨のポジション】

紙幣はデジタル信号化された預金マネーの10％以下しか存在しない。紙幣を使わず預金マネーを使うクレジットカードが米国と欧州で発達したからだ。いまはデジタル通貨で中国が一位になっている。

紙幣をもっとも多く使う日本でも預金額にたいする1万円札の量は約10％しかない（24年10月：119兆円：60％以上はタンス預金になっている）。

預金は通貨である。そして流動性の高い国債も実は利付きの通貨に相当する。株はリスク資産である。含み益のある価格で売れるかどうか不明だ。金もすぐ売れる通貨である。価格変動が株の半分なので現金に近い。

円による買いで上がったドル株の売却利益も、その株を売った米国人に渡っている。これが「世界中のデジタルマネーが通信回線で国境を越え、激しく行き来している国際金融」である。ドル／円の売買では1日に160兆円が動いている。こうしたデジタルマネー・フローを知っていて、説明できるひとは実は少ない。少なくとも……学者にはいない。

〔対外的なマネーの収支〕 経常収支は、商品の貿易収支＋デジタル商品や観光のサービス収支＋所得収支の合計である。長年、日本・中国・ドイツは黒字であるが、米国は赤字である。経常収支の赤字国からはマネーが流出する。その流出分は金融収支として回収されねばならない。マネーは代金であるから、マネーの流れは商品や証券の移動と逆方向になる。

２０２３年に日本の経常収支の黒字は25兆円だったが、マネーの海外流出は黒字と見合う22兆円だった。同年、米国の経常収支の赤字は８２００億ドル（１１８兆円）と巨大だった。

米国は経常収支の赤字として約８２００億ドルが海外に流出したが、マネー・フローでは赤字とは逆に日本・中国・欧州・資源輸出国から８２００億ドル相当のドル買いがあったことになる。国の資金フローの赤字は、対外借り入れで充填《じゅうてん》されないと対外デフォルトになる。これが普通は馴染みがない国際収支の構造である。米ドルは世界中のマネーの60％を占めている。

円安になるときは、円によるドル買いが多い。円高になるときは、ドルからの円買いが多い。

通貨レートは外為市場で世界の通貨の売買の結果、決まる。金利が低く通貨レートが安くなると予想される通貨は売られて、金利が高くレートが高くなると予想される通貨が買われる。

とくに２０００年以降の米国では、あらゆる債務の証券化（デリバティブのセキュリタイゼーション）が大きくなっていて対外的なマネー・フローの動きは激しくなっている。たとえば米国株・世界株（オルカン株）を買うときは、同時に世界の銀行の店頭である外為市場では円売り／ドル買いになっている。オルカン株は、ドル株が約50％の世界の株式指数、つまりデリバティブである。日経平均である２２５社の平均指数もデリバティブの一種である。デリバティブは危険という意味ではない。現物株の平均指数から派生した金融商品である。

【預金で円売り／ドル買いの実際を描くと……】

10万円を三菱ＵＦＪ経由でドル定期預金にした。３か月もの定期で年利率は４・１％と高い（円の３か月定期は年利が０・１％：ドル預金では４％のイールドスプレッドがあるが、円高／ドル安のときは損になる）。ドルの購入レートは１５４・１円だった（24年11月10日）。ドルへの交換レートは現在、152・9円だから、交換&ドル預金の手数料は1・2円だった。65・4ドルになった。いま円は安い。以前は100ドル付近だった。

三菱UFJのドル預金口座ではあるが、この10万円は実際のところ、三菱UFJの日銀当座預金口座から関係の深い米銀のJPモルガン・チェースの日銀当座預金口座に送られる。

JPモルガンでは、10万円を65・4ドルに変換してBIS（国際決済銀行）の国際送金回線SWIFTを経由して米国JPモルガンへ送ってMMF口座に移管する。

そのMMF口座からJPモルガン系のファンドを通じ、米国の投資信託でのドル国債の買いになる……こういった経路で私の10万円を65・4ドルとして米系ファンドが短期米国債の買いに利用する。これが円売り／ドル買いの内容と、マネーの動きである。

私の10万円が65・4ドルの米国債になって、米国で運用される。国際送金もこのイメージである。ドルよりは20・3円高い174・4円のスイスのスイスフランでもおなじだ。

ネットバンキングでは、いろんな外貨買いの取引が一瞬で終わる。この外貨取引では、日本の円預金がドルの3か月定期になった。日本の三菱UFJの預金10万円が米銀の65・4ドルの3か月定期預金になった。円にもどすときの3か月後のドル／円のレートはいくらか、まだわからない。この65・4ドルは米国にたいする対外資産の一部になる。

こうした円→ドル、ドル→円の外為取引が1日に160兆円もある。10兆円くらいの財務省、日銀の為替介入では通貨レートはわずかしか動かない。外為交換のプールは金融取引のなかでもっとも大きい。1970年以前の紙幣の時代にこうした巨大外為市場はなかった。

【日米間のマネー・フローのイメージ】

日本と米国の国際マネー・フロー（マネーの流れ）は正反対であるが、その度合いは高まってきた。日銀の国債買いである異次元緩和で増えた現金マネー500兆円のうち、およそ400兆円が世界シェア60％の世界通貨であるドルの買いとして、日銀内の口座、銀行の当座預金から米銀の口座に流れている。

過去10年間、円の国際マネー・フローでは日銀の異次元緩和が米国に預金マネーを増加供給してきた結果になっている。これが現代の国際金融である。はたして日銀が意図したことだろうか。円は国際通貨ではない。国内通貨である。米国人がドルのまま世界中で買い物と不動産や株・債券の購入ができることのイメージがわきにくいかもしれない。

〔世界マネーになったクレジットカード〕スイスやロンドンに行くと、米ドルはスイスフランや英ポンドとおなじ取り扱いである。日本のホテルはドル紙幣での支払いは受け付けないかもしれないが、ＶＩＳＡやＡＭＥＸのクレジットカードでは、どこでも支払いができる。円のクレジットカードも世界中で使うことができる。クレジット会社が円預金をドルに変換して2・2％付近の為替手数料をとっている。

つまり世界中の通貨は、金利や株価より大きく変動する為替レートで国際化している。株価・

債券価格・経済のなかで1995年以降の為替レートは、一層重要になったことを認識しておく必要がある。

〔株を短期売買して投機利益を狙うファンドの巨大マネー〕東証での株の売買（1日平均5兆円）のうち総資金量が9000兆円に巨大化した米国系ファンドによる売買は、60％から70％を占めている。このときのドル／円の交換も外為銀行で行われている。東証ではあるが日本人の買いは30％から40％にすぎない。

米国とネットでつながった東証は、事実上はNYSE（NY証券取引所）の極東支店である。香港市場、シンガポール市場もこれに似ている。なにせ米ドルは世界の通貨量の60％を占めている。円安／ドル高になると、ドル価格では下がる日本株を米国系ファンドが買って上げている。円高／ドル安になると、ドル価格で日本株が上がるのでファンドからの利益確定の売りが増え、日本株は下がる傾向がある。

【為替レートとともに動く株価】

リアルタイムで見ていると、日本の株価は多くの場合、米国S&P500の株価と同時か数秒後に動いている。東証の日本株の売買のうち60％から70％を、米国株も大量に売買している巨大ファンド（20位までの総資金量は9000兆円）が売買しているからである。

〔株式市場と外為レート〕世界の株式相場は、外為市場でのドル／外貨の売買に連動した動きをしている。ドル／円の売買額は1日に160兆円と、東証の株式市場の売買の30倍は大きいからである。

圧縮して述べたつもりだが、外為市場を介した世界のマネーの国際フローは、一般には知られていないので基礎的な説明であっても長くなった。基礎は初歩ではない。基礎の構造こそが、ものごとの本質である。レヴィ＝ストロースの構造主義哲学が明らかにしたことだった。

金融・経済新聞は、こうした国際的マネー・フローについて書かない、いや記者とコラムニストには書けない。銀行の外為担当のマネジャーならマネーの動きをわかっているだろうが、国際金融の全体は見えない。米ドルは世界の通貨量の約60％を占めるから、外貨の売買が自由化された1995年以降、世界の株価と金融商品の国際価格の動きは米国発で同時化している。

【新自由主義以降の経済学のあたらしい潮流】

経済学は陰鬱《いんうつ》な科学といわれることがある（まだ科学になりえていないが）。問題は解析しても多くの場合、成長路線を示さない。

成長路線への転換は政治的な政策、慣習がまじった制度の変更になるからであろう。経済学は定義からして政治的なものである制度の提案に関与しないが、制度派学派は国単位で異なる雇用や賃金の慣習、制度、集合知の価値観に踏み込む。

2024年のノーベル経済学賞は、社会制度のちがいと経済成長の関係を研究した3人に与えられた（ダロン・アセモグル、サイモン・ジョンソン、ジェームズ・ロビンソン）。

近年、経済・金融のグローバル化が進み、経済合理性における非合理な制度と慣習が重要になったからである。日本の国債１２００兆円、当座預金残高５７１兆円、対外純資産４７１兆円、米国の対外債務21兆ドル（３０４５兆円）も非合理で制度的なものである。米国では減税を頻繁に行うが、日本の財務省は増税路線の一本槍で減税は行わない。

21世紀には各国の制度・慣習の違いと経済成長、非成長の関係が強くなっている。制度派学派（Institutional School）のアセモグルとロビンソンは、『国家はなぜ衰退するのか』（２０１３年）を書いている。政治的な制度と慣習の違いが国の繁栄と衰退を大きく左右してきたという実証研究である。

確かに国家をもった古代からの歴史は、ある制度の国家の衰亡と、次の制度を有する国家の興隆だった。しかし歴史の時間のただ中に生きるわれわれは、その転換点を認知しない。３～５年はかかるからだ。世界史的な転換点は２０２４年から２０２８年だろう。

もう一点、経済学ではマネーは取引の媒介《ばいかい》であって透明なものとされていて、ここまで書いてきたマネーの価値論がない。インフレは通貨価値の下落だが、物価上昇であるとして通貨価値の下落とはされていない。ケインズはポンドの金本位に反対して、国家の信用で戦費を作ることのできる信用通貨を崇《あが》める『貨幣論』（１９１２年）を書いている。

それは第一次世界大戦、第二次世界大戦の時代だった。政府に高価な兵器・弾薬を買って兵士を雇用するマネーがないと戦争は行えない。マネーが尽きると武器・弾薬の調達ができず負ける。戦争は、物理的な戦闘以外の側面でマネーと経済の戦争である。名目と実質を区分しないためマネーには謎《なぞ》が多い。ほぼすべての支払いと送金を銀行がデジタル信号として仲介している。形のあるマネーが見えていた紙幣の利用は世界中で極端に減っている。紙幣の利用では日本がいちばん多い。

輸出する資源・エネルギー価格が上がった米ロは戦勝国

2022年2月のウクライナ戦争のあと、天然ガスの高騰から電力価格が5倍に上がったのはドイツである。

ロシアからの安かった天然ガスを遮断《しゃだん》されたドイツは、ウクライナ戦争の敗戦国といえる。輸送パイプラインの天然ガスが高騰した2022年には、ドイツの電気代が12ユーロから500ユーロへ上がった（100万kw/時）。いまは76ユーロ（1万2300円：日本の6倍）で、4年前の約5倍。国内の工場は、やってられないだろう。

ドイツの工業は、戦争前の5倍という高い電力費では衰退するに決まっている。2023年に日本を超えたドイツの実質GDPは2023年（マイナス0・3%）、24年（マイナス0・2%）と2年続いてマイナスで深刻なリセッションに陥《おちい》っている。AI、データセンター、EVとともに電力量の問題はこれからの経済成長のカギになった。

工場は動力に大電力を使うから利益がなくなって、世界生産1000万台（海外生産が700万台）のトヨタについで世界2位の870万台を生産するフォルクスワーゲン（VW）すら大工場を複数閉鎖し、雇用をカットした。（注）日産も営業利益が90％も減って、9000人の雇用カットをする。世界的な自動車不況がきている（24年9月期）。

ドイツのメインの輸出先である中国の経済が、推計1000兆円の隠れ不良貸し付けから来るデフレで低下しているからである。日本ではまだ知られていないが、ドイツ経済は中国の金融危機から劣化している。世界で2位と3位のGDPの国においての経済危機であるから、2025年の世界経済に深刻な影響を及ぼす。

【フォルクスワーゲンの経営難】

ドイツ経済の苦境のシンボルがフォルクスワーゲンの工場の閉鎖と労働者の解雇である。トヨタの従業員1人あたりの生産台数は30台、VWは13・6台しかなく生産性はトヨタの45％。世界市場では生きていけない。資源・エネルギー・半導体の生産コスト上昇から、工場閉鎖と社員のリストラだけでは生きのこることができないだろう。

GDPの成長率がマイナスのドイツにも追い抜かれて3位に下がった日本は近々、インドにも抜かれる。日本の首相とおなじように米国に従属する左派のドイツ・ショルツ政権（21年12

月〜）は、米国の高い天然ガスを買っている。

米国は、2017年にシェールガスで世界一生産できるようになった石油エネルギーを上げるために、ロシアの石油・天然ガスの西側（主にドイツ）への輸出を遮断した。安かったロシアのエネルギーを失ったドイツ経済は、高い米国から買わざるを得ず、あたかも敗戦のあとの苦境に陥っている。円安の被害だけの日本は、ドイツより幸いである。ドイツのGDPは2年連続でマイナスになった。

第二章 国際的なマネーの循環の原理と現象

国際的なマネーの循環の原理

国を超える資金循環では、日本の預金マネーの残高（世帯1127兆円＋企業350兆円）に対照すると、その銀行預金に相当する金額がドル買いになっていて、それが対外資産になっている（1488兆円：24年5月）。日銀による異次元緩和としての500兆円の増発は、①国内経済の需要と投資の増加、②世帯所得の成長に資《し》していない。日本の経常収支の黒字相当分の金額が、米ドル買いになって流出してきたからである。

〔国内の資金循環〕 日銀が3か月に1回作っている資金循環を見るとわかる。経済学では流動性（カレンシー）といわれるお金は面白い。

世界経済における政府、企業、世帯は銀行を仲介機関にしてぐるぐる回っている。たとえば個人が収入から銀行に預金する。多くのひとからあつめた預金マネーを元に、銀行は企業や世帯に貸しつける。政府の国債も買う。企業は銀行から借りたお金で設備投資をする。

そのお金は建築会社に回る。建築会社は資材費を資材会社に支払う。社員にも給料を払うので、そのお金はいったん銀行預金になる。銀行は国内の借り入れ需要が少ないとき、金利がつくドル債を買う。そのマネーはドル債を売った米国の銀行に行き、日本の対外資産になる。こうしたものが流動性の循環《じゅんかん》であり、マネーの流れである。

当たり前ではあるが、経済は商品と逆方向に流れるマネーによって成立している。ただし流れるマネー量が増えても、それが物価の上昇になると商品の生産数の増加にはならない。これをインフレという。

対外資産のうち日本からの投資による海外生産は、日本ではなく海外のＧＤＰになる。マネーの対外資産１１８０兆円は米国債、ドル債券、ドル株、ドルＭＭＦ（投資信託的な預金）である。

２０２４年５月末では、

①日本からの累積のドル買いを示す対外資産は１４８８兆円、

②海外からの円の買いを示す対外負債は１０１７兆円、

③差し引き対外純資産が４７１兆円である。

この対外純資産のうち政府の外貨準備は183兆円（1・2兆ドルのドル国債とドル預金）と過剰である。外貨の購入が無制限で自由な時代には、貿易赤字に備える外貨準備がムダに過剰である理由は後述する（財務省が集計した対外資産、対外負債：24年5月）。

https://www.mof.go.jp/policy/international_policy/reference/iip/data/2023_g.htm

【10年間の異次元緩和の結果】

2013年4月からの異次元緩和では、日銀が約500兆円の円を増発した。資産バブル崩壊後の銀行危機だった1997年から27年、金利はゼロ%あたりである。24年8月から日銀が0・15ポイント引き上げた政策金利は0・25%であるが（長期金利は0・98%）、ゼロ金利とあまり変わることはない。

金利がゼロ%付近の円は、①政府と金融機関からのドル買い、②または海外のファンドや外銀が比較低金利の円を借りて投資するキャリー・トレードになって、海外に純流出した（IMFの推計ではキャリー・トレードの残高は200兆円：24年7月時点）。

低金利の円から買われた国際通貨のドルの累積残高が、日本からのマネー資本の純流出額に相当する対外純資産の471兆円である（24年5月：財務省）。

対外純資産はとくに1995年以降、毎年、大きく増加してきた。

【円マネーの米国への流出】

日本によるドル債券・ドル国債売りになる対外資産マネーの純回収がないので、円マネーでのドル買いは「４７１兆円の純流出」になっている。

日本側には、このドル債を売って米国に行ったマネーを回収する権利がある。いまはまだ国の資金循環（国際的なマネーの流れ）では米国への預金、あるいはドル債券買いとなっている。

米国に円マネーの価値が行った分、日本の現金マネーの価値は減って米銀が日本の預金マネーを使っている。銀行に預金した、あなたのマネーを銀行が国内と海外で運用して金利を得ることとおなじである。

銀行預金の金利は、いつでも銀行の運用金利より業務コストである０・５％以上低い。個人の単位では、少額のマネーの運用しかできない。銀行が1兆円以上の預金を集め、貸付金、国債、ほかの債券の購入として分散運用するのが銀行機能論である。

政府の規制と監視のないシャドーバンク（世界の銀行の3倍のマネー量）は現代の株式市場、外為市場、債券市場のメインプレーヤーになっている。たとえば日本では、東証での株の売買（1日約5兆円）の60％から70％はファンドによる売買である。個人投資家は20％くらいのシェアだろう。

日本は、投資による経済成長と世帯需要の増加の元になる円マネーの増加分の80％を米国に与えてきた。その累積の純残高が対外純資産の４７１兆円である。

国際マネー・フローの差額でいうと、異次元緩和として２０１３年から５００兆円増えた円のうち、およそ４００兆円がドル買いになって米銀、ファンド、ドル株に行っている。

１９９５年からの金融ビッグバン

金融ビッグバンに円も参加し、外貨の購入規制がなくなった１９９５年からの1年の平均では、16兆円がドル買い／円売りの超過だった。このドル買い／円売りでの超過の累積残が、４７１兆円の対外純資産である（２０２４年5月）。これを一面では「資本の自由化」という。何ごとにつけても「自由」はいいものとされる。だから資本の自由化は正しいというのが、国内産業が空洞化していた英国のサッチャーがレーガンを誘って手前勝手に始めた金融ビッグバンだった。

日本が金利の低い自国の通貨を売って金利の高い海外の通貨を買うことが、倫理的な正義か不義か判断はできない。それでも愛国心ではなく愛米心《あいべいしん》であったことは確かだろう。

一方で米国の親日は少数であって、全体は親日ではない。日本の預金マネーを利用しているだけだ。文化の面では親日かもしれない。

日本人は人口減という構造的な原因で経済が成長しなくなった自国より、対外純借金21兆ドル（３０４５兆円）による国内投資で成長してきた米国を愛してドルを買ってきた。

米国債（1・18兆ドル：171兆円）については、米国財務長官（現在は前FRB議長のイエレン）からの要請もあって、日本政府はいままで売っていない。

【預託資金量が9000兆円に巨大化し、中央銀行を超えたファンド】

金融ビッグバンのとき米英の金融資本は、外貨の米国への導入になる対外借り入れがファンドによる運用利益のチャンスになると色めき立った。

このドル買い（いわば円通貨のドルへの輸出）に乗ったのが、

①積年の貿易と経常収支の黒字を米国から非難されていた日本と、

②1994年からドルペッグ制をとった開放経済で成長した中国だった。

米投資銀行の2倍のマネー量を運用する米系ファンド（総資金量は20位までで9000兆円）は、米国に流入する世界のマネー・フローにのっている。

FRBがあるウォール街と、古ぼけた建物のBOE（大英銀行）があるシティは、世界のマネーの集荷・運用の金融の中心になっている。ロンドンのシティは行くと何か寂しいが、欧州のマネーを集めている。マネーがいまも紙幣だったら移動に凄《すご》いことになるが、現代では形と重さのないデジタル信号なのでそっけない。1枚1gの1万円札で10兆円なら1000トンにもなる。4トントラック250台分である。

経済学者サミュエルソンが1980年代に言っていた。通貨がデジタルの預金マネーになるとマネーのシステム（体系）は変わる。技術イノベーションとはそうしたものだ。近々、そのマネーが順次、ＣＢＤＣ（中央銀行デジタル通貨）になっていく。情報のインターネットへの変化とおなじである。

１９９５年以降、米国と英国では、金融（株買いと証券運用）の利益が全企業の利益に占める割合が20％に上がった。現在は30％を占めるだろう。米英は対外負債が増えることによる負債マネーによってリッチな国になった。そのマネーを提供したのは日本、中国、ドイツといった対外債権国だった（ドル国債・債券の買いは米国に貸し付けたこととおなじである）。

米国に流入したマネーは、米国内のマネー循環として米国ナスダックの株価をＰＥＲ35倍のバブル価格の水準に上げてきた頻繁な自社株買いの原資にもなっている。（注）２０２４年は１兆ドル：１４５兆円：ナスダックのＰＥＲは35倍：日経平均は20・9倍とＰＥＲでは60％の水準。日本のＰＥＲが低いのではなく、米国株がバブルである。

ドルペッグ制をとって生産の経済を世界に開放した中国は、まだ資本の自由化はしていない。人民元での企業と個人の外貨買い（＝元売り）には、政府の規制がある。しかし中国の共産党政府は、ドル国債を日本政府並みに買っている（８０００億ドル：24年1月）。

【人民元のドルペッグ制】中国のドルペッグ制とは、人民銀行がドルを準備通貨として保管し、ドルの準備高に対応した人民元を発行することである。香港、シンガポール、中東の産油国がとっている。１９９４年からの中国のドルペッグ制は、中国からの中国輸出の超過分（貿易の黒字）に相当するドル買いになって、ドイツがユーロを作ったあとのドル基軸の体制を支えてきた。ウクライナ戦争の２０２２年からロシア側についた中国政府はドル売りに転じている。中国のドル国債売りは米国の金利を上げる要素である。

自国の経済と通貨が弱いと認識している国は、国際通貨のドルにたいする通貨レートの安定のため一般にドルペッグ制をとる。他方、円、ポンド、ユーロ、スイスフラン、カナダドル、オーストラリアドルは、ドルペッグではない。定義はないが、通貨の価値が安定したハードカレンシーとされている。

しかしハードカレンシーとされる円は、２０１２年以降、５００兆円の増発分が国内では20％しか使われず、80％がドル買いになった。この異次元緩和を主因に２０１２年の１ドル80円台が１５０円付近と約１／２の円安になっている。ドル・ユーロ・人民元という３大通貨にたいする実効レートが約50％下がった円は、価値が安定した通貨ではない。日本人は、２０１３年から低金利の円はレートの変動が大きく、不安定な通貨になっているという認識をもつべきである。

日本では１ドル80円付近だったものが２０２４年7月に１ドル１６２円になり、行きすぎた円安・ドル高になった。「行きすぎた」とは、１ドル１５０円台以上の円安になって輸入物価と国内物価を上げたということである。円安は、日本のドル買いが米国債とドル株の買いとして超過し続けたことを示している。

通貨レートの変動率は金利よりはるかに大きい

通貨レートは、世界の銀行店頭である外為市場での外貨の売買の結果として、日々変動しなが決まっている。金融機関、機関投資家、ファンド、個人投資家のFXなど、いろいろな動機から通貨の売買が巨大になっている。通貨レートは最大でも年5％くらいしかないG7の金利よりはるかに大きく変動している。

世界中にある外為銀行店頭でのドル／円の通貨ペアの売買は、1日に160兆円と大きい（円は世界の通貨のうち売買シェア16％）。通貨レートの変動が国債の金利の代替（アービトラージ）になっているのが21世紀の金融市場である。要は、金余りが原因になって通貨レートの変化の差益を目的にしたFXのような通貨の投機的な売買が増えた。具体的にはドルの長期金利は現在4・1％、ドル／円のレートは2024年1月から6月の6か月で150円から162円まで8％変動した。年率換算ではこのレート変動は16％付近である。ドル／円のレート変動率は、日米金利差の3・5倍と大きい。

円からFX、ドル債、ドルMMF（投資信託的な預金）、ユーロ債、スイスフランなどへ個人で投資する際は金利差より、先行きどの通貨がどんな理由で買い人気が高くなるかという通貨レートへの予想と判断が必要である。

【ブロックチェーン形式のデジタル通貨への世界的潮流】

トランプはビットコインも新たな通貨に認めるといっているが、どうなるだろうか。9月末の発言以来、ビットコインは760万円から1230万円へと62％も上がっている。この上昇は、すべての金融商品のなかでもっとも激しい。トランプの発言を信用したひとは大きな投資利益を得ている。

ＦＲＢからはＣＢＤＣ（中央銀行が発行するデジタル通貨）を発行させないともいう。理由は何だろうか。ロスチャイルド家、ウォーバーグ家、ＪＰモルガン商会の銀行が株をもつＦＲＢが発行するドルを廃止し、ドルは連邦政府の通貨として受け継ぐつもりか。説明がないのでまだ不明である。ブロックチェーンの政府通貨にするなら、61年前の１９６３年に暗殺されたケネディが計画していたこととおなじである。金・コモディティへのリンクにするという説もあるが、これも不明である。

トランプが通貨として認めるとしたビットコインは、２００８年のリーマン危機（ドルの通貨危機）に合わせて次世代のブロックチェーン・デジタル通貨としてＣＩＡで開発された当初、ピザ１枚と交換されていた。ピザを10ドルとすれば16年間で７６００倍に、年率平均で75％上がり、時価総額は２３０兆円に達した（24年11月）。

２０１８年からの長期上昇率は、同期間に円建てで3倍に上がった金の１・８倍くらい。生産量が増えない金と似たペーパー・ゴールドと見てもいいだろう。ファンドも買っている。

トランプの言葉を信じるなら、たぶん２０２６年ごろに政府通貨のＣＢＤＣ（現用の通貨と連動するデジタル通貨）も発行される。日銀、ＦＲＢ、ＥＣＢは実験中だが、拡大ＢＲＩＣＳの貿易用デジタル通貨は試運転中である。ビットコインはトランプがバックアップすると表明しているから残るだろう。発行額が２３０兆円になったマネーは消せないからだ。

https://jp.tradingview.com/symbols/BTC/（ビットコインの時価総額）

〔通貨の切り換えとデジタル化は意味が違う〕世界のデジタル通貨への潮流は国民にとって紙幣がなくなってクレジットカードになることと、外形や使い勝手は変わらない。銀行預金は、銀行のハードディスクのなかのデジタル信号であるから、預金の金額のままストレートにデジタル通貨になる。国債、証券、株にも券面はなくデジタル化されているので、銀行預金とおなじである。

デジタル通貨を機会に、

・米ドルが金本位または金準備制に戻る、

・あるいはプラザ合意のときのように１／２に切り下げるという観測もある。

しかしそれは「通貨の切り換え」であって、デジタル化にすることとは次元が異なるテーマである。健康保険証と紐付《ひもづ》けされたマイナンバー・カードのように、ドサクサに紛れて、行われるかもしれない。ないかもしれない。

トランプが本気で切り替えるなら、厳重な外交上の機密になる。漏れれば、ドルからユーロ、円、スイスフランなどのハードカレンシー買いの巨大投機を生むからである。

現代の金融は、マネーの流通がゆっくりとしていた古い紙幣の時代と根本がちがう。

ネットで瞬間に外貨購入や預金引き出しができる現代には、通貨の変更日の情報漏れは、金融機関と政府にとって致命的になる。ここからも米ドルの１／２への切り下げはテクニカルにむずかしくなった。ということは、通貨量、対内、対外負債が世界一大きな米国の通貨を縮小することができず、インフレが構造のなかに組み込まれたことも意味するだろう。ドルがデジタル通貨になったあとは、ドルレートの変動幅は現在より大きくなる。

シリコンバレー銀行の破産も、ネットバンキングでの多額な預金引き出しから起こった。24年7月30日に日銀が政策金利をわずか０・15ポイント上げただけで、①為替の乱高下（円高：１ドル１６２円↓１４２円：８月５日）を作ったキャリートレーの巻き戻し（1日で37兆円相当）と、②日経平均の暴落が起こったくらいだった。

日銀とＦＲＢはともに、この混乱を予想していなかった。ＦＲＢからは日銀も政策については常時、連絡を受けている。日銀側から相談もする。米国の金融政策についてＦＲＢが日銀に相談することはない。トランプ当選直後の24年11月16日にＦＲＢは０・25ポイントの利下げをして、政策金利（誘導の目標金利）を４・50％から４・75％のターゲットゾーンに下げた。米国の物価上昇率の２％台への低下を評価したというが、米国世帯が感じる物価は下がっていない。その証拠として、期待物価の上昇率に連動する債券市場の長期金利は、逆に４・２％から４・４％に上がっている。

【クレジットカードは世界通貨】

世界の国民はＶＩＳＡ、ＭＡＳＴＥＲ、ＡＭＥＸ、ＪＣＢ、銀聯《ぎんれん》（中国）などさまざまなクレジットカードを使い分けている。高齢者にもスイカ、ＰａｙＰａｙ、楽天Ｅｄｙなどのデジタルマネーを、スマホをかざして店舗やレストランのレジで使うひとが増えた。ネット決済もクレジットカードやデジタルマネーで行う。米国では、住宅や自動車を使用額の限度がないクレジットカードで買うひとがいる。ロスやラスベガスで見たことがある。そのクレジットカードの通貨がどの国の銀行に預金をもつかで円、ドル、ユーロ、人民元、ルーブル……になるようなものである。

富裕者が対象ではあるが、タックス・ヘイブン（租税回避地域：世界100か所）に1億円くらい預金していると、ドルのクレジットカードを発行してくれる。預金者は預金をいちいち引きだすことなく、そのクレジットカードで世界中で買い物ができる。このイメージである。

ＣＢＤＣを恐れることはない。富裕階級のトップグループにいるトランプはどんなクレジットカードをもっているだろうか。ビル・ゲイツは？　ジェフ・ベゾスは？　と考えるといいだろう。彼らはビットコインも買っている。

第三章

消費税は経済成長を抑圧する

消費税は消費への懲罰税《ちょうばつぜい》として経済成長を抑圧した

人口が減って国内の設備投資が少なくなり、貯蓄が海外に流出してきたわが国の期待GDP成長率は、1%未満と低い。期待成長率は、現在までの成長率の傾向から将来に向かって期待される心理的な成長率である。ひとびとは、この期待成長率をイメージして商品の購入、株の買い、または預金をしている。日本の期待成長率が海外より低いと、預金マネーは、期待成長率が日本より高い国（米国、中国、アジア、欧州など）への投資が起こる。

日本から海外投資する際の通貨は、およそ80%がドル買いである。いまもドルが基軸通貨であり、国際通貨あるいは世界通貨とされているからだ。実はドル基軸を決定しているのは、ドルを売買しているG7の為替銀行である。世界の国民ではない。マネーの流通量で世界の60％を占めているドル資産と債券を多くもつ銀行は、自分が損をしないためにドル基軸を支持するのは当然だろう。中央銀行を含む国際的な銀行をまとめて「金融マフィア」と呼ぶ。

【ドル基軸の体制と拡大BRICS連合の国際デジタル通貨】

ドルが国際通貨であることの根拠は、ドルの在庫をもつ世界中の銀行で、たとえば円をその日のレートでドルに交換できることしかない。この意味での二大国際通貨は、ドル（約60％）とユーロ（約20％）である。円、英国ポンド、人民元は国際通貨としてのポジションが低い。世界のマネー量の60％はドルである。

数年後にBRICS連合のデジタル国際通貨がドル基軸の城を20％侵食し、貿易量から見て世界シェアの40％になっているかもしれない。あたらしいビットコインと見ることもできる。

実はビットコインは相手が承諾すれば、いまでも国際交易に使うことができる。マネーは払う側と受け取る側の合意でマネーになるのであって、それ以外のものではない。相手が信用するなら、小切手の紙に書いた手書きの数字もマネーになる。トランプは2020年の在任中のコロナ危機のとき、トランプ小切手を1人あたり100万円くらい与えた。米国では小切手が通用する。トラベラーズチェックも預金が裏付けになった小切手である。石破小切手では信用されるだろうか。

通貨の信用とは、銀行と商店が受けいれるかどうかの信用である。通貨の信用は発行元にあると誤解されているが、受けいれる側が作るものである。日銀が発行する円も、法が強制しても銀行や商店が受けいれないときは価値（購買力）を失う。

【トランプはFRBを廃止すると言っている】

トランプは、FRBにCBDC（中央銀行のデジタル通貨）を発行させずFRBを廃止するといっている。これが意味することは何だろうか。1963年の11月22日に暗殺されたケネディが試みた「政府紙幣」の発行だろう。

政府紙幣の発行は、デジタル国債を政府が発行することとおなじである。政府通貨にすれば、約4％の利払いがある国債の発行をしなくて済む。政府の究極の信用通貨が政府通貨である。現在のFRBのドルを回収し、「政府通貨のデジタルドル」に換えることが、トランプとロン・ポールが代表の共和党保守派が狙っていることだろうと推測している。こういった目論見がなければ、トランプがFRB廃止を唱えるわけがない。

政府デジタル通貨になったドルが外為市場でどう評価されるか、これは別の領域の問題になる。はっきりと予想できることは、平均利回り4％の既発国債の残高35兆ドル（5057兆円）が順次、政府デジタル通貨に変わっていくから、デジタルドルの発行量が増えて、せっかちに進めると米国の高いインフレ率と、ドルの下落を生むことである。政府通貨の信用は、国民がトランプ連邦政府を信用する度合いにかかっている。

ビットコインの高騰（時価総額230兆円に増加）は、経済的には通貨の発行量の増加とおなじ効果をもつから、住宅価格や株価を上げて、高級な自動車や時計の需要の増加になっていることとおなじである。ビットコインの高騰は、準通貨である株価の上昇とおなじ効果をもつ。

【GDPと所得の成長】

GDPは、①物価上昇を引いた実質賃金が上がって、②需要と投資を回復させれば、物価上昇をともなって成長する。

1990年から34年、人的な生産性（会社の売上からの粗利益÷総労働時間）の上昇が1％未満だったため賃金が上がらず、平均の賃金を下げる非正規雇用が40％にも増えてきたことが低成長の原因である。正社員の1時間あたり賃金の1／2の非正規雇用が労働者の40％を占める国は、世界のどこにもない。米欧ではワーカーの時間給に、おなじ労働の内容に報酬の差をつけると違法である。男女差、年齢差、人種差による賃金の格差も違法である。

日本では政府が中小企業対策として、おなじ労働であっても時間給格差が放置されている。日本の給料は労働給ではなく身分給である。日本の国内企業の売上が増えなくなった1990年ころから、賃金差のある非正規雇用が総労働の40％に増えてきた。

非正規雇用が20％から40％に増えてきたため、共稼ぎが70％に増えた世帯の実質賃金が下がり、商品の需要（＝購買数）が減ったことが日本経済の根幹にある非成長の問題である。世帯の所得が増えなければ、商品とサービスの需要も増えない。需要が増えないと経済は成長しない。需要は所得の函数《かんすう》（方程式）である。

これからの政府政策は、

①国内企業の売上を増やすことができ、

②企業は売上の増加から人的生産性（売上収益÷総労働時間）を上げて、

③世帯需要を増やすために国民の賃金を上げるものでなければならない。

たとえば賃金が5％上がると、マクロ経済スライド制から物価上昇分（仮に3％）を引いて年金も2％上がる。逆に賃金が下がると、年金の支給額も下がる。

1988年に商品価格の3％から導入された消費税10％への増税の過程は、企業の国内売上の増加と逆行している。

輸出品目には消費税はかからない。輸出した企業に還付されている。経済成長を抑圧する消費税は、①国内需要の抑制と、②輸出と海外生産の促進の機能を果たすが、財務省はこの本当のことを知っているはずだが決して言わない。知らないことはありえないが、どうだろうか。

〔日本の長期停滞の原因〕 政府が実質賃金の上昇を促《うなが》して国内需要を増やす政策をとらなかったことが、1995年以降の日本の長期停滞の主因である。後述するが、政府の経済は一般会計と一般の目にはかくれた特別会計を加えれば、GDPの50％に相当する320兆円に達している。国民所得の50％を占めるにいたった政府財政は、国民にとっては年々重くなってきた。

政府は人口構造から年金、医療費、介護費の社会福祉支出の年3％増加が確実であるため、財政赤字の拡大を気にして1995年には3％だった消費税を5％に上げ、2019年には10％に上げて世帯の実質賃金を減らす国内需要の低下策をとってきた。

現在、政府の財政支出である社会保障費は134兆円である。社会保険料の収入ではまかなえない赤字が37兆円ある。この社会保障費の赤字が財務省では消費税10％の根拠とされている。

政府財政37兆円の赤字のなかで、2024年度からは7・9兆円の防衛費を5年で2倍にするため、消費税15％説がささやかれている。仮に消費税が15％に上がると、その年度から日本経済はひどく低下する。迫りくる危機への認知からも本書の執筆を思いたった。

【消費税の機能】

消費税は物価に含まれる10％部分である。雇用者6000万人の平均賃金が上がらないなかで、消費税分が付加された物価が上がると、商品需要が減るのは決まり切ったことだ。増税は普通なら、世帯の所得が成長しているときしか行えない。しかし日本では平均の世帯所得が減っているとき、マネー量を増やす異次元緩和と重ねて（いわばごまかして）実行された。

GDPの55％を占める消費需要が増えないと、GDPは増えない。

1990年代はGDPの60％が世帯の消費だった。家族が2人以上の勤労世帯所得で天引《てんび》きされる社会保険料は、2000年の21％から2017年には25％に上がった。消費税と社会保険料の上げが原因になって、GDPのうち世帯の消費は55％に減った。他方、借金を増やしても消費する米国ではＧＤＰのうち世帯消費は70％と高い。

【ＧＤＰと雇用と待遇】

日本のＧＤＰが増えないと、４００万社の企業全体の人的な生産性は上がらず、民間企業で働く６０００万人の平均賃金が下がる。これが非正規雇用40％への増加の経済的な意味である。非正規雇用の時間給はおなじ労働内容であっても正社員平均の１／２あたりと低いから、企業が雇用を非正規に切り替えれば、国の平均賃金は下がる。

６０００万人の平均の実質賃金が下がると、国内の企業の売上が減ってＧＤＰは伸びなくなる。ＧＤＰが伸びないと、投資した設備の劣化分である減価償却費と、資本の金利以上の利益を上げなければならない設備投資も増えない。生産力の拡大と高度化を果たす設備投資の増加こそが経済を成長させる。（注）投資マネーである借入金と株価の時価総額も企業にとっては負債の資本である。株は株主の債権という資産であって、株を発行した企業は株価に見合う負債を負っている。

円安で利益が増える海外生産のない国内企業にとって非正規雇用の構成比を増やすことが、生き残り策になってきた。生き残りは、売上と利益が伸びないまま経営が存続すること。これが30年間の日本経済であり今日も続き、経済制度と対外純資産がいまのままなら明日も続く。

市場が国内だけの企業では、円安だと資材、部品、商品、エネルギー、電力の仕入れのコストが上がり、利益が少なくなる。日本の会社のうち約60％は赤字続きである。

【消費への懲罰税が消費税の本質】

消費税は消費をしたときにかかる消費への懲罰税である。商品価格の10％として含まれ、店舗で商品を買うたびに所得の多寡に無関係で10％が税としてとられ、商品を売った店舗がまとめて政府に納税している。一方で預金をしたときに消費税はかからない。

400万社の法人にとって利益に課される法人所得税より、売上収益（粗利益《あらりえき》）にたいする10％の消費税が大きくなっている。法人の名目売上のうち10％部分は顧客から預かった消費税であって、仕入れにかかった消費税を引いて納税しなければ脱税になる。零細企業の当方でも税理士さんが計算している消費税の納税額は年々大きくなってきた。

〔消費税の体系〕 新聞、スーパーの食品、健康食品には8％の軽減税率が適用されている。保険医療費は消費税が非課税でも、自由診療費には10％の消費税がかる。自由診療であれ、医療費が消費税の対象とは、財務省はどう考えているのか。国内での金の買い取りと販売にも10％の消費税がかかる。国内の金価格は海外の国際価格より10％高いから密輸がはびこる。財務省は金を買わせたくない。だから衣料、家具、車とおなじ10％の消費税の対象にしている。住宅には、建物部分とローンの手数料に10％の消費税がかかっている。住宅の購入も抑制している。

住宅の購入は消費か？　建物部分が3000万円なら300万円だから大きい。車も400万円なら40万円。ガソリンにも10％かかっている。日本のガソリン代は米国の約2倍高い。電力費にも10％の消費税であり、電力費も米国の2倍だ。

税はシンプルでなければならない。消費税は、経済を衰退させるややこしい税であるが、アタマがいい財務省は簡単なこともややこしくする。事務作業を増やすインボイス（課税業者の領収証）も必要になった。財務省は経済活動の障害になった。これを撤廃すれば、ＧＤＰの55％を占める消費は10％増えて、企業の売上増加も10％になる。預金に回る分はあっても銀行が貸付金を増やして企業の設備投資になると、人口減でも日本はふたたび成長経済に転換するだろう。

【減価償却費と新規設備投資と経済成長】民間設備の劣化に相当する分（総額１００兆円）を越えて、新規設備投資のない経済は成長しない。なお公共投資の設備には企業会計の減価償却という概念がない。一般会計と特別会計の連結での国の有形固定資産は２７７兆円とされていても、これは特別会計で公共投資をした年度の簿価である。時価はいくらか。１３０兆円くらいか。

築後40年以上が経って空き家が９００万戸増えた街の劣化と軌《き》を一にしている。この空き家の新築の建築費は１戸１０００万として総計90兆円あたりだっただろう。いまいくらで売れるか。１戸あたり１００万円として９兆円。81兆円はどこへ行った？　これが売れない不動産の性格である。（令和２年度財務書類）

https://www.mof.go.jp/policy/budget/report/public_finance_fact_sheet/fy2020/fy2020.gaiyou.pdf

五公五民では経済は成長せず個人所得も増えない

世帯は収入から消費をせず貯蓄すれば、10％の消費税はかからない。ＧＤＰの60％から55％に下がった消費（２７０兆円）が社会保険料も上げる五公五民の強化から減るのは、理《り》の当然であろう。ＧＤＰが３％成長する見込みがないと、経済を成長させ、社員の人的な生産性を上げる設備投資、機械、情報システムの高度化投資は起こらない。

設備投資と事業の高度投資が増え、ＧＤＰが増加しないと、国内の国民所得（５３００万世帯の所得＋４００万社の企業の国内所得）も伸びないマネー循環のサイクルになる。

経済を動かすマネーはかたときも止まることなく循環して流れている。金利がかかるからだ。しかし円のように金利がゼロになれば滞留する（ケインズの「流動性の罠《わな》」という）。ゼロ金利の預金のマネーの流通速度は下がる。ドルのように金利が高いと流通する速度は上がる。これは金利のつくマネーの原理である。

国内の賃金が増えないと需要と国内の投資は増えず、ＧＤＰも大きくならない悪い経済循環になってしまう。これがいまの日本の五公五民の経済である（米国は公38％：民62％）。２０２２年から官の経済が50％に増え、民の経済は50％に減ってしまった。５年で防衛費の２倍増もあり、今後も官の経済が増え、民の経済は減る。修正しないと日本は人口減と一緒の率で、１年に０・８％から１％ずつ衰退する。

過去のＧＮＰでは、日本資本の企業が海外の工場で生産した所得もはいっていた。しかし１９９４年からのＧＤＰ（国内総生産）では、日本企業の海外事業の所得は海外のＧＤＰと計算され、国内のＧＤＰにはいっていない。金融ビッグバンは国際会計基準の変更でもあって、米英の製造業が空洞化したあとのエリート層のグローバリズムへの用意周到さがここにもある。金融ビッグバンは経常収支が赤字の米国と英国にマネーを呼びこむための制度であった。

【過去のGNPといまのGDPのちがい】

海外生産がはいっていたGNPから、はいらないGDPへの変更は国民の経済と所得の心理的な認知にとって重い変更である。しかし変更の意味を理解しているひとは少ない。

日本の上場の輸出型製造業ではおよそ50%が国内生産、300兆円を直接投資する海外生産が50%になっている。上場の製造企業は国際化している。3800社の平均でも23%が海外での生産であって、大手製造業では50%を占める。トヨタでは海外生産が70%である。

他方、雇用数の70%（4200万人）を占める中小企業は部分的にしか国際化していない。このため円高と円安へ相反《あいはん》する利害が生じている。

2024年11月1日の日経新聞によると、日本では大手上場製造業の53%が24年4-9期で減益または赤字という。50%の企業の減益・赤字は3年続いている。

日経新聞は株価に配慮して景気減速と書いているが、これはもう相当な不況である。これには中国の不動産による金融危機が影響している。いまの世界の株価は、米国系のファンド（資金量9000兆円）が押し上げたナスダックのPER35倍という期待が過剰な幻想領域のバブル相場であって、景気の実態を反映していない。

海外事業のドルでの利益は1980年代までは円を買って（ドル売り／円買い）、国内に還流していた。ところが資本が自由化された1995年以降は、ドルのまま海外で運用され投資されている。これが1995年の1ドル80円の円高から長期円安へ転換した主因になった。

〔海外生産の為替差益〕 企業単位での総売上と利益には、そのときのレートで円に換算した海外生産・販売が含まれるから、海外事業では円安では仮想的で短期的に大きな利益になり、円高では逆になる。このため海外生産が大きな日本にとっては、円安がいいという論がある。

円安のときは上場している大手製造業のドルを円に換算した海外利益が上がったようになり、国際的な企業のＥＰＳ（1株あたりの純益＝円換算）がドル高の評価分上がって、ＥＰＳの上昇にしたがって株が買われて株価が上がるからだ。逆に円高では海外事業が50％ある大手製造業のＥＰＳの評価益も下がるから、株価も下がる。

円安により約１００兆円の必需の食品、原材料、エネルギーの輸入物価が上がると、国内で店頭価格が上がった商品を買う国民は円安での物価上昇の分、損をする。２０１１年以来、輸出入は均衡していて円安赤字の年度が多くなっているから、国内で生活をする日本国民にとって円安より円高のほうがいい。

事実からいえば２０２２年の1ドル１１４円から１４７円への、29％の円安のときは、輸入物価が33％も上がり、国内製造業の卸・小売業への出荷物価は15％上がった。1ドル１３０円台になった23年には、輸入物価の上昇は10％台の下げを見せ、国内の企業物価の上昇は３％台に落ちついた。24年7月の企業物価は２・６％の上昇である。

１９８０年代までの古い知識の官庁系エコノミストの「円安がいい」という説は、１９９５年の金融ビッグバンから外貨の売買が自由化されたあとはまちがっていて、国民に損をさせてきた。

（企業物価指数、輸出物価指数、輸入物価指数：日銀）https:/ /www.boj.or.jp/statistics/pi/cgpi_release/cgpi2409.pdf

【1995年からの金融ビッグバンのあとの国内経済】

過去約30年、GDPの増加が心理的に期待できず、借り入れ金利が0・6%と低くても、国内の新規設備投資が減って10%の消費税がかからない貯蓄された円は、銀行の預金（世帯1100兆円：GDPの2倍）になった。

そのあとは、

①製造業による海外への直接設備投資（307兆円）と、

②官民の金融機関によるドル建ての証券の買い（1181兆円）として逃げてきた。

資本逃避（低成長の国からのキャピタル・フライト）というが、総額で1488兆円に達している。

対外資産1488兆円から、海外から日本への投資である対外負債（1017兆円）を引いた残額が対外純資産の471兆円であり、これが円の純流出額である（2024年6月：財務省）。

GDPが増えなくなった日本で毎年平均16兆円増えたのは、対外純資産の471兆円だった。対外純資産の残高はドル買い／円売りの累積した超過を示すから、1ドルは1995年の外貨制限の撤廃で80円の円高から、2024年は162円（7月上旬）まで行った。

【国際通貨基準での日本の賃金】 円は29年でドルにたいして半分に下がった。この円安は、国際通貨のドルでは国民の賃金が1／2に下がったことと等しい。われわれの賃金は横ばいだったのではない。世界通貨のドルの国際基準で1／2に下がってしまった。

政府とメディアが上場製造業の50％に増えた海外事業だけを見ていて、29年間の円安の悪い面を言わないから、ほとんどの国民は気がついていない。「損益」という言葉があるように、本来は円安がもたらす両面を見なければならない。

【金融ビッグバンのあとの円安歓迎論は誤っている】

いまだに日本にとっては円安がいいと言う、政府系のエコノミストは山のようにいる。貿易の黒字がなくなった、東日本大震災があった2011年以降の日本経済の全体にとっては円高がいいと唱える当方は20％かそれ以下の少数派だろう。

円安で海外旅行費、輸入資源の価格、海外の物価は2倍になった。円が1／2に下がったのでドル建ての米国、ユーロ建ての欧州の物価は、日本から見ると2倍から3倍高く、米国人の所得も2倍から3倍は高い。世界一高いスイスの物価は日本の3倍だろう。

では米国人が日本人の2倍豊かさが増したのかというと、そうではない。現在の米国のように国内の物価が過去からインフレで2倍、平均的な所得階級の所得が2倍なら豊かさは向上しない。

むしろ2010年以降、3倍以上に上がった住宅価格のせいで、持ち家がなかった世帯は住宅価格に比例して上がる賃貸料の上昇で相対的に貧しくなっている。これは米大統領選挙でもっとも重んじられる争点になっている。マンハッタンの月額賃料は平均でも87万円である（23

年7月)。

トランプがMAGA（米国を再び偉大に）を公約にかかげるのは賃金の上昇率が低く、住宅と物価が1・5倍に上がった米国人のおよそ80％（2億7000万人）が貧しくなったからである。米国人の80％は巨大になった所得格差から相対的《そうたいてき》な貧困階級になった。日本人の90％は、円安の絶対軸で貧しくなった。国民が貧しくなるなかで政府は消費税を10％に、社会保険料を所得の25％に上げた。

米国の偏頗《へんぱ》な豊かさ

人口3・4億人の米国で豊かになったのは、
①平均価格が2倍に上がった持ち家があり、
②株価が半分に暴落したリーマン危機（2008年9月）のあと株を買って資産を増やし、
③価格が7・6倍（時価総額7000兆円）に上がった株をもつ資産所有額で上位10％の階級（人口の10％：3400万人）である（図1）。米国株の時価総額7000兆円はファンドを通じて、資産の上位10％の階級が持っている。
われわれは日米ともに都合のいいデータを強調して出す政府統計にごまかされず、経済の国民にとっての実相を認識しなければならない。世界の経済統計も政権への支持を高める目的な

ので、2010年ころから程度の差はあっても中国化している。
〔超高額所得・高額資産者にひどく低い税率〕 高額所得層ほど所有が多い株価と金融商品所得への課税率は極端に低い。高額所得者への税率は、平均的な所得階級の1／3から1／4と低いという事実がある。

米国の資産と所得の格差がもっともひどいが、日本も似ている。貯蓄した資産が10兆円以上の米国超富裕者25人への課税率の調査では、申告して支払った税は資産の3・4％しかない。所得税率より、株の高騰を含み益または実現益として含む金融所得の課税率が低いからだ。高額資産者が払っている税の極端な少なさの実態を数値で知れば、だれでも強い義憤《ぎふん》にかられる。株価の上昇は他力だからだ。

国家の税法の体系は「実に」3乗で変である。

①自力の所得には課税する。

②他力の株価と不動産の上昇には売らないかぎり課税しない。

③その課税率は所得累進ではなく、所得税より低い約20％である。

税理士のロバート・キヨサキはここに目をつけ、ベストセラーになった『金持ち父さん 貧乏父さん』（2000年）を書いた。国家（＝政府と制度）は税法である。税法が変とは、国家の制度と法が変であることである。基礎からの改修が必要である。

マイクロソフトの株をもつビル・ゲイツ（総資産1055億ドル：15兆円）や、アマゾン株をもつ超資産

図1　米国S＆P500長期チャート：1980-2024

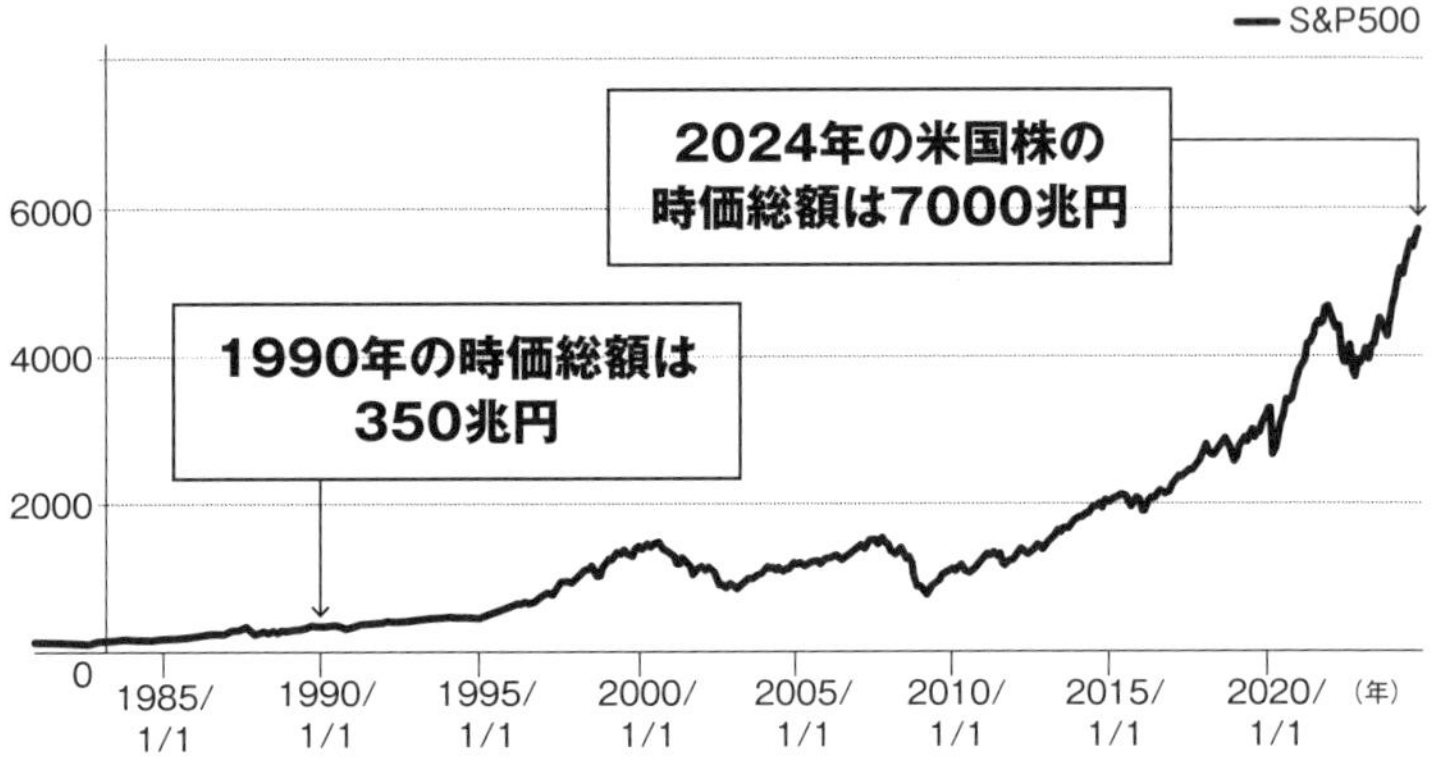

https://nikkeiyosoku.com/spx/chart/

家のジェフ・ベゾス（同２０２８億ドル：29兆円）、テスラのイーロン・マスク（同２４３４億ドル：35兆円）、メタのマーク・ザッカーバーグ（同１９５２億ドル：28兆円）は税をほとんど払っていない（確定申告：ProPublicaの調査：２０１４年〜２０１８年）。一方、政治家と政党に無税になる数千億円の寄付をして（匿名のスーパー・パック献金）、政治を動かしている。

数値で実態を知れば、このままでいいと考えるひとは当人たち以外では皆無《かいむ》だろう。

現在の税制を守るために超リッチグループからの民主党議員への匿名《とくめい》献金（スーパー・パック）は数千億円と多い。その献金は民主党10：共和党1の割合である。

ビッグテックのGAFAMの資本はインターネットの社会メディア（SNS）も支配している。ザッカーバーグは「フェイスブックの投稿の内容が民主党の政府機関CIAやNSA（国家安全保障国）からAIの全文検索で検閲を受けていた」と議会で証言した。新聞とユーチューブもおなじだ。日本の新聞は米国紙の子分である。トランプとハリスの選挙報道で、米国の三大ネットワークでの放映時間はトランプが15%、ビッグテックからきた献金を多額に使ったハリスが85%だった。広告の収入が50%に激減している既存のメディア（新聞とＴＶ）はマネーで動く。ここから報道偏向が生じることに、もう読者の方々も気がつかれているだろう。日本の新聞の発行部数も２０００年にたいして50%に減っている。（注）ＧＡＦＡＭはグーグル、アップル、フェイスブック（メタ）、アマゾン、マイクロソフト。株価時価総額は日本の４０００社の時価総額に相当する約１０００兆円であり、ファンドと一緒に金融資本になっている。つまりこれらの株は過剰評価のバブルである。

〈超格差社会になってしまった〉２０００年代はルイ王朝の封建時代よりはるかにひどい所得と資産の超格差社会になっている。これを修正しないと、世界に未来はない。

表《おもて》では平等な社会主義を標榜《ひょうぼう》していても、中国は米国よりもひどい超格差《ちょうかくさ》の社会である。共産党幹部の超富裕者はスイス・米国・香港のＨＳＢＣ・マカオ・シンガポールの銀行にマネー・ロンダリングした高額の預金をもつ（合計は３００兆円）。人民日報はこれを隠す。

このうちスイス金融では、石油の中東と中国共産党幹部の隠し預金が多い（推計２００兆円）。ビットコイン、債券、投資信託も多い。ロンドンのシティのファンド金融の内部では１億円以下の投資家のことをボロ投資家と呼んでいる。

１００%、国税庁に捕捉されている日本の所得者は五公五民《ごこうごみん》、米国の超資産家は納税額が３・

4%。こういった極端な格差社会はサステナブルではない。富裕者とGAFAMのビッグテックは民主党に超多額の献金をして超格差社会を続けようとしているが、たぶんトランプのMAGAで少しは修正を受ける。税法は国家の基礎部分である。

【日本でも所得と資産格差は投票行動を変えた】

所得格差の意識は自公政権が15年ぶりに過半数（233名）を割った日本の総選挙にも反映している。減税を唱えた国民民主党の議席は7人から28人と4倍になった。消費税撤廃のれいわ新選組は共産党（336万票）を抜いて380万票で9議席を獲得した。日本の社会で税を含む格差の認知がひろがってきた結果だろう。政治資金報告書に記載しなかった裏金が無税であることに80%の国民が怒った。この結果が衆院選だった。

【総選挙の得票が意味すること】

自民（得票数マイナス27%）・公明（得票数マイナス16%）と、148議席をとって大勝したといっている野党の立憲民主は、これに気がついていない。野田民主党は財務省が喜ぶ増税派である。議員数はうまい区割りで148人に増やしたが、得票数は前回の1149万票から0・6%しか増やせず1156万票だった。国民民主とれいわ新選組に得票の増加率は負けている。日本維新の会も37%減らした。

自民党の派閥の裏金に、なぜ国民がひどく厳しい目を向けたのか。

自分たちの所得が増えずに減ったからである。しかも平均で約10%の税と25%の社会保険料が源泉徴収で天引きされた手取り給料（65％）は、生活財を買うときの10％の消費税を引くと実質額で55％になる。ここから赤字国債の国民負担の約5％を引くと五公五民になってしまう。この五公五民は、日本にはまだＭＡＧＡの政策はないので改善する見込みがない。

噂《うわさ》がある消費税の15％への増税があると、民45：公55に悪化する。こうした実質所得の減少に加えて、人口減の加速もあってＧＤＰが成長することはできない。この転換を果たすため本書を書いている。

〔輸入はマイナス〕 野党では消費税の減税を唱《とな》えている政党が票を伸ばしたが、いずれも減税を可能にする財源論がないので与党になる力を得ていない。国民の常識（集合知）での政治の見方は正しい。

政府負債がＧＤＰの２３８％ある日本では、赤字国債の増発をしなければならない財政の拡大論では経済は一時的な成長しかしない。あとは五公五民以上の国民負担の増加になる。

国債を日銀が買う方法のマネタイゼーション（国債の現金化）では、ドルよりＧＤＰにたいする円の増発率が米国より大きいときドル買いに流れるから、１００兆円の輸入物価を上げる円安になるだけである。

輸入品目は食品、エネルギー、資源であるから、企業の仕入価格を上げて国内の物価に転嫁される。しかも輸入はＧＤＰのマイナス要素であって、輸入金額が増えると国民の所得が海外に流出してしまう。海外に代金を払わないと輸入はできない。

〔非課税収入が大きな議員たち〕　ひとはだれでも自分の所得、立場、年齢を基準にして社会と他人を見ている。二世・三世が多くなった政治家は、①約2000万円の議員年俸の上に、②1か月100万円の無税の文書・交通費、③公設秘書の報酬（3人まで1人年額600万円）、④議員1人平均では4480万円平均（703人の衆参議員の総額で315億円）にはなる政党交付金をもらった上に、⑤政治資金とパーティー収入は無税にしている。⑤ほかに企業と個人からの政治献金もある。無税の副次的な年収だけでも、1人平均では8000万円くらいある。無税の8000万円の年収が有税の2000万円の年俸に加わっていることにひとしい。

所得の100％が有税となる1億円の報酬をもらっている上場企業の役員の約2倍の年収である。加えて毎年、数千人の政府の高級官僚は、天下り先の顧問として書類に出ない隠れた法外な年収と、その都度の退職金を得ている。社会では、上級国民と下級国民という言葉すらできている。議員と上級官僚の上級国民は封建時代の貴族階級であって、その目には国民の実相は見えない。これの制度は政党によって修正が必要である。

【格差の実情】

9割の国民は1／2への円安、所得の五公五民、進行する自分の高齢化から貧しくなる未来しか描けていない。私が聞いた40代以下の世代全員が「われわれには年金はない」と答えた。法と税、社会保険料を手前勝手に決めている政権政党に、国民が交替を突きつけるのは当然だろう。

40年前はニュータウンだったが、いまはオールドタウンになった大阪・千里中央の寿司屋で大手企業の元経営者たちの会合があった。コロナ終息から1年以上経つのに、夜8時には飲食店が店を閉じていた。建物は老朽化して更新がなく不況に見える。夜、歩くひとがいなくなっている。これが国民の日常にちかいだろう。

昨日は金沢で、その仕事ぶりを尊敬するひとの80歳の誕生日であった。本人が組んだバンドのライブ演奏とボーカルつきのパーティがあった。声と所作はとても80歳には見えず65歳。新幹線が通っている金沢の駅前は観光客が多く、きれいになっている。インバウンド消費が多い。

会場のホテル日航金沢は清潔だった。ホテルの品質では細部に神が宿る。お風呂では透明なお湯が音も立てず渾々《こんこん》と湧き出なければならない。料金は高いが香港のペニンシュラは見事だった。広い浴室と広い部屋のアメニティは水色の箱のティファニーのものだった。世界の格差は激しい。東京、大阪、金沢、香港の街の違いはＧＤＰの伸びの差が原因である。

【所得と需要と投資の関係】

たとえば、世帯の需要を示す日本の店舗の総売上は、１９９０年代から30年も１３０兆円のままである。需要は、「企業と世帯の合計所得－合計貯蓄額」である。この合計貯蓄の余剰が海外に投資されると、国内経済は伸びなくなる。

対外資産が約１５００兆円、純資産が約４７０兆円といわれ、日本経済の強さのように示されることがある。これはＧＤＰ（国内総生産）の成長力という国内経済の強さからではない。

国内の需要の伸びがなく、ＧＤＰの期待成長率が世界一低く、貯蓄されたマネーが海外に逃げた結果を示している。企業の設備投資も30年の累積で300兆円が海外に逃げた。

実質GDPは、インフレを引いた実質価格での「国内総生産＝国民所得－海外所得＝国内需要＋国内投資」である。


〔原因〕1995年の1ドル80円のときから工場投資は、約300兆円分が海外に逃避している。海外生産を抜いたものがGDPの国内総生産である。海外工場への投資増加は、日本のGDP（＝国内の国民所得）が増えない主因になっている。本書では国内の需要を増やす、個人の実質賃金を10％上げる方法を「政策的な消費税の撤廃」として提案する。この実行には、消費税に相当する23・8兆円／年の財源が最初の数年間必要である。

財源には、財務省が管理する外貨準備1・2兆ドル（174兆円）を5年間充《あ》てる。30年間も金利がつく海外に逃避した円の価値（財務省がドル買いをしている日本人の対外貯蓄）の奪還である。英国の国会議員ジェフリー・アーチャーの小説ではないが、「外貨準備の174兆円を取り戻せ！」だ。


〔多くのひとが知らない1995年の金融ビッグバンの重大な意味〕1995年までの外貨の購入規制があった時代で必要だった外貨準備は、金融ビッグバン以降の外貨購入の自由化（資本の自由化）では必要がない。財務省が資本の自由化のあとは必要のない外貨準備（特別会計）を議会の審議にかけることなく専有管理していることは告発されれば、不当な金融犯罪にあたる。

なぜ財務省は外貨準備を一度も減らしたことがないのか。金融の支配権限の拡張欲としか思えない。ほかに回答があるだろうか。国債発行を減らせというひとはいるが、財務省に外貨準備のムダを指摘する政治家と政党は皆無である。

古い言葉だが不思議の国ニッポン。米国のファンド・マネジャーたちからは、国の純利益（経常収支の黒字）と国内預金と異次元緩和の500兆円で外債を買ってきた日本国の資金繰りは不思議に見えるだろう。

実務の簿記・会計学は会社のデスクで独学し、税法は税務署あがりの顧問税理士さんが先生だった。中堅企業の資金繰り担当の経理部長を28歳から38歳までやったことがあるので、なにごとも売上収入である財源、借入金、仕入れ代金の支払い、経費支払いと投資後のキャッシュ・フローを考える癖がある。経営計画書も作っていた。コンピュータを学んで38歳で独立した。当時たたき込んだ簿記会計とキャッシュ・フローは独学した経済学の基礎であり、マネーのコンピュータプログラムの基礎である。

〔企業売上と利益、生産性、賃金の上昇、所得税の増加に波及〕 消費税がゼロになって実質賃金の10％上昇から国内の需要と投資が増え、経済が成長するようにマネーが循環すると、企業の売上収益（粗利益の金額）は上がって、雇用数がおなじなら人的な生産性（粗利益の金額÷総労働時間）が上がり、名目賃金を5％や7％上げても企業の利益は増える。消費税は企業の経費にもかかっているので、人件費以外の経費も10％減る。

400万社の企業利益が増加すれば法人所得税が増え、6000万人の賃金が上がると所得税が増加する。平均年齢の高齢化、人口減、円安という経済にとってはマイナスの構造3条件をもつ日本では、緊縮財政と増税は法人と個人の所得を減らす。財政赤字を増やし、経済を縮小させて日本を衰退させる。

GDP経済の成長がマイナスから1％あたりと30年も横ばいを続け、社会福祉費は自然なら年3％の増加を続けるから（政府は1人あたりの社会福祉費を隠れて微妙に削減し、社会保険料は上げている。皆知っているだろう）、財政赤字が増え、政府が赤字の分資金の不足になった。政府財政の赤字による国債発行は増えた。政府の負債が限界付近であるGDPの238％になったのは、政府が赤字財政を拡大しても対外純資産471兆円分のマネーが海外に逃げ、国内総生産のGDPの成長がなかったことの結果である。

【あらゆる産業分野で生産のグローバル化が進展】

前述したように金融ビッグバンの前1994年から日本企業の海外生産を含んでいたGNPが国際会計ではSNA（国民経済計算体系）のGDPに変わって、GDPは海外生産を含まないものになった。これは米英合作の国家戦略だった。

たとえばトヨタは世界一の1000万台を生産するが、700万台は、海外のGDPに含まれる海外生産になっている。トヨタの工場はドル経済圏のメキシコが多く、米国や欧州に輸出されている。日本では国内の需要が伸びないので、売上を増やして株価を上げる必要がある大手製造業は海外生産がおよそ50％に増えた。海外生産は、IFRS（国際会計基準）では海外のGDPになる。

とくに1ドルが80円の輸出を減らす超円高になった1995年からは、輸出していた製造業は大挙してドル経済圏の海外への工場投資に向かった（中国、米国、アジア、欧州）。

日本企業の海外生産・海外販売は工場のある国のGDP、つまり国内総生産になる。これが

30年も伸びがなかった「GDP＝国内総生産」の意味である。

【無意味になったMade in ＊＊＊】

Made in ＊＊＊は、およそ2000年以降は意味をもたない。プラダの生産は中国、トルコ、ルーマニアが多い。エンブレムをイタリアでつけてイタリア産としている。エルメスとルイ・ヴィトン以外は海外生産が多い。百貨店の売上の2倍になった日本のコンビニの惣菜《そうざい》や食品も中国で作られたものが多い。ストレートに中国はまずいと考えたのか、記される卸会社が日本の会社名になっている。

〔中国産の品質問題〕 ただし中国の工業生産品には品質のバラツキの問題がある。自作オーディオが30年来の趣味であるが、アリババから買ったデジタルアンプの5台のうち3台が1年以内に壊れた。それでも音質は優れている。

2010年ころからのデジタル機器は、スマホのようにユニット化して超集積化されているから性能の差はなくなった。価格は同等の日本製の1／5くらいだ。しかし検査品質のバラツキとこわれやすさの欠点があって、5年で5回買い換えるとおなじ価格になる。

〔商品生産量でのGDP〕 購買力平価（PPP）の商品生産では、中国は、世界ダントツになっている。近年はAI、画像処理のGPUの超高速半導体のサプライチェーン、ITでも米国を超えて1位になった。自動化が増えた兵器用も含んで世界で急成長しているAIでは、日本は中国の3周遅れ、米国の2周遅れといわれる（東大ＡＩの松尾豊氏）。（注）購買力平価（ＰＰＰ）とは日本では１０００円で買える商品が、他国ならいくらで買えるかを示す仮想の交換レートをいう。

日本は１９８０年代の半導体生産では世界の60％を占めて世界に輸出していた。現在の中国のポジションだった。いまは５％付近である。元東芝のキオクシアくらいしかない。

第四章 人口減なのに消費税10％五公五民の社会

人口減のなかで消費税10％が日本経済の障害だった

〔財務省の論理〕10％の消費税は年金、医療、介護、子育て支援金など政府の保険料収入と支払いからの赤字に充てていると財務省は言う。消費税の23・8兆円（個人消費の約10％）があるから、現在の水準の社会福祉費を国民に提供できるという。

この税と社会福祉の論理には、民主的な近代国家としておかしなところが隠れている。民主的とは国民が選ぶ国家、そして経済の制度である。民主国家の税は公平性という原則から、高所得者が多く負担する所得累進の税率で集めた税を国民に平等に分配する。

【逆累進の経済になっている】

ところが消費税は、低い所得のひとほど税の負担率が重くなる逆累進税《ぎゃくるいしんぜい》である。高額所得者ほど所得にたいする消費税の負担率は低い。所得が2倍の世帯でも食品需要が2倍になることはないからである。

〔米国より低下した世帯貯蓄率〕およそ80％に増えた中クラスから下の所得階級の世帯（うち年収200万円台の年金世帯が30％：非正規雇用40％）では、生活をおくるのに必需の、しかも税が10％かかった生存消費財を買う率が高い。

昨日、ITのリモートワークの次女夫婦と子供3人の家族連れで行ったユニクロは、客がいっぱいだった。私はひとの群れにつかれ、雨が降っていたが外にいた。食品スーパーで観察すると、低価格帯の商品が約60％になった。税のかからない貯蓄と投資になる金融商品や不動産の購入費の割合は低くなる。2000年以降、世帯の実質所得が減った日本人の世帯の貯蓄率は平均6％の米国より低い3％に下がっている。

上位20％の高所得世帯に多い外貨や証券投資と住宅ローンの支払いは消費ではなく、貯蓄である。世帯所得＝消費＋株の購入や預金を含む貯蓄。住宅ローンの支払いも経済学的には貯蓄である。その貯蓄が銀行預金を経て貸付金になり、生産を増加させる設備投資になればGDPは伸びる。

〔設備投資が減ってGDPが成長しなくなった〕ところが日本では金利が3％から5％はある

図2 世帯の年収階級(2022年:厚労省)

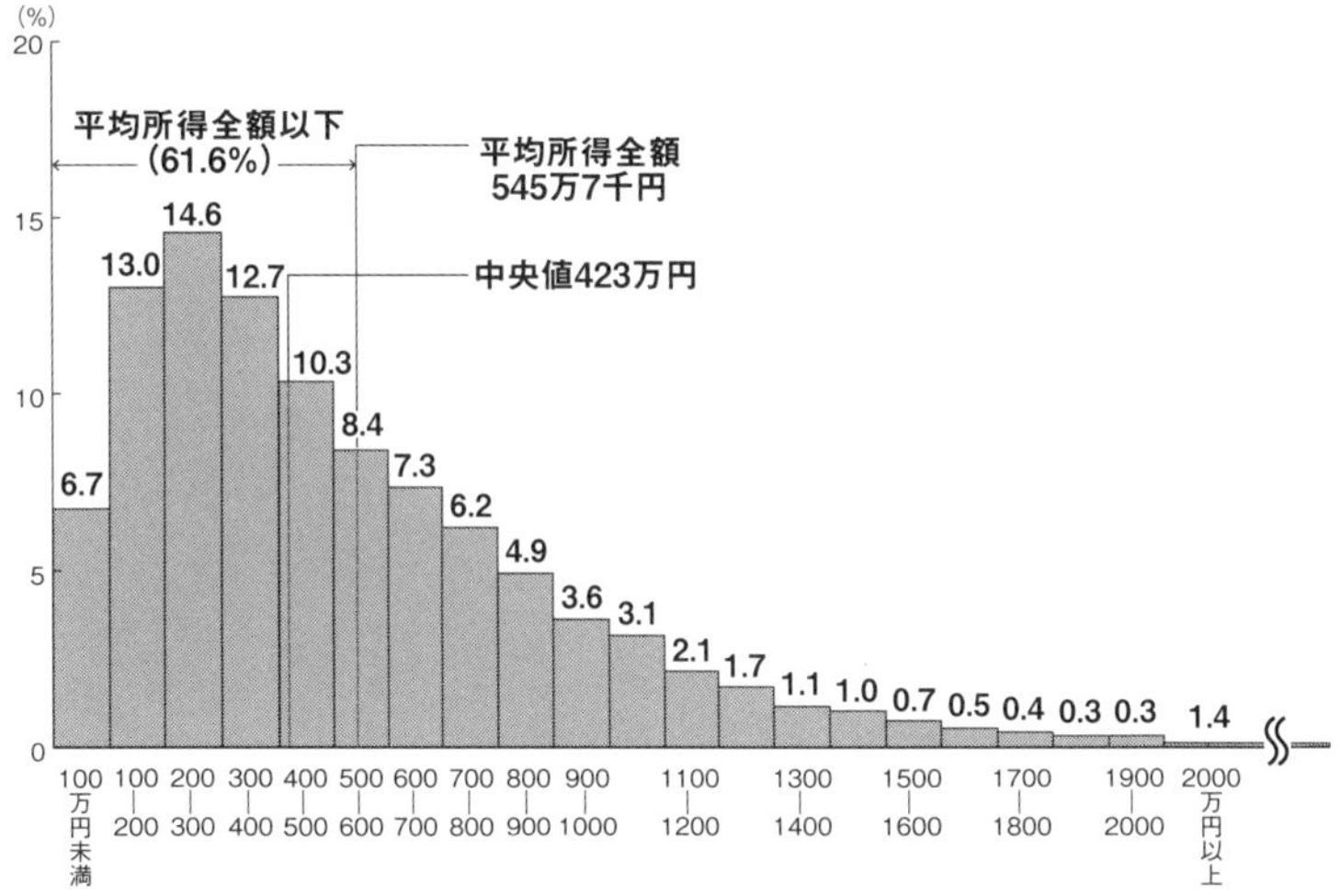

https://www.jil.go.jp/kokunai/blt/backnumber/2023/08_09/kokunai_02.html

ドル証券買いや投資信託であるドルMMFで海外に流れ、国内のGDPは伸びない。日本の30年間がこれだった。海外への純貯蓄である対外純資産はドル買いで471兆円になっているが、その分、国内への設備投資は減った。

(34年前からの設備投資の減少) https://www.jkri.or.jp/PDF/2022/Rep183furukane.pdf

〔年収200万円~300万円がもっとも多い〕 2022年の世帯所得の階級別分布を見ていただきたい。1990年からひろがってきた所得の格差を示すこのグラフはあまり論じられていないが、国の経済ではもっとも重要な問題である(図2)。

企業別では、3954社の上場企業の正社員の賃金上昇は、1年に2%あたりが基準だった。しかし390万社の中小企業(総雇用者の70％：３３００万人）では、時間賃金が１／２の非正規雇用が40％に増え、正社員の賃金も上がらなかった。32年後には、この図の結果の所得格差になってしまった。名目賃金が減ると、購買力である実質賃金はもっと減る。

世帯の支出のなかで、もっとも大きな食糧費（約30％）、住居費（約40％）の割合は、

・高い所得の世帯ほど低くなり、

・低い所得の世帯では高くなる。

非正規雇用が総雇用の40％になっていて１人あたりの所得の格差は、拡大の一途である。非正規がいなかった公務員にすら、近年は臨時職員の非正規雇用が増えている。

非正規雇用が40％、日本の平均賃金は低下を続けている

〔非正規雇用が40％になった〕 非正規雇用が図３で見るように１９８５年の20％から40％までウナギ登りに増えた原因は、正社員の雇用が長期雇用を暗黙の前提にしているからである。

主因は企業の売上が増えないなか、①10％になった消費税の負担と、②１９７２年の所得の５・４％から２０２２年は15・５％と約３倍に上がって会社も半額を負担する社会保険料の賃金のなかでの増加である（年金保険料、医療保険料、介護保険料、子育て支援金など）。

〔企業の経営の合理性〕 １９８０年代末から売上収益の伸びがよくないどころか、減ってきた

図3　1985年から2020年の非正規雇用増加

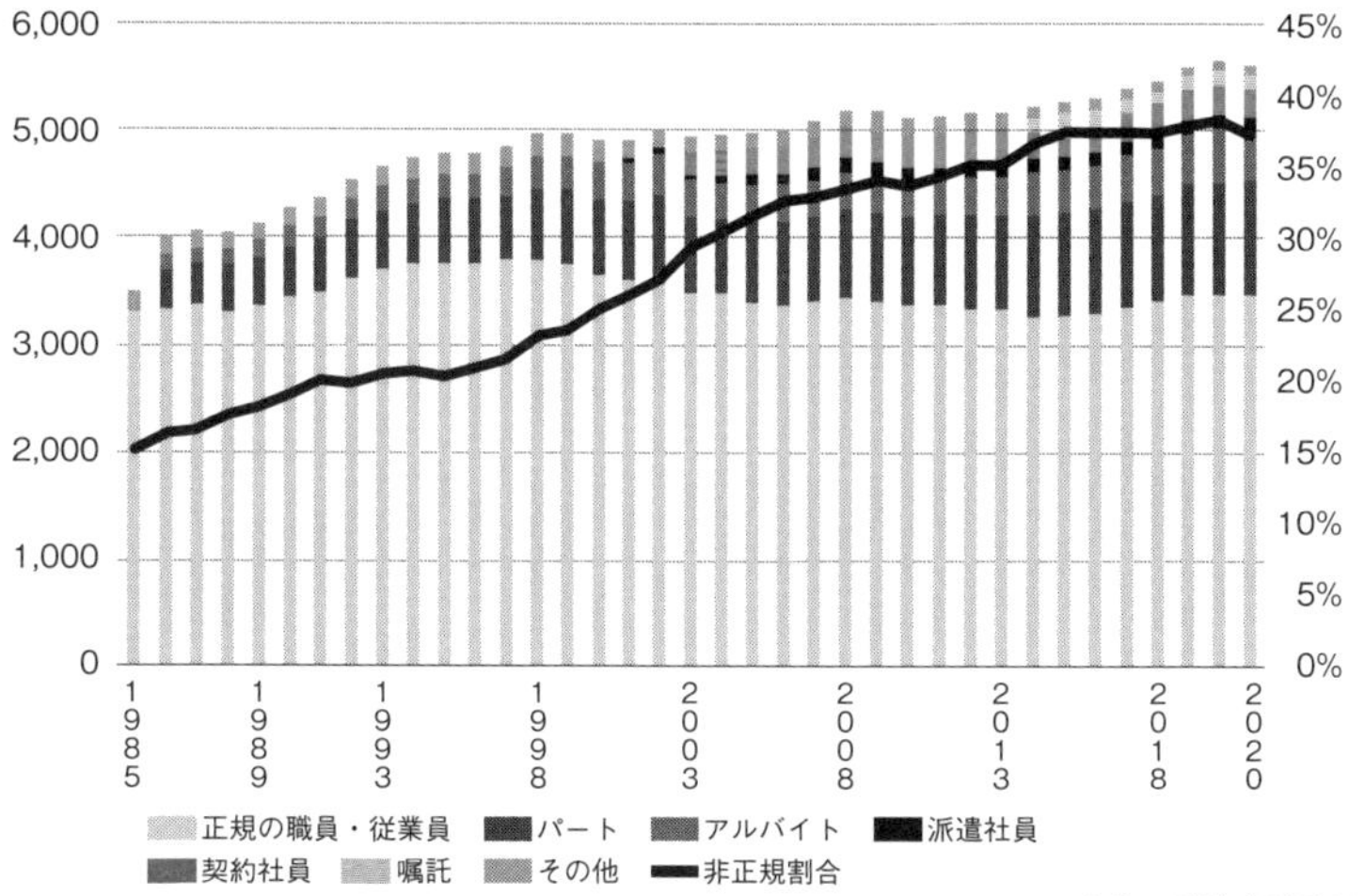

出典：総務省統計局
https://www.transtructure.com/hr-data-analysys/search/hr-analysis-report/p7303/

ところが多い４００万社の企業は、毎年２％の賃金を上げなければならない正社員として長期雇用ができない。この分を時間賃金が１／２付近の非正規雇用にすることが、経営にとって合理的だった。

日本には、米国のようなレイオフの制度の慣習はない。資本主義でおなじといっても雇用、技術、物価、金融では人種のように多様である。政府の政策は「他国とはちがう国の雇用の実相」を見たものでなければならないが、日銀の異次元緩和と政府の消費税増税では、これが顧《かえり》みられていない。

正社員が主《しゅ》だった雇用構造が１９９０年あたりからは非正規が増えて変わっていたのに、国民に不公平な消費税が社会福祉費の赤字23・８兆円分（世帯あたりで47・６万円）として徴収されている。

以上が結果として不平等が年々大きくなる消費税の本質である。日本人の戦後経済は現在の姿を希望したものでない。

・1990年からの15年続いた資産（株価と地価）のバブル価格の崩壊、
・外貨規制の撤廃（1995年）と資本の自由化によって円が海外流出した結果の円安、
・年金、医療費、老人福祉の関連費が増える人口の高齢化が重なって、おかしくなってきた。

【40年以上前から予想できていた高齢化・少子化・人口減】

人口の高齢化・少子化・人口減は、1980年代から確実なものとして予想できていたことだった。現在の人口の構造は、40年以上も前から政府によって予想されていた。

しかし単年度の財政の予算制度である政府と政治家は、前年度からの積み上げまたは削減をするだけである。長期政策は5年で2倍にする軍事費しかない。単年度財政にも問題がある。日本丸は、5年先といった長期の経営計画と未来ビジョンがない企業のようなものだ。このままでは過去も現在もおなじである。修正を加えなければならない。

〔いまのままなら日本は長期衰退する〕日本経済は確実な総人口の減少と、高齢者だけが増える人口構造からの予想通りに衰退する。皆1年に1歳、30年で30歳、平等に年をとる。西暦2000年こそ人口が3400万人だった明治維新以降の、生産年齢の人口減と高齢化に向かう分水嶺《ぶんすいれい》だった。それから24年経って、２００5年からは人口減が30万人から80万人に加速する日本になった（これからの人口減は80万人〜１２０万人／年）。

〔移民導入政策の明暗〕　米欧では生産年齢の人口減を補う移民政策がとられたが、２０２０年ころから犯罪と福祉財政の赤字拡大という社会問題になっている。移民も多いスウェーデンでは帰還手当を35万クローナ（４９０万円）出して、移民の帰国を促《うなが》している。ドイツの移民数も２２３０万になって人口の27・７％を占めている（２０２1年）。米国は不法移民を含まないでも４２４3万人であり、人口の11・３％である。移民労働の国サウジでは37・３％である。これがリベラル派の推進したダイバーシティ（多人種混合文化）の結果である。移民は需要増にはなるが、他方では国民の平均賃金を抑えて社会福祉負担を増やす。経済成長に単純に役立つとはいえない。トランプは米国経済のためにはなっていない大量の不法移民を帰国させるという。ここでもトランプは「結果の悪いことは無用である」とするプラグマティックな考えをしている。

米国の民主党は、バイデン政権下の７３０万人とされる不法移民の多くが民主党支持になることから数百万人の不法滞在を許し、大統領選の争点にもなった。米国民の８割は政府の移民対応を評価していない。失業の増加、犯罪、社会不安になるからだ。西欧もおなじである。

日本の移民数は３４1万人、西欧に比べて人口の２・７％と一桁《けた》少ないが、埼玉県では部分的ではあってもアラブ系移民の問題が起こっている。日本では、西欧が失敗した移民増加の政策はとらないほうがいい。移民での成功はマレである。実は２０２４年には１／２の円安で政府が推進しているベトナムなどからの日本への移民人気は韓国の下に下がっている。

異次元緩和は円安以外、一体何だったのか？

〈異次元緩和の開始〉３年の民主党政権を経て２０１２年12月に、安倍首相の自公政権に回帰した。事実上、安倍元首相から首を切られた白川総裁に代わったリフレ派の黒田東彦総裁、岩田規久男副総裁は翌年の４月から黒田バズーカといわれた異次元緩和を実行した。

政府が発行し、内外の金融機関がもっていた国債（１１００兆円）を日銀が債券市場で最初は年60兆円、２年目からは80兆円買って、金融機関がもつ日銀当座預金に買った国債とおなじ金額のマネーを供給する政策をとった。

これは世界史上初めての国債の大規模な現金化であるマネタイゼーションだった（国債の現金化）。国債を日銀が買うことによる財政のファイナンスもこれとおなじである。ファイナンスとは資金調達をいう。日銀は債券市場で国債を買っているからマネタイゼーションや財政ファイナンスではないと毎回述べているが、この弁明は根拠がないウソである。

【財政のファイナンス＝国債のマネタイゼーション＝現金化】

財政のファイナンスを行うと、政府の国債という負債が銀行が日銀の預金口座にもつ当座預金という負債に変わる。日銀が異次元緩和として買ってきた約５００兆円の政府の国債は、当座預金に振り替わった日銀の負債である。マネーのフロー（主体間の流れ）では、政府の負債を日銀が肩代わりすることである。政府と日銀を連結で見た政府負債は減らない。

異次元緩和の目的は、

①２年で物価を２％上げてデフレ経済から脱却し、

②人口減の日本経済を名目ＧＤＰ３％の成長軌道にのせるとしていたが失敗している。日銀は、失敗したとはいわない。日本の官僚は「自分たちが作った政府の政策は無謬《むびゅう》」とする。第二次世界大戦への参戦も軍部がやったものであり、政府官僚は無謬とされている。これも嘘である。

当時の大蔵省は国債を当時のＧＤＰの２００％発行して軍事費に充《あ》て、日銀はその国債をマネー化して戦後のハイパーインフレを生んだ。円は戦後のドルにたいして１／72の円安に下がった（日銀が設立された明治15年〈１８８２年〉には、1ドル＝1円＝1グラムの金だったが、金本位からはずれていた戦争直前は1ドル5円、戦後は1ドル３６０円：インフレは１５０倍）。

このときも国債を買って円を増発したのは日銀である。財務省と日銀が戦犯である。

〔**戦争**〕世界一の経済力（生産力）の米国でも国債をＧＤＰの１００％発行して国内のマネーを調達しないと、兵器と兵士を調達する軍部の戦争は実行ができなかった。戦争は、政府と国民の賛成と「鬼畜米英」のような強い憎しみの空気がないと行えない。いまイスラエルが、パレスチナ・レバノンのヒズボラ・

イエメンの軍閥フーシ派にたいしてやっている。米国とEUはロシア、イランにたいしてやっている。日本政府は米国に従属し軍事費を7・9兆円に、国民の賛成のない支援費を秘密で2・5兆円に増やしている。復興費という名目でウクライナに戦争費を出すことは、戦争参加である。

〈異次元緩和と消費税増税のミックスがアベノミクスだった〉 異次元緩和の11年間に物価の上昇はあった。しかしそれは5％だった消費税を上げた2014年4月（この年度に＋3％）と、2019年10月（この時期に＋2％）だけだった。消費税は物価に含まれる。既述したように消費者が商品を買うとき、納税の意識がなく納税している消費への懲罰の税である。

〈消費をしないとかからない税が消費税〉 2024年の政府の消費税収入は23・8兆円、これは家計の消費財支出の約10％である。

消費をせず預金すれば消費税はかからない。消費税は1年では終わらず続く。毎年、消費の10％にあたる23・8兆円の懲罰税をかけて、所得が増えていない世帯の消費が増えるわけがない。消費税の過去の累積額はいくらだろう。1988年からだから平均年率を5％として、36年で消費税の累積額は360兆円もある。巨大である。

政府は、10％への増税で国民の実質消費を10％減らす政策をとったことになる。（注）実質的な消費は金額ではなく、世帯が店舗で購買した商品数量。消費税は買った商品の売価に含まれるから、国民には所得税のような申告納税の意識はない。ここが政府にとってミソであり、国民にとって毒である。

なお2022年に物価が3％、2023年には4％上がったのは、コロナ対策の財政出動（1

図4　消費税と消費者物価上昇の相関：2013年から2020年の異次元緩和の前と後

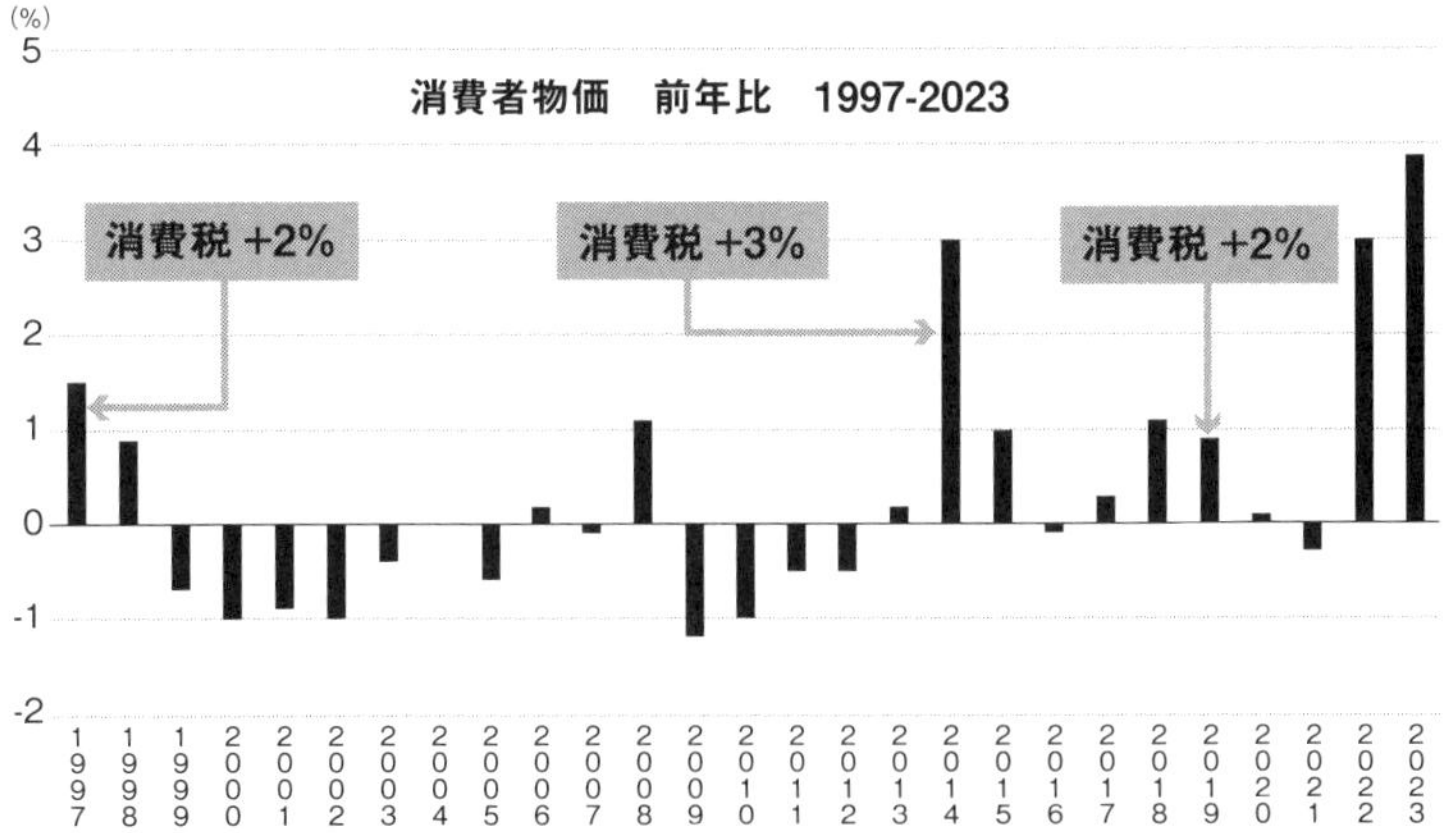

①2013年からの異次元の量的緩和では、消費者物価はほとんど上がっていない。
②消費税を5%から8%に上げた2014年には、消費者物価は前年比3%上がった。
③消費税8%を10%に上げた2018年、19年には、2年で約2%上がった。
④2022年の消費者物価3%上昇、23年の4%上昇は、コロナ禍の収束とウクライナ戦争からだった。

データ：総務省

００兆円の世帯補助金＋ロックダウンした会社へのゼロゼロ融資）からであって、異次元緩和からではない。

図４は、日銀の異次元緩和の物価上昇目標における失敗をあからさまに示している。

２０１３年４月から総額５００兆円、10年間の異次元緩和を行っても、それが原因になった物価の上昇はなかった。異次元緩和の開始のあとの２０１４年と２０１８年から19年に物価が上がったのは、二度の消費税の増税（３％と２％）によるものだった。

超金融緩和の開始から11年も

経った。この金融政策が経済の成長と実質賃金の上昇に効果を生んでいないことは、反省すべきである。「反省」とは謝って済むことではない。責任をとって辞《や》めることでもない。失敗の原因を分析し、原因対策を立案して実行することである。当方は微力であるが、本書はこのスタンスをとる。まず「分析して言葉で明らかにすること」である。

資本が自由化され29年経った現代では、ひどく古くなった通説を信奉して今後も「通貨増発と財政の拡大しかない」とすれば、この国は円安から食品、資源、エネルギーの１００兆円の必需の輸入物価が上がり、予想できる資産バブル崩壊から実質ＧＤＰと世帯の実質所得は下がる。１９９０年からの資産バブルが崩壊のあとおなじ30年不況に、増える人口の減少が重なって２０６０年には沈んでしまうだろう。

貨幣数量説はマネーが流出するから経済対策をまちがう

物価を３％上げる消費税３％の初期導入は、所得が増えていた１９８０年代末であっても国民にとって政権を交替させるくらい大きな政治問題だった。

書籍は分析した過去を文字で再現し、絵画のように概念で定着させる効果をもつ。50歳以上の世代に思い出していただくためにも書いている。このため映像化の言語も多く使っている。

55歳未満のひとたちには知っていただきたい。3%だった消費税はその後、外貨の購入規制がなくなった金融ビッグバン後の1997年に5%に上がった。

ここから、いまも異論があることを書く。消費税の増税と物価上昇の関係である。実は本当は単純である。異次元緩和が目標とした2%のインフレ目標の達成に効果があったかのように古い貨幣数量説の通説を信用して、猛々《たけだけ》しくいうリフレ派がまだいるためむずかしく見えるだけだ。

【フィリップス曲線は通説になって無効になった】

世界の銀行でのドルを相手にした外為《がいため》の取引額は、1日に6・6兆ドル（1000兆円）もある。外為市場は、①国債を売買する債券市場のおよそ10倍、②株が売買される株式市場の50倍と巨大である。


〔マネーの流れで巨大化した外為市場が知られていない〕米英では1985年から、日本では1995年からの外貨の売買規制がなくなった金融ビッグバンから、金融市場の全体では外為市場が中心になっている。それがまだ認識されていない。

株価より金利より国債価格より、変動相場制の通貨レートの大きな変化が取引の中心にあって金融と経済の変動をもたらしている。

金融はファイナンス、つまり会計帳簿の数字である過去のマネーでなく、未来への運用をすることである。ファイナンスでは運用にせよ借りるにせよ、未来の通貨レートと金利の予想が肝心になる。知り合いのファンド・マネジャーは言う。「お金がお金を生むが、下手をすれば（予想をまちがえれば）失う」。これがファイナンスである。

【フィリップス曲線は時代遅れの学説になった】外貨の資本規制があった1995年、しかも金本位のドル基軸《きじく》の固定相場の時代に作られた経済の原則のなかで代表的なものは、中央銀行の金融政策でもっとも重視されている「失業率と金利は反比例するというフィリップス曲線（1958年の学説：FRBが参照している）」である。この原理はドル・ユーロ、ドル・円、ドル・人民元という、通貨レート相互の大きな変動からの相対的なマネー価値の攪乱《かくらん》によって日本では働かなくなっている。雇用の40％が非正規であってレイオフが失業ではなく、非正規雇用への雇用切り換えで行われる日本では効かない。不況期にはアルバイトや非正規雇用が増えて失業率はさほど増えないからだ。大学生はもちろん高校生すら時給1000円から1200円くらいでアルバイトをしているが、これも労働者としてカウントされている。

1973年からの変動相場制と1995年からの外貨売買の自由化（＝資本の自由化ともいう）のあと、外為市場で買いが増えレートが上がった通貨は、通貨価値が増えたようになる。米ドルが典型である。売りが多くレートが下がった通貨は、現在の円のように通貨価値が減ったようになるからだ。通貨価値とは国際市場の原油を含む国際商品の購買力である。

金融緩和と利下げが失業率を下げて経済を成長させるというフィリップス曲線を安倍元首相

に吹き込んだのは、当時の内閣参事官でアベノミクスのブレーン役を勤めていた元財務省官僚の高橋洋一氏だった（『安倍晋三回顧録』２０２３年）。

〔雇用制度とマネーの海外流出の見落とし〕リベラルの米国民主党派で破天荒なところもある経済学者クルーグマンは、１９９８年に論文『日本が陥った流動性の罠《わな》』を書き、「日銀が不真面目になってインフレにするといえば、日本はインフレになる」という論を展開していた（『そして日本経済が世界の希望の星になる』２０１３年）。

しかしレイオフの制度がなく、不況になっても失業率は増えず、賃金の低い非正規雇用が増える日本にとっては当てはまらないトンデモ理論だった。内閣府参与の浜田宏一氏（元イェール大学）は異次元緩和の理論的な推進者だった。日銀では副総裁になった岩田規久男氏だった。彼らは米国とは違う日本の非正規の雇用制度を見ていなかったから、リフレ理論に反してまちがえたことになる。

〔空気への責任転嫁〕アタマで考えただけで実証のない経済理論で国ごとにちがう制度と慣習を無視すれば、まちがえるのは当然だろう。なぜ日本経済と雇用の文化を考えていなかったのか不思議である。治験のないクスリを与えたこととおなじだった。

円を日銀当座預金に５００兆円増やした異次元緩和は、日本の経済国力を低下させた。国力を表す通貨がドルにたいして１／２の円安になった。実行した日銀の職員幹部は何を考えていたのか。日銀職員の一部は、「アベノミクスの空気のなかでは、抵抗することはむずかしかった」

という（日経新聞の記事）。

〔当時の政府の審議会・委員会の空気〕 当時、経済の審議会で反対を述べると「あなたはアベノミクスに反対するのですか！」と叱責されていた。根拠を一言もいわない酷《ひど》い非難だった。メディアはいまも増税賛成派である。文藝春秋などに書いたエッセイを読むと、リフレ派の浜田宏一氏をもちあげていた。いまはどうだろうか。『流動性の罠《わな》』の小論を書いたクルーグマンも政府から招聘《しょうへい》され、日銀の異次元緩和を支持していた。日銀の異次元緩和とインフレ宣言が日本の人口の構造問題から効果が出なかったことがはっきりしたあと、ＩＭＦでのスピーチで弁明していた。

（フィリップス曲線への肯定的なスタンスを示す日銀論文：２０２０年）

https://www.boj.or.jp/research/wps_rev/rev_2020/data/rev20j30.pdf

【拙著『国家破産』『財税破産からＡＩ産業革命へ』】

『国家破産』（２０１１年）を書く2年前のことだった。ある商社マンの仲介で、のちに日銀政策委員になったリフレ派の代表的なエコノミスト氏（名前は伏せる）との会食が準備された。席上、「国債は国民の金融資産になるから、いくら発行してもいいでしょう」というトンデモ理論を述べていた。

「国債は国家の負債であって、正常な金利の利払いがあって満期には返済されるという期待で買うから金融資産になる。銀行が国債の下落リスクを感じて買わないと無価値でしょう」と言うと、「銀行が国債を買わなくなることはありえない。日銀が買えばいい」と言った。会食の場だったので、それ以上の議論はやめた。

私はそのあと政府とエコノミストに根強くある永久国債論の基礎を崩《くず》すため、『国家破産』を書いた。当時、経産省の流通委員会に呼ばれて通っていた。日比谷にあるホテルの喫茶で経産官僚の2人に渡すと、私の顔と表紙を交互に見て妙《みょう》な顔をしていた。たぶん読んではいない。根拠と論理に自信がある内容だった。ほかに『財政破産からＡＩ産業革命へ』（２０１７年）なども書いた。財政破産と国家破産はおなじ意味である。国家は税法と財政である。

『国家破産』では、４年後の２０１５年に国内の銀行が国債を買う限界に達し、金利が上がり、国債価格が下落して銀行の危機になって、

①政府が国債の利払いと財政赤字用の新規国債、

②そして返済の満期（長短国債の平均は満期は8年）が来た国債の借り換え債（当時は約１２０兆円だったか。現在は１５０兆円）を発行できなくなることを、銀行の預金の数値（銀行の信用創造の限界）と借り換え償還額を根拠にして書いたものだった。しばしば虚妄になるデリバティブの、カウンターパーティーとのリスク交換契約についても書いた。

いまでは懐かしい。この論は14年後のいまもまちがってはいない。

〈異例だった日銀総裁の解任〉　２０１２年末に復帰した安倍政権は国債買いに抵抗していた白川総裁を解任して、黒田・岩田日銀に大量の国債買い（最初は60兆円、後に80兆円／年）を行わせ、

2年で2％のインフレにする異次元緩和を開始するとした。日銀による国債の現金化である異次元緩和の実行によって、国債が銀行に売れなくなる2015年ころの財政破産がなくなったのではない。ただ将来に延期されただけなのである。赤字で借入金の返済と利払いができなくなった企業にたいして銀行が、ほかの手段がないために行う「追い貸し」と寸分《すんぶん》ちがわない。

ソ連のブレジネフ下の社会主義銀行（モノバンク）が追い貸しを行って9年後にソ連邦が解体したが、現在は、中国の国有銀行が不動産の国有企業にたいして、これを行っている。金利が上がらず、追い貸しを続けることのできる間は企業と銀行は破産しない。しかし貸付金（政府への貸付金が国債という負債証券の買い）が正常化することはないので、いずれは銀行と企業がもろともに破産する。これがソ連邦の解体だった（1991年）。現在の中国もソ連に近い。

ソ連と中国の社会主義銀行とおなじになった日銀

ソ連の社会主義銀行だったモノバンク（単一バンク）とおなじものが、日銀の国債買いである。こうした背景があって異次元緩和の目的（2％の安定的インフレ）は実現されず、コロナへの財政対策費（100兆円）と資源価格を上げたウクライナ戦争から物価が上がった2024年10月にいたっている。『国家破産』を渡した経産省官僚の委員会はなくなった。

そのあと政府からの声は、当然かからない。審議会、委員会は政府官僚の政策を推進する場であり潰《つぶ》すところではない。政府におもねる委員が多いことを知った。私は政府にたいして丁寧に論をつくして反論していた。

もう委員会には呼ばれないから本を書く手段しかない。本書は政府官僚、日銀、政治家、政党向けにも書いているから（読まないかもしれないが）、面倒ではあっても、およそ全部の根拠を事実の数字で示している。嘘の数字でなければ、数字は事実を示す。形容詞は事実を曖昧《あいまい》にして隠す。日本語で発達している形容詞や副詞は、そのひとの主観的な評価である。大きい、小さい、危ない、美しい、これらには主観的な基準しかない。

日本人の意見が横並びになることが多いのは、主観的な形容詞の基準を仲間内で合わせようとすることを「協調または和」と混同して考えているからだ。事実、講演や会議では「質問や異議」が少ない。なぜこうなったのかと思う。

事実の数値を根拠にした数理の論理をたどることに慣れていない感覚派は、本書では多少苦労するかもしれない。

【金融ビッグバン後、自国の通貨価値を上げなければならない】

円が下がって米ドルが上がることとは、海外からのドル買いが増えて基軸通貨の米国に世界のマネー価値が集まってきたことである。逆にドルのレートが下がることとは、ドルがもっていたマネー価値（商品と証券の購買力）がドルを売った海外に逃げることである。

通貨のレートが下がるとき、その通貨のもつ通貨価値（世界の商品・証券・不動産を買うことのできる購買力）は下がる。通貨レートが上がるときは逆である。

ここから海外生産が増えて基軸通貨も変動する変動相場の世界において自国を豊かにするには、通貨の価値（国際購買力）を上げる通貨のレートを上げることを目的にした金融政策をとらねばならないことになる。

【通説には効能がない】

ところが政治と中央銀行の政策の根拠である1980年代までの経済学の通説は、金融ビッグバンの前の変動相場であっても外貨の購入規制があった時代のものである。適正な変動相場は外貨の規制がないときに成立する。にもかかわらずその後29年も「フィリップス曲線の学説」は、通貨レート（通貨の相対価値）の変動をいれたものに更新されていない。（注）原理的に言えば、1973年以降の変動相場制では外貨の売買は自由になる。自由な外貨の売買がレートを決めるが、米国と英国は1985年までは世界に外貨購入の規制をさせていた。

たとえば、ある国がGDPにたいする金融緩和（マネー増発と利下げ）を米国より大きくして、自国の通貨レートを下げたとする。これが日銀の異次元緩和（500兆円の通貨増発）と政府のコロナ・パンデミックへの対策としての100兆円の財政出動だった。

11年間のゼロ金利と通貨増発のため、円のレートは1ドル80円（2012年）からピークで

162円（7月11日）、現在では150円あたりに下がっている（円安はドルが上がったこと）。経常収支が約20兆円の黒字を続ける日本の円は普通なら高くなる。しかし日本が金融ビッグバンに参加した1995年からは、ドル買い／円売りの増加から2012年にたいして約2倍の円安になっている。1万円の円の通貨価値は、低金利の円売りからドルにたいして1／2に下がっている。

この原因は、①GDPにたいする通貨の増発率において円が世界一高かったことと、②金利が世界一低かったことからである。

米国のGDPは24兆ドル、FRBによるピークでのドル増発額は38％の9兆ドル（2022年）だった。一方、日本のGDPは物価上昇を含む名目で約600兆円（24年2月）、日銀の通貨増発は587兆円、GDPの98％だった。38％÷98％＝38％……ドルにたいして円が40％に下がって均衡する。これが1ドル162円への円安だった（24年7月）。

〔挫折したリフレ派の残存〕 世界のどの国も行ったことのない規模の超金融緩和（まさに異次元）によってフィリップス曲線の効果が大きく出て日本の実質GDPが増え、実質賃金が上がっただろうか？

物価上昇と失業率の逆相関を示すフィリップス曲線による金融政策が日本で有効ではないことを何度も強調して書いてきたのは、元財務官僚たちがこのフィリップス曲線をもち出し、物価を上げるはずの異次元緩和の効果をやかましく肯定するからである。

曲学阿世《きょくがくあせい》という言葉がある。真理を曲げた学問（仮説）をひけらかして世間に迎合し、人気を得ようとすることを意味する。ユーチューブでは多くのひとがさかんにやっている。

学問の説は、すべて前提にした条件で成り立つ仮説であって、まだ真理ではない。前提としたことが変わると、仮説が成り立たないかもしれない。アインシュタインの「エネルギー（E）＝質量（M）×（C）光速の2乗」すら仮説である。常に変化している事実を前にして謙虚さが必要だ。

【日本の雇用環境と文化ではフィリップス曲線が働かない】

失業率が2・5％（24年8月：総務省）くらいであってレイオフは少なく、およそ完全雇用の日本では、賃金が上がることが海外の国の失業率が下がることに等しい。

日本には40％に増えた時間賃金の低い非正規雇用の雇用慣行があって、「同一労働・同一賃金の原則」が米欧のように普及していない。

米欧では日本風の正社員と非正規雇用という区分はなく、同一労働・同一賃金に近い。ここから米欧の企業の不況と業績悪化への対策は、雇用を減らすレイオフが増えて失業率が上がる。

法ではＩＬＯにしたがって「同一労働・同一賃金」としているが、その運用で「転勤や配転」などさまざまな差別が可能になる条件を作っている。実は小さく書いた脚注で施行規則《しこうきそく》をつけて、国民と政治家を騙《だま》す狡猾《こうかつ》な方法がわが国官僚の習《なら》い性《せい》である。法でいえば、文言についている「＊＊等」が官僚の裁量部分である。官僚は裁量をのこすため、法すらもあいまいに書く習性をもつ。日本は成文法（英米は慣習法主義）だからである。検察は一罰百戒主義である。起訴も検察がもつ裁量である。政治家や官僚では、国民とおなじ犯罪を犯しても起訴されないことがある。脱税の摘発も緩い。「法のもとに国民平等」は、検察と裁判所も政府側の官僚なので発揮されていない。

【3％以下を続ける日本の失業率の特異性】

〔非正規雇用40％が波及する問題〕 長期雇用の慣習がある日本の企業の不況対策は、米国のようなレイオフ（失業の増加）でなく、非正規雇用の割合を増やすこと（失業率は増えない）で行われる。40％に増えた非正規雇用（アルバイト、パート、派遣労働）は失業者ではない。

1人の正社員の8時間労働を2人の4時間の非正規雇用に代えると、総賃金では正社員の雇用数の減少とおなじ効果になるが、雇用数は増える。

雇用が2倍は増えるから失業率は下がる。日本では正規雇用の賃金の上昇率でも2％台しかないという低さと、非正規雇用の時間賃金が正社員の1／2と低いことが問題である。

〔通貨の増加の問題〕 通貨についていえば、期待GDPの成長率が低い日本では中央銀行がいくら通貨を増発しても、通貨1単位で買うことのできる価値（世界の商品、証券、不動産を買う力）は増えない。逆に「おなじ実質GDP÷増えた通貨の金額＝1単位の通貨価値」は下がる。

これが世界の外為市場における増発された通貨の相対的な価値の低下、つまり通貨レートの下落である。ここから異次元緩和の10年の大実験は、日銀が目的とした効果を生まなかった。

〔まとめ〕ややこしい話ではあるが、①雇用の法と慣習の違い、②正社員と非正規雇用の時間賃金の格差が日本の金融政策を攪乱《かくらん》させている。経済学は米国発であり日本発ではないことも、マネーが先に国際化したあとの金融・経済の問題を複雑にしている。

原理論が続いた。実験ができず実証のない理論の経済学にとりわけ多いのが過去の経済制度、体制、習慣、ひとびとの行動様式、社会の空気のなかで作られた通説である。実証がある医学でも学派があって通説はまちがう。固定相場の時代のマネー価値の数量説に基づいていた異次元緩和は、目的だった成果2％の安定的インフレと3％の名目GDP成長の達成において失敗した。

〔貨幣数量説とは？〕貨幣数量説で取引に必要な貨幣の量は、貨幣の供給量に貨幣の流通速度（＝預金の回転率）をかけたものに等しいとされる。古典派の米経済学者フィッシャーの交換方程式「物価の上昇（P）×生産量増加（T）＝貨幣数量の増加（M）×貨幣流通速度は一定（V）」で表される。異次元緩和の推進者だった日銀の元副総裁の岩田規久男氏が信奉していた。しかしこれは、円のように通貨が海外に流出すると成立しない。

【GDPにたいする通貨の増発率が通貨レートの基本】

現代の信用通貨では、中央銀行が貨幣数量説を信奉して通貨量を増やしても価値が高まるものではない。逆に日本の異次元緩和のようにGDPにたいして大きすぎる通貨の増発は、ゼロ金利の円が外為市場で売られ、金利のあるドル買いに逃げて通貨価値は下がる。このためマネーの一国経済を前提にした通貨の増発だけでは、その国の需要増加が原因とした物価は上がらない。景気と賃金の上昇にもならない。GDPの増加にもならない。株価と不動産を上げる資産インフレだけが起こる。この点で、変動相場制のなかの金融ビッグバンのあとは、金融と財政政策ではGDPは増えないことを数理的に論証したマンデル・フレミングモデルが正当になる。

図5に1970年から2024年までの4大通貨にたいする円の実効レートの図を示す。2010年を100とするドル、ユーロ、円、人民元のその国のGDPにたいする増発率が大きなほど通貨の価値を下げるという原理が一目瞭然だろう。異次元緩和で当時のGDPの約1倍にあたる500兆円を増発した日本の円は、2010年を100としたとき、2024年は55に下がっている。1ドル160円に相当する。

円の最高レートは2011年10月の1ドル75円、異次元緩和開始の1年5か月前だった。現在のドル円のレートの1／2だった。通貨の価値では2倍である。

〔古い通説の障害〕 古い通説に依存して「通貨増発と財政の拡大しかない」とすれば、この国はとめどのない円安から食品、資源、エネルギーの輸入物価が上がり、実質GDPと世帯の実質所得は下がる。

このままなら物価は上っても賃金が上がらないスタグフレーションと人口減が重なって、た

図5　4大通貨の実効レート（2010年＝100）：1970-2024

①1970年から2010年までの40年、大きく言えば、円高、ドル安時代だった。

②これが大転換したのは、2013年の日本の異次元緩和500兆円からだった。異次元緩和でのマネー増発は、円の価値を100から55まで45%下げている。

③米国でも08年のリーマン危機以降、ドルの増刷があった。しかし、その増刷は、日本のGDPに対する増発率より小さかったため、円に対してはドルレートは100から130に上がった。

通貨レートは、GDPに対する増発率の大小に比例して、変動するという原理が導かれる。

消費者物価指数ベースの実質実効為替レート（月平均、2010年=100）

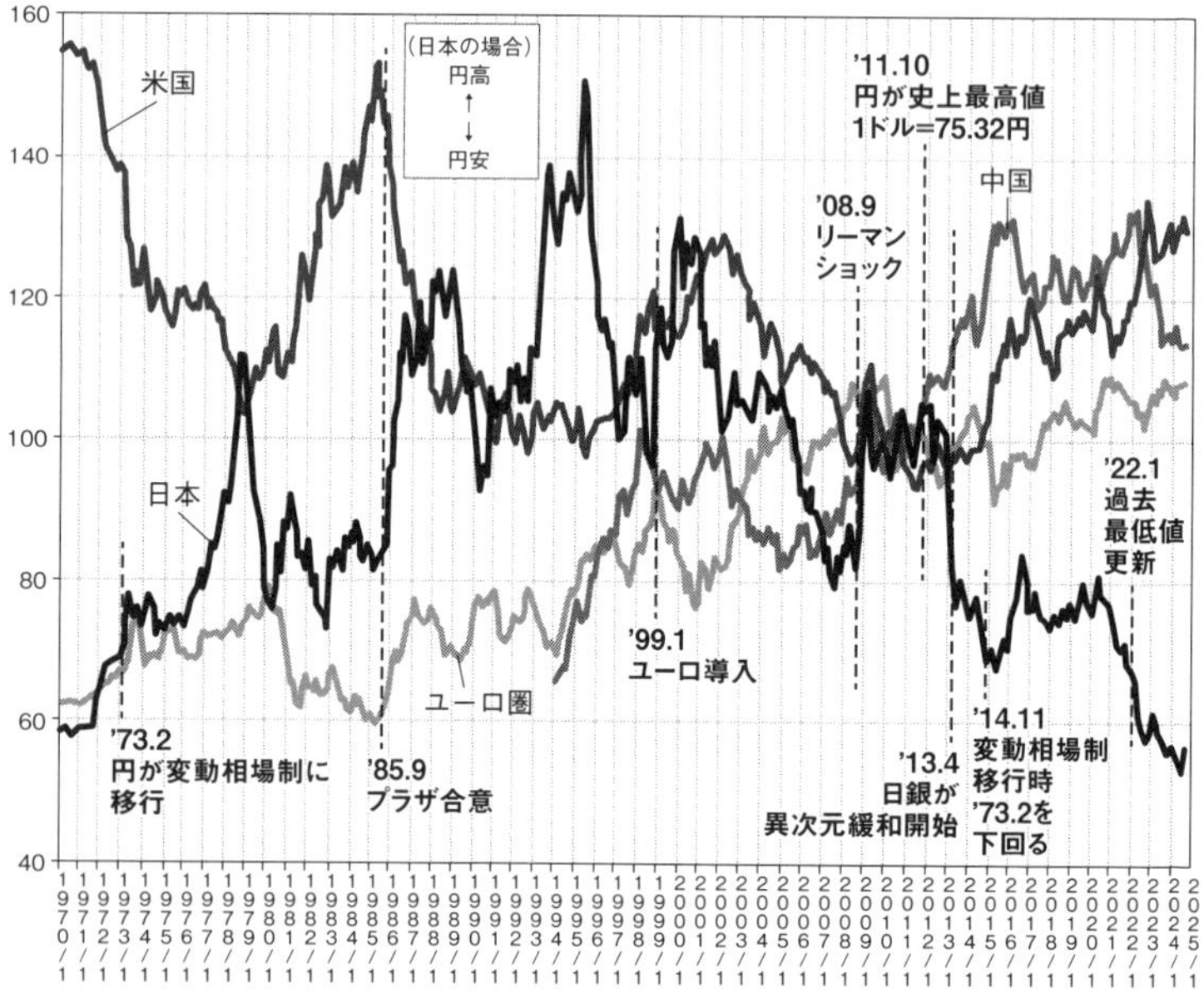

（注）対象バスケットはブロードベース。ただし1993年以前はナロベース（中国なしの27か国）に接続。2020年基準値から基準転換。

（資料）BIS（国際決済銀行）HP、毎日新聞2014.12.19（年表事項）

https://honkawa2.sakura.ne.jp/5072.html

ぶん２０６０年には沈んでしまう。（注）スタグフレーションはインフレと実質賃金の低下が同居する経済。日本は24年9月まで26か月、店舗のＰＯＳデータに出る高頻度購買商品では、政府統計から約５％は高いインフレのなかでも実質賃金は低下した。

仕事と生活へのＡＩ導入の経済効果はあるが、これは世界に共通である。日本だけではない。日本はナノ半導体と電力を含んで中国と米国を周回遅れで追いかけねばならない。

ファイナンス理論と経済学は勉強した、普通の意味では優秀なキャリア職員が多い日銀の異次元緩和が失敗したのは、なぜだろうか。ここでは、まだ十分に解かれていない、マネー循環の謎の中身を端的に検討する。今後の金融・経済政策で、ふたたびわが国の国力を費消する国策のムダな失敗をおかさないためである。

国力とは曖昧《あいまい》な概念であるが、金額では計れない文化力＋金額のＧＤＰだろう。文化力は日本の工芸と芸術的な文化、建物、料理、音楽、文学と哲学、社会の構造、国民に共通の価値観（何を大切にするかということ）、その価値観に照らした判断による消費行動と生産と労働の様式も示す。なお生産はしない小売業も、「売上－仕入れ原価＝付加価値（粗利益《あらりえき》）」を商品販売することによって生産している。ホテルは宿泊サービスという無形の商品を提供する。コンピュータのエンジニアは開発したソフトを勤める会社が買う（これが賃金）商品として生産している。われわれは無意識ではあるが、日本風に判断し日本風に行動している。ＮＹやパリ、中東や中国または韓国、ベトナムに行くと各国の行動様式の文化的な差異がわかる。

第五章

外銀も口座をもつ日銀当座預金の機能

日銀内の当座預金口座

異次元緩和で増発した現金マネー（約５００兆円）が溜《た》まっている日銀内の当座預金は、もともと銀行からの貸付金を増やすための「ハイパワード・マネー」の準備預金であった。

普通、ゼロ金利の日銀当座預金を日銀が国債や債券を買って増やすと、銀行はその何十倍かの貸付金を増やす行動をとる。貸付金÷当座預金が信用乗数といわれるレバレッジ（国民への信用創造＝マネーの貸し付け）の倍率である。

（日銀のバランスシート：営業毎純報告《えいぎょうまいじゅんほうこく》）https://www.boj.or.jp/statistics/boj/other/acmai/index.htm

潜在ＧＤＰの成長力がある普通の国では、中央銀行が銀行や政府から国債を買ってゼロ金利の当座預金を増やす方法でマネーの緩和をすると、銀行が貸し出しを増やす。銀行の貸し出しの増加が需要と投資を増やして物価と賃金を上げる。

【大手製造業は海外生産を増やした】

ところが日本経済は２０００年から加速してきた生産年齢の人口減と高齢化のため、実質でのＧＤＰにおける期待成長率の上限がせいぜい１％と低かった。ＧＤＰは、生産面では企業の売上収益である。日本の４００万社の合計で売上収益（粗利益）の増加が最高でも１％と低いと予想されるとき、企業合計の借入金の増加は起こらない。住宅も需要が増えて価格が上がると期待されないと、住宅ローンの増加も起こらない。借入金の増加分は、増えた売上収益、または所得から返済しなければならないからである。

２０００年以降の４００万社の企業は、逆に予想される翌年以降の売上収益にたいして過大になっていた借入金を減らす方向だった。

売上収益が増えていたのは、３０００社くらいの大企業だけだった。しかし大企業は上場した株価から増資（株数を増やす）することによって資金の調達をした。

このため銀行借入金の増加は年２％と低かった。異次元緩和の前後から銀行からの借入金（５４５兆円：24年9月）の増加率は変わっていない。こうした金融と経済の構造では、ゼロ金利の日銀当座預金がいくら増えても銀行からの貸付金の増加にはならない。

事実、貸付金が欲しいのは赤字が続いて回収リスクのある企業が多かった。前述したが、国税庁に申告があった292万社のうち189万社（65％）が税務申告では赤字法人である（国税庁：2024年）。

【アタマの固い学者が多い】

現在、545兆円の残高しかない銀行の総融資は、異次元緩和のあとでも1年に平均2％しか増えなかった。8年で「1・02の8乗＝1・17倍」だから、金額では100兆円相当であって、異次元緩和がなかった2012年の前とおなじ傾向であった（日銀の銀行統計）。

8年で500兆円の異次元緩和によって銀行からの企業と世帯の借入金の増加がなかったことが実証することは、この間の「物価の上昇は異次元緩和からではなく、二度の消費税の上げ（3％と2％）からだった」ことである。

ところが日銀とリフレ派のエコノミスト、それに2018年には再任されず、事実上解任された岩田副総裁は、いまだにこれを認めていない。

岩田副総裁は「2年で2％の物価上昇に失敗したら責任をとる」と記者会見で言っていた。外貨の購入に制限があった固定相場時代（1973年まで）の古いマネー数量説を信奉するアタマが硬化した学者である。20世紀初頭の古典派の貨幣数量説では、GDPにたいするマネー数量が増えると物価が上がり、名目ＧＤＰが上がるとする（Ｍ（マネー数量増加）×預金の回転率＝物価上昇率×実質ＧＤＰ増加率）。リフレ派エコノミストの頑《かたく》なさは、日銀の金融政策に影を落とし、今後の金融政策を誤《あやま》る原因にもなる。

志なかばで逝去《せいきょ》された池尾和人氏の『連続講義・デフレと経済政策』は教養学部の学生向きにやさしく書かれた良書である。金融論の池尾氏から多くのヒントをもらった。本書と並べて一読を薦《すす》める。２０１２年には日銀総裁の話もあった。実現していたら日本は変わったかもしれない。ゼロ金利下でのマネー増刷は経済に効かない、リフレ論は誤っていると言っていた。

国民の期待インフレ率がマイナス（デフレ期待という）時期は、金利はゼロ以下にできないという預金金利のゼロ金利限界（ＺＬＢ）がある。だからゼロ金利に下げても実質金利（ゼロ金利－期待インフレのマイナス）はプラスになってしまって借り入れコストが高くなって、金融緩和は効かないというものだ。ゼロ金利限界とは、銀行金利をマイナスにすると預金が引きだされてしまい、銀行が信用創造できず、機能しなくなることである。このため金利にはゼロ％の下限がある。

期待物価を上げて実質金利をマイナスする方法しかないから、クルーグマンは、「日銀が不真面目になってインフレにすると宣言せよ」としていた。後半期の黒田日銀は不真面目にはなれなかった。

２０１３年4月からの日本のゼロ金利での５００兆円の異次元緩和は、

①国内企業と世帯の借入金の増加からのインフレと経済成長にはならず、

②ゼロ金利の日本からの金利のあるドル買い、または外資ファンドによる円キャリー・トレードの増加になって（２００兆円：ＩＭＦの試算：24年10月）、円安にしただけだった。

結果は、日銀の国債の買いによって増えたマネーは米国に流れるだけだった。

日銀の当座預金口座がもつのは銀行間の決済機能である

図6に異次元緩和で約500兆円がムダに増えたままの日銀当座預金、金融機関業態別の預金残高を示す。おそらく、いやきっと初めてご覧になるものだろう。

現在は0・25％への利上げをしたので（24年7月30日〜）、日銀はこの当座預金の超過分には、0・25％の預金金利をつけて「531兆円×0・25％＝1・3兆円」の金利を図の銀行に払っている。この金利は、国民と企業の定期預金金利のわずかな上昇の一部になっている。

当座預金に超過準備預金の負債531兆円をもつ日銀が利上げした場合、上げた金利を当座預金にもつけなければならない。日銀が金利を仮に1％に上げると、利払いは5・3兆円になる。自己資本が準備金をいれても14兆円付近の日銀は年間5・3兆円の利払いはできない。これが超過準備531兆円の意味するところである。2025年、26年に日銀が仮に金利を上げようとしても0・6％くらいが上限だろう。

2025年に大統領の財政支出の拡張政策と輸入関税の上げからインフレが再燃し、米国の金利が上昇傾向に転じれば、金利が低い円売り、高いドル買いが増える。ふたたび1ドル150円を超えて160円を目指す円安になる。政府の負債として1200兆円の国債残がある日

図6　日銀当座預金をもつ内外の金融機関（2024年9月日銀）

都銀	地銀・第二地銀	外国銀行（外銀）	信託銀行	その他の金融機関	証券会社	合計	超過準備額
209兆円	73兆円	53兆円	42兆円	117兆円	12兆円	549兆円	531兆円

預金の引き出しに備える準備金からの超過を超過準備という。簡単に言えば、いらない準備金。500兆円の異次元緩和（日銀の国債買いの累積）は、「いらない準備金」を531兆円増やしている。

日銀当座預金は、内外の銀行間及び日銀との間の、金融取引を決済する準備預金である。

①2012年までは50兆円程度だったが、2013年の異次元緩和から、550兆円前後に増えた。

②異次元緩和は、内外の金融機関がもつ国債を債券市場から日銀が買って、その代金を、国債を売った銀行に振り込む金融取引だった。その残高がこの当座預金である。

③銀行間の金融取引（貸し借りと債券の購入）では、日銀当座預金は減少しない。日銀が買ってきた国債（総残高585兆円）を売ってこの当座預金から、現金を回収するとき減少する。日銀は、買ってきた国債売りをまだ行っていないから、550兆円前後の当座残高が、いまも続いている。

https://www.boj.or.jp/statistics/boj/other/cabs/index.htm

本では、日銀の利上げにインフレが加速しても０・６％あたりが上限になるからである。

政府国債の約50％を日銀がもっていて、その国債保有額に対応する日銀当座預金を増やしているから、利上げのとき価格が下がって利回りが上がる短期国債とおなじ金利を日銀が銀行にたいして支払わねばならない。

利上げに関係する日銀当座預金への付《ふ》利《り》の仕組みは、メディアがまったく報じていない。日銀当座預金の総額５４９兆円のうち超過準備の５３１兆円は国内の物価上昇には意味がなかったが、円売りが大きい外為市場では重要な意味をもっている。

外国銀行の日銀口座

日銀は外銀（外国銀行）にも当座口座をもたせている。これは日銀と日本の金融機関が米国債・ドル債券やドル建てデリバティブを売買するときの決済口座である。外銀はゼロ金利の円を借りるときもこの口座を使う（ゼロ金利のキャリー・トレード：ＩＭＦの24年10月の推計で２００兆円は、外銀の当座預金からファンドに行っている）。

１９９５年の金融ビッグバン以降の銀行の世界では、マネーに国境はない。ドルの高い金利を媒介《ばいかい》あるいは触媒《しょくばい》にした世界金融がある（ドル以外の外貨と交換するときもドルが媒介すること）。図６に示したベースマネー（国の基礎的な部分のマネー）になる日銀当座預金の過剰な大きさが10年にわたる異次元緩和のエッセンスである。国債を買って通貨の増発をすれば、日銀には当座預金の増加＝マネーの増発という負債が残る。

日銀の紙幣の発行額は１１９兆円であり、当座預金の22％でしかない。日銀の主幹業務は、通貨の発行としての当座預金の金額管理である。現代のマネーでは、紙幣が多かった１９５０年以前とは違い、紙幣は補助である。紙幣ではない預金マネーがメインである。あなたの家でもそうだろう。ご主人と奥さんの財布の紙幣は10万円～20万円くらいか。預金マネーは平均的なら２０００万円。あなたのマネーの量は預金＋紙幣であるが、紙幣は１％以下だろう。

日銀当座預金は日銀に預金口座をもつ金融機関の間の、

①貸し借り（コールローンや、国債担保の買い戻し特約つきのレポ金融、あるいは現先金融）、

②現物の国債と債券の売買、

③送受金のときの、お互いの決済口座としてのプールの機能を果たしている。

個人や企業は、この口座をもてない。企業が取引のある銀行の預金口座から引きだすとき、送金するとき、株や外貨を買うときは各々の銀行が全部を集計して、最終的には外銀・証券会社の口座もある日銀当座預金で銀行間の差額が決済されている。この口座のなかにある内外の金融機関の間の現金の流れ（金融機関の間を流れても、日銀当座預金の総残高はおなじ金額を保つ）を見ていないと、国内と国外へのマネーの流れ（マネー・フロー）はわからない。

異次元緩和を行って日銀が国債を現金化した増加マネーは、総額が550兆円で変動がほとんどない日銀当座預金のなかにある。このうち500兆円の増加マネーのうち推計400兆円は、ドル買い（円売り）と日米の株買いになっている。貸出金の増加は約100兆円だった。

異次元緩和が国内の物価と賃金を上げず、円安と株価上昇になったのは、当座預金のうち400兆円がドルとドル債と日米の株買いに流れたからである。日銀が増発したマネーが世帯の商品需要と企業の設備投資の増加にならないと、物価は上がらず実質GDPも増えない。銀行間の日銀当座預金での決済は、減った銀行側の当座預金が増えた銀行側の預金の増加になるから全体は550兆円のプールとしておなじ金額を維持する。

〔信用創造の外銀との連鎖〕　日本の銀行のドル買い、米国債の買い、外債の買いで当座預金が増えた外銀は、その基礎マネーをベースにして何倍、何十倍の信用創造（通貨の発行＝貸し付け）ができる。日米の銀行は日銀当座預金の仲介によってシステム的に連鎖している。つまり日銀が国債を買って当座預金を増やすとドル買いが増えて、ＧＤＰの成長率が高い米国に外銀が増加信用創造できるようになる。

ここが日本から米国にマネーを貸していることとの基礎からの正体である。日本は、ともかく米国に日銀当座預金の増加マネーの80％のマネーを与えた（貸し付けた）。

その純額が４７１兆円の日本の対外純資産の残高である。リフレ派は日本から米国へマネーの移動を無視して、１９７３年以前の固定相場時代のファイナンス理論と、紙幣の時代のマネー・フロー論で固まったアタマの古いひとたちである。

１９９０年代には、ＧＤＰの60％だった世帯消費は現在55％に減っている。米国ではＧＤＰのなかの世帯消費は70％と大きく、これが米国のローン増加による消費景気、車の購入増加、住宅の価格上昇を支えてきた。

なお国民の持ち家の住宅価格は、借家に相当する帰属家賃として日米のＧＤＰの世帯消費に、こっそりとはいっている。日本の24年の名目ＧＤＰでは帰属家賃は59兆円であって、名目ＧＤＰ（６０７兆円）の９・７％を占めるくらい大きい。食品の購入額30兆円の約2倍である。

建物部分に価格の10％の消費税がかかっている住宅は、居住というサービス商品を提供するからだ。住宅価格が上がると、名目ＧＤＰの計算上の帰属家賃も増える。
（ＧＤＰ計算：内閣府）https://www.esri.cao.go.jp/jp/sna/data/data_list/sokuhou/files/2024/qe242_2/pdf/jikei_1.pdf

銀行間の送金と差額決済　日銀当座預金での意味

Ａ銀行から米銀のＢ銀行に送金があっても、Ａ銀行の当座預金の減少分がＢ銀行の当座預金の増加分になるから、全体の日銀当座預金の残高はおなじである。日銀当座預金の総残高が減るのは、日銀が買ってきた国債５８６兆円を内外の金融機関に売ったときだけである。逆にこの当座預金が増えるのは、日銀による国債買いとドル買いが増えたときである。

日銀は、マネーの引き締めになる国債残高５８６兆円を減らす保有国債の売り越し（日銀が異次元緩和で増やした当座預金マネーの回収）をまだしていないので、日銀当座預金は約10年間も異常な金額の５５０兆円あたりに膨らんだままである。日銀には、これを異常な金額だとする常識はないのか？

【当座預金は銀行のマネーであり日銀の負債：マネー・フローのまとめ】

この日銀当座預金は、日銀からの預金口座の所有者である金融機関への負債である。銀行預金が銀行にとっては、預金者からの負債であることとおなじだ。預金は預金者のものであって銀行のものではない。では銀行からの国内企業への貸付金の増加（これを銀行の信用創造という）を生まなかった日銀当座預金からマネーはどう流れたのか？　再度、具体的に述べる。

大きなものは、

①国内の株の買い、口座をもつ金融機関による政府からの国債償還分の国債の買い（企業と個人の預金口座がある銀行から証券会社への送金になる）。

②預金者からの預託を受けた邦銀から外銀の日銀当座預金への送金による、

・2％から5％の金利がある米国債買い

・2024年も高騰している米国株買い

・金利が米国債並みに高いMMFなどのドル建て投資信託の買い

③日銀のマネーの増発と金融機関とファンドによる日本株の買いの増加から2012年に8000円付近だった日経平均は、24年10月現在、5倍の4万円あたりに上がっている。日本株は12年間の平均年率では14％上昇した。証券会社も日銀当座をもっているから、個人やファンド、機関投資家、年金基金（GPIF）の株式購入の代金は、この当座預金内の受け渡しを経由している。日本からの買いだけが原因ではないが、米国S&P500の株価指数は2015年の2000ドルから24年10月に5800ドルへと2・9倍に上がっている（9年間の平均年率では13％上昇）。

要約すれば、

①日銀の異次元緩和は、物価2％と名目GDPの3％成長を果たすことができなかった。
②日米の株価を年平均で13％から14％上げてきた。
③米国に日本の金融機関からのドル買い（＝円売り）として流れ、1ドル80円（2012年）から162円（2024年7月）と2倍の円安にした。

日本の金融機関から米国に行って「ドルに化けた円の価値」は、中国のドル買いと重なって米国株を2015年から年平均13％上げる有力な要因になった。以上が異次元緩和の総体分析である。目的の効果を果たさず、いずれの時期か市場が清算を迫る副作用の症状が残っている。いまは世界のバブル株価・不動産の高騰として「ミンスキー・モーメント」を生んでいる。

①ウォーレン・バフェットのアップル株25％の売り抜け（利益確定）、②バークシャー・ハサウェイの現金残高が50兆円に増加（24年11月）したことと、③日本の24年4-9期での大手上場製造業156社の減益と赤字の社数53％はそのシンボルにも見える。

22年、23年、24年と3年連続で、わが国を代表する156社の製造業の減益・赤字社数は50％付近だった。赤字企業は、株価のPER計算（株価÷企業純益）ができないので除外されている。ここからも日経平均225社の単純平均株価である3万8000円台は相当に高すぎる（国際基準でのPER21倍：24年11月）。減収が大きく3年連続赤字の会社の株価は、理論値では株価額面の500円を大きく割る。

【政府財政、民間の株価、貸付金、金融のシステミックな危機】

ファンドを含む一部の市場関係者が注目しているものが、ミンスキー・モーメントである。中央銀行の国債買いによって増やされた当座預金のなかの、カネ余りから生じた債務の膨張と過剰な株式と資産投資が臨界点《りんかいてん》を迎えるという歴史の経験的な理論である。

高い株価の反動として株価の暴落が先行する資産価格の急落、流動性の急低下（デフレ的なマネー不足）から連鎖したシステミックな金融危機がはじまるポイント（転機）を示す国際金融の概念である。

臨界点は変曲点《へんきょくてん》ともいうが、量的な変化が質的な変化になる科学的な地点である。たとえば95%以上の濃縮ウランは臨界点に達すると核爆発を起こす。水は0度で氷になる。100度で沸騰して蒸気になる。ひとは体温が37度以上になると体調が悪化する。ダムは制限水量以上になると決壊する。マネーでは、負債の金額が返せない臨界点になると一挙に不良債権になって金融が連鎖するシステミックな危機を引き起こす。銀行・ファンドは貸し借りと決済でチェーンのように連鎖しているから、大手銀行の一か所が切れると全体に及ぶ。

2024年米銀は、金利が上がった債券の含み損の合計が約6兆ドル（870兆円）に膨らんでいる。FRBも金利上昇、国債下落によって資本が債務超過になっている（FDIC：連邦預保険公社のリスクリポート：チャート7）。

https://www.fdic.gov/analysis/risk-review/2024-risk-review/2024-risk-review-section-2.pdf

表面は正常に見えている。銀行は、不良債権を破産するまで公表しないから、正常に見える。不良債権を出すと、いまは紙幣の時代ではないからネットバンキングでの瞬間引き出しが増えたシリコンバレー銀行のように短時間で破産する（22年3月の利上げのとき瞬間破産、ＦＲＢのマネー投入で正常化）。政府とＦＲＢは、銀行の不良債権については決済の不能が表面化するギリギリまで言わない。日本の銀行危機の１９９７年もそうだった。政府が示した不良債権は、実態の１／４だった。08年のリーマン危機のときも１／４だった。

日米欧の中央銀行の通貨増発、米欧の22年3月からの縮小

ＦＲＢの当座預金は、コロナ危機のあとの２０２２年3月が最大額あって9兆ドル（１３０0兆円）。当時の物価上昇率は約10％と高かった。そのあとの政府統計の物価上昇率が３％台に下がった24年10月は7兆ドル（１０１５兆円）に減らされた。ＦＲＢはコロナ禍後の超量的緩和（ＱＥ）をしたあと、量的引き締め（ＱＴ）をしている。マネーの縮小と利上げは銀行の貸し付け債権の悪化と、金利が上がった国債の下落と社債の悪化である。だから銀行の資産のなかに含み損を増やす。

しかしＦＲＢの金融引き締めから米国景気の低下（不況化：新規雇用数の減少）になったので、24年9月には政策金利を０・５ポイント引き下げて４・75％～５・０％にした。

2024年末、2025年の利下げも観測されているが、原因は、①物価上昇の低下、②消費の減速、③雇用の増加率の減少による米国不況である。金利は4・75％以上と高いままである。（注）24年11月にFRBは0・25％の利下げをした。FRBの利下げは、日米金利差の0・25ポイントの縮小だから、ドル買い／円売りが生じて1ドル154円台の円安に回帰した。9月中旬は141円だったから9・2％の円安である。9月以降、日本は米国に円マネーを提供し続けている。これが11月のトランプ決定のあとのS&P500の6000ドルへの上昇の有力な原因になった。2024年の株価は景気とは無関係に海外からドル買いによるマネーの増加で上がる。1345万円に上がったビットコインの急騰もおなじ原因である。

GDPの3倍から4倍の負債がある国家の米国では、4％台の金利が高い水準で維持され、金融が引き締まると、すぐに不況化するダイナミックな経済である。この点が動きがゆっくりしている日本経済とちがう。日本経済の動きが米国経済より遅いのは、GDPの期待成長率が低いからである。物価、失業率、金利の変化幅が小さく、ドル買いによる為替変動だけが大きな冷温経済だからである。

【制度から異なる動きになる経済の原則】

①一般に物価が上がって失業率が低下するときは、需要が多く景気がいい。

②逆に物価の上昇率が下がるときは需要が減っていて、景気は後退している。

物価と失業率の変化は景気のサインであるから、中央銀行はそれに対応する金融政策、つまり量的緩和や縮小、政策金利の下げや上げの対策をとる。物価上昇または下落と、失業率の低下または上昇の相関を示すのが、先に述べたフィリップス曲線である。

時間賃金が低い非正規雇用が40％と多いため、企業の業績低下と失業率の増加が対応しない日本では、失業率は3％以下で長期に安定している（24年7月は2・7％）。

しかし米欧では企業業績の低下のときは、人件費を減らす目的ですぐにレイオフ（一時帰休）が行われ、失業率は完全雇用の3％台から4％、5％に上がる。

欧州のECBもFRBとおなじ時期にユーロ増発の対策をとっている。22年3月には通貨増発の結果である当座預金が8・8兆ユーロ（1440兆円）でピークだったが、その後、物価の上昇率が下がってきたので現在は6・4兆ユーロ（930兆円）に減らしている。

景気悪化への対応として中央銀行がマネーを増発するときは、中央銀行が国債を買って増発された通貨は中央銀行の当座預金に振り込まれる。

このとき政府の国債という負債が中央銀行の通貨発行になって、当座預金という中央銀行の負債に移転する。これが量的緩和（QE）である。

物価が上がって失業率も改善して景気が良くなったと判断されたあと、中央銀行は逆に買って来た国債を銀行に売り戻して当座預金の残高を減らし、緩和していたマネーを回収する。これが量的縮小（QT）である。（注）FRBは24年11月に0・25ポイントの利下げをしたが、日銀の金利が0・25％と低いままなのでドル買い／円売りが続き、今日の1ドルは152・6円の円安に回帰している

（24年11月10日）。ただしこれは、2025年中の長期の円安を意味するものではなく、短期的な外貨投機である。

日米欧は2024年10月の合計で、3100兆円付近もある中央銀行の当座預金の正常化、つまり中央銀行が量的緩和前の状態に国債残高を減らしてマネーを絞ることはできない。

マネー量が減った市場、特に9000兆円の資金量のファンドの株売りから株価が暴落してしまうからだ。日米欧の中央銀行は、ギリギリまで過剰な国債保有と当座預金高をひっぱっていくだろう。そのなかで次期のトランプ大統領の対中輸入関税60％への上げと赤字財政拡張の政策から、①再びのインフレ、②株価下落、③米欧では下がって日本では上がっている金利の再上昇があると、資金量が銀行の2倍に増えている負債のファンドと銀行の金融破綻《はたん》が起こるだろう。

【米国大統領選からの大きな変化】

トランプの米国は2025年、26年に向かって国債発行を増やして財政を拡大させる方向である。トランプは向こう10年で7・5兆ドルの財政を拡大して、すでに36兆ドルの米国債価格の下落と金利の上昇の臨界点（＝破断界）にある米国債を一層増やす予定である。

財政拡大のための国債の増発は、中央銀行が買いを増やさなければ市場の資金を吸収するので金利を上げる方向に作用する。財政マネーがばらまかれると、物価も上がるから金利も上がる。トランプの再登場は米国のインフレと金利上昇、それに米国の輸入関税が強化される中国のデフレを深刻化させる。トランプの経済政策の2025年からの時代は、西側と中国・ロシアとの輸出入を減らすブロック経済に向かうだろう。トランプは現在はほぼゼロの日本にたいしても、10％から20％の関税をかけるともいう。

2026年までに米・中・欧・日の順で株価と不動産の資産バブルが崩壊すれば、リーマン危機（総不良債券は400兆円）の数倍のスケールでの世界金融危機になるだろうと見ている。世界の金融（マネーの流れが金融である）は、マネーの送金・決済と、債権・債務の関係（＝貸し／借りの関係）でデジタル通信回線のチェーンでつながり、深く連鎖している。一国の金融危機は、時間をおかず世界に玉突きのように連鎖する。

そこで起こった金融危機は、米国発のリーマン危機（2008年9月15日）のときのように通信回線でつながった世界の銀行、投資ファンドと年金ファンド（銀行の資金量の、2倍のシャドーバンク）、および証券会社に瞬間で波及する。これが1995年の金融ビッグバン、つまり外貨買いのデジタルマネーの流れが自由化されて、マネーに国境がなくなった現代の世界金融のシステムである。

【外為市場での巨大な外貨売買の金額】

世界中の銀行店頭である外為市場（外貨を売買）の、1日の外貨売買額は12・3兆ドル（1780兆円）もある。1か月でこの30倍の4京3250兆円、四半期で13京円。つまり3か月で世界のＧＤＰ（１京４５００兆円）の９倍の外貨の交換・売買になる。これが世界金融システムである。イメージができるだろうか。このため主要国の一隅で発生した金融危機が時間をおかず世界に波及する。発電所から家庭、オフィス、工場までの送電線が複雑につながっている電力の停電に似ている。

米国では22年３月からの財政拡大とウクライナ戦争からの10％のインフレ対策として、急激な利上げ（政策金利５・25％）をしたあと、24年９月に０・５ポイント利下げしながらも経済は好調である、株価はバブルではないという金融の停電防止策がプロパガンダのように喧伝《けんでん》されている。しかし……利下げは期待インフレ率が低下して失業も増え、不況に向かっていると中央銀行に認知されたときしか行わないものだ。

【金融資産高騰の裏付けは金融負債の膨張《ぼうちょう》でしかない】

２０１５年から24年にかけて２・９倍に価格が高騰したドル株は、個人・金融機関・ファンドの資産になっている。株価が下がり株の資産額が減っても、負債はその金額のまま残るので金融危機になる。外貨の購入規制がなくなった金融ビッグバン（１９９５年）からのマネーの動きはひどく国際化している。しかも米国株が時価総額７０００兆円（ＧＤＰの２倍）、ナスダックのＰＥＲが35倍に上がっているくらい株価バブルのスケールが大きい。

従来から、その国の上場株価の時価総額はＧＤＰの１倍（米国株では３３００兆円あたり、日本では600兆円あたり）が限界といわれてきた（バフェット指数）。

現在、日米の株価時価総額はGDPの約2倍である。原因はGDPの増加率より株価の上昇率が6倍以上も大きかったからだ。

【世界の金融資産＝金融負債である】

ファンドと金融機関のバランスシートでは、金融資産＝金融負債である。株価と不動産の価格相場に比例する金融資産とおなじ金額、金融負債が膨らんでいる。市場性の金融資産が下がっても、負債（借金）は下がらない。ここから株価が下がると、返済しないかぎりは減らない負債をもつ金融機関とファンドの危機になる。ファンド20社の総資金量が9000兆円に大きくなったことは、投資預託金の増加である。減ることは預託金の返済であり、株を大量に売ることになる。世界の政府・企業・世帯の負債は、世界のGDPの4倍の6京円に膨《ふく》らんでいる。

【日銀による異次元緩和の結果検証は期待ができない】

10年の黒田総裁に代わった植田日銀は大人数でGDP並みの500兆円に達した異次元緩和の結果検証をしているが、株価と不動産バブルを生むだけだったという結果は出さないだろう。曖昧《あいまい》にぼかされ、先輩諸氏と政府関係者への多方面への「和」の精神と気配りから、意味がわからない表現になる（日銀文学）。これは問題である。

マネー増発の副作用である資産バブルにしかならなかったことの病因、つまり原因がぼかされると、そのバブル崩壊のとき的確な処方箋が出なくなるからである。

政府と日銀の共同政策だった消費税増税つきの異次元緩和の効果を肯定するための分析リポートを書くという、経済学にも個人の意にも染まない仕事を強《し》いられ、悩んでやめた倫理観のある日銀職員のためにも本書を書いている。経済政策・金融政策には、目的合理性と国民への倫理の両方が必要である。

５３１兆円のゼロ金利マネーの約80%にあたる４００兆円がドル買いになって１ドル１６０円台の円安になり、ドルに化けた円が米国株と海外ファンドの買いで70%に下落、日本株を約２倍は高いバブル価格水準に上げたことが、そのひとつである。

このためもあって一般書としては数字を詳細にしすぎるくらいにして書いている。

第六章 崩壊する資産バブル経済

株と不動産のバブル価格の含み益は危険な性格をもつ

前述したミンスキー・モーメントを引くまでもなく、現在の問題は「バブル株価はいずれの時期か崩壊する」ことだ。針1本で破裂するからバブル（膨らんだ風船）という。バブル株価は経済的に非合理な高さをいう。NYで20億円、東京で平均価格ですら1・1億円に上がっているマンションの価格を含む不動産バブルである。コロナ危機からリモートワークが40％に増え、空室が30％になった米国の商業用不動産は、住宅に1年先駆けて約20％下がっている（24年7月：PIMCO）。当方は、2025年後半期から両方ともあぶなくなるとみている。

【住宅価格の事例】

住宅を買うことが多い40歳代世代で世帯年収1000万円の6倍の6000万円が、ローンの利払いと返済ができる上限の住宅価格である。東京でも住宅を買う世帯の年収にたいしてムリな10倍以上の価格になっている。NYは、異常を超えて異次元である。海外からの買いと、ブラックロックなどの、ファンドの不動産投資の買いがあるからだ。

住宅価格で注目すべきは、東京では販売戸数が前年比で50％に半減した上での価格上昇であることだ（24年8月は728戸）。NYでもおなじである。米国の新築の軒数も200万戸から70％の140万戸に減っている。価格が上がっているのに供給が減るのは、その価格が異常であって買い手が減ったことの物証である。

不動産も株とおなじように売れたものの価格で、売られていない全体の住宅価格、米国では1・5億戸、日本では6000万戸が評価上げされる。ここに不動産と株価のバブル価格の問題がある。不動産と株に定価はない。買いが増えるとき上がる。売りが増えるときは下がる。「高いから利益が出る」と思って売るひとが増えると、高い価格で買う買い手はどこかへ消え、日本の時価総額1000兆円、米国の時価総額7000兆円株価と、その約3倍の金額である不動産の全体が暴落してしまう。

世界の不動産価格は、住宅需要の増加から上がったからという健康なものではない。マネーの過剰な供給による不動産への投機である。投機は「自分が使うのではなく売り抜けの利益」

図7　年金基金のGPIFの運用（2024年第一四半期）

債券種類	金額	構成比
日本国債	66.7兆円	円建て資産 129.5兆円
日本株	62.8兆円	
米国債	63.0兆円	ドル建て資産 128.3兆円
米国株	65.3兆円	
合計資産	258.0兆円	累積利益162兆円

https://www.gpif.go.jp/operation/29880651gpif/2024_1Q_0802_jp.pdf

を狙う買いである。

したがって世界の株式市場にマネーをもっとも投入しているファンドは（たぶん株式市場のマネーの60％）、ウォーレン・バフェットのアップル株のように売りを考えて実行する。ピークまたは下がったときに売ると、一層下がって売れないからである。

ファンドは巨額のマネーを顧客から預かって運用しているので、保有株の含み益が大きくなったとき含み益のある株の利益を確定するタイミングがむずかしい。ファンドが売ると、相場全体が下がってしまうからだ。買って相場を上げるときはいい。売りどきが問題である。

【年金を運用しているＧＰＩＦの巨大利益の検討】

これとおなじものが年金運用のＧＰＩＦで、運用資産の時価評価２５８兆円の累積利益とされる１６２兆円である。中身は、①日本国債67兆円、②米国債63兆円、③日本株63兆円、④米国株65兆円という各々１／４のポートフォリオ

（分散投資）である（図7）。

GPIFは利益を誇っているが、「職員の金融音痴から来るオメデタイ」ことだと思う。

音痴とはピアノなどのドレミの絶対音感をもたないことだが、金融音痴は株価や通貨の評価基準をもたないことをいう。日本人とドイツ人は似ている。国民性から工業では優れているが、金融では運用が下手である。日本人とドイツ人は先をいく英米ファンドのうしろ姿を追ってバブルにのって、どこまでも突き進む（デリバティブを大量に買ったドイツ銀行が事例）。

GPIFの累積利益162兆円から過年度に現金で受け取った配当と金利52・6兆円を除く109・4兆円（一般会計の1年分）には、
①国内株が2012年の日経平均8000円から3万8000円と4・75倍に上がった含み益と、
②S&P500が2012年の1500ドルから5800ドルと3・9倍に上がった含み益、
③そして1ドルが80円（2012年）から150円と1・9倍に上がったことの含み益がはいっている。
つまり累積利益のうち109・4兆円はGPIFが売らないときの、①日米の株価の上昇と、②ドル株・ドル国債の円安による保有の含み益である。2012年からの円安による含み益だけでも約60兆円である。

実際に売るときは、この含み益は実現しない幻のものになる。

ＧＰＩＦは世界最大の年金ファンドである。ＧＰＩＦが売るときは、ジャパンＧＰＩＦが売ったという風評によって世界のファンドからの売りが増えて相場を下げるから、含み益の実現はむずかしい。

ＧＰＩＦ（運用資産時価評価254兆円）のマネーの持ち手は、厚労省ではなく、国民である。給料から天引きされる年金保険でおさめた国民1人あたり平均250万円の年金資産である。

高い確率で株価バブルが崩壊したあとの2026年にはどうなるか。いまから案じている。国民の年金資産を減らしてもＧＰＩＦは責任をとらず、そのつけは国民に回る。これが官僚である。たとえば日銀は、500兆円の異次元緩和が目的の達成において失敗をしても、国債買いのチームリーダーだった副総裁の岩田規久男氏しか解任されていない。

日米の株価が下がると、109兆円の含み益が消えて年金基金が破産し、国民の30％が生活を頼っている2か月1回の年金の支払いを減らすしか年金資産を守る手段がなくなる。あとは国債のダイレクト配布か？　年金国債を受け取ったひとは銀行で売って現金化する。国債は実は、金利と返済つきの政府マネーである。金融面では、江戸時代の藩札とおなじ。あるいは石破首相小切手、これは信用できるか？

目立ってバブル株価を大きく下げないように、今日から覆面でほかのファンドに紛《まぎ》れて売るしか国民が所有者である年金基金を守る方法はない。ファンドや機関投資家の株売りは東証では「証券会社の自己売買」と偽装されている。事態は切迫している。それでも日本の年金基金、世界最大の資金量のGPIFが売ったとなると相場は大きく下がる。

2020年からの、①コロナ・パンデミックにたいする政府の財政出動と、マネー増発（日米欧で中央銀行の当座預金3100兆円の残高）から、②非合理な投機的買いで上がっているのが、日米欧の株価と不動産である。

GPIFの職員は日米の株価がまだ下がっていない現在、①大きな含み益をもたらしている株価の高騰の原因、②対外資産の増加が円安利益をもたらした原因を考えることが大切である。

株より上がっている金価格と株価の性格のちがい

1オンス（31・1グラム）が27000ドル（2008年から3倍）に上がった金の保有含み益はその点、株価や通貨とは本質的な性格がちがう。高い価格で売っても買い手がいるからだ。金は株とちがい、含み益はほぼ実現できる。年間生産の3600トンの金は金鉱山に物理的な限界があって、いくら価格が上がっても生産量が増えないからだ。鉱山からの生産とは別に宝飾品と電子回路からのリサイクルが1200トンある。

生産量が増えないから売買量も増えない。通貨量が増える外為市場や発行株式数が増える株式市場と異なる性格をもつのである。

加えて世界の中央銀行の合計需要がゼロだった2010年から2024年は1000トンに

増えていて、ロンドンとスイス市場の現物の金はいつも不足している。

金価格を上げた需要の増加にたいして鉱山とリサイクルの金の生産量は、合計で4800トンあたりが限界で増えていない。現物の金不足のため大口需要用として2004年に金価格への引き当て契約による金ETF（ゴールド証券）が開発され、米国政府から作成と販売を許可された（残高は3112トン相当：2024年3月：WGC）。

運用する資金が多額で金や株を大口買いするファンドは、ロンドンとスイス市場の金現物が足りないから金ETFを売買している。短期的な先物の売買もある。

GPIFは、世界の年金基金では最大量のマネーを運用する基金（ファンド）である。国民が払う年金保険を預かって基金として運用する業務のGPIFは、ポートフォリオの1／4で金または金ETFを買うべきだった。米国株を大きくは下げないように隠れて売って、金を買えばいい。高く見える金価格であっても、いまからでも買いは遅くない。個人もおなじである。

24年11月はドルの上昇によりNYの金市場で先物売りが増えて価格は下がっているが、2025年は上がる予想である（GOLD MONEY）。


【金価格の構造と今後の金価格】

相当におおざっぱで、その根拠を疑うことはあるが、CBDCやBRICS国際通貨が金本位のデジタル通貨になるプロセスで金価格10倍の可能性があるともいう（『ドル消滅』を書いた直観派の元CIAのジェームズ・リカーズ：金融アナリスト）。

「通貨への信頼が過剰な信用通貨の創造、ビットコインからの競争、極端な金額になったドルの負債、新たな金融危機、戦争、自然災害の組み合わせによって崩壊すると、中央銀行は、金にもどるかもしれない。それは彼らが望むからではなく、世界の通貨体制に秩序をとりもどすためにだ（引用）」

金価格がリカーズのいう10倍の1オンス2万7000ドル（1グラムでは13万円）に上がる可能性は低いと思う。妥当な線では日々上げ下げしながらも、安全に少なく見ても年15％から20％は上がると予想している。

その背景として現在の鉱山技術で採掘できる金の量が5万7000トンしかないことがある。いまの採掘のペースで16年分であり、深さ1㎞から4㎞の金鉱石が含む金は、この量しかない。深く掘ることは年々むずかしくなる。採掘技術の高度化には限界がある。信用通貨がいくら増えても金の生産は増えない。

金鉱石での含有量は1トンで3～5グラムに減り、世界中の金の含有率が下がっている。金は需要が増えているのに供給は物理的な限界で減る。ここが量産のできる工業製品とも、いくらでも増やせる信用通貨とはちがう。

そのなかでG7以外の拡大BRICS連合と産油国、東南アジアを中心にした中央銀行は現物の金をウクライナ戦争が始まった2022年から1年に1000トン以上買い増している。2022年からの金価格の上昇（1オンス1700ドル→2700ドル：＋59％）の主因は拡大

ＢＲＩＣＳ連合の金買いである。その理由はドル離れにあり、中国・インドを筆頭にドル準備の国債を売って金を買っている。世界の外貨準備に占めるドルは、１９９９年の70％から２０２１年12月は60％に下がっている。この拡大ＢＲＩＣＳ連合がドル基軸から離れ、金リンク制が予想されているＢＲＩＣＳデジタル通貨を国際通貨にする動きは変わらない。金買いが減る見込みは当面はない。金価格は上げの基調になる。

２０２４年７-９期の金価格は、①宝飾需要が５４５トン（前期比＋19％）、②ゴールドバーが３６４トン（同＋37％）、そのうち金ＥＴＦが95トンの買い越しに転じて（前期は7トンの売り越し）、③１オンスの価格は２４７４ドルと前期比６％上がった。金需要は活発だった。

金ＥＴＦを売買する大手はファンドである。ロンドンとスイス市場での現物の大量購入は価格が急騰するから、むずかしい。このため流動性の高い証券の金ＥＴＦや先物を買う。

ファンドの金ＥＴＦと先物の買い越しの50％くらいは短期利益が目的なので、上がった３か月くらいで買い越した半分は利益確定で売るだろう。半分は乗り換えて長期に保有する。

ファンドは決算の四半期での確定利益が目的なので短期の売り買いをする。ファンドは預かりマネーを運用するから、四半期で運用の赤字を出せない。マネー運用で赤字になったファンドには顧客からの解約が起こるからである。

ファンドは買うとき想定していた予定価格より上がると、買ったＥＴＦや先物を売って利益を確定する。ファンドが金証券を短期で売買するのは、金の現物の輸送と保管が大変なことも理由になっている。原油や資源のコモディティも金とおなじであって、ファンドは自分では原油を使わない。

このためデジタルの先物証券で3か月以内の短期売買している。先物証券もデジタルだから、通信での売買とコンピュータでの保管はキーボードを叩くだけでいい。一方で中央銀行と個人のゴールドバーの現物は、いったん買われた現物が市場に出てくる量はとても少なく、およそ90%は長期に増加保有されているだろう。利益確定で売っても、すぐに買い戻す行動がある。


【金は通貨である】


メディアやエコノミストが金属だとする金は、中央銀行にとってはドルの反通貨の性質をもっている通貨である。

金価格が上がると下がるドル基軸の維持の目的で、金価格を冷ます目的の金先物や金ETFの売りをしているのはドル基軸を支えている英国のBOE（大英銀行）と米国のFRBである。価格が大きく上がると売って価格を冷ますBOEとFRBは、1年に約1000トンをコンスタントに買っている拡大BRICSの中央銀行との見えない戦いをしている。拡大BRICSは2022年2月のウクライナ戦争のあと、ドル基軸の世界体制を支持していない。そのリーダーがロシア、中国、インドとOPECである。

BOEとFRBは金市場への売り介入を公式に認めた。なぜ過去は認めなかったことをいま認めるのか不明である。金ＥＴＦを売り越しても２０２３年、24年の金価格が上がったことを見た理事に意見の相違があるのかもしれない。１９８０年代から２０１０年までの30年、市場に大きく売り介入していた。あまり介入しなくなったのが２０１０年からで、この時期の１２００ドルから金価格は大きく変動しながらも（２０１３年は下落）上げのトレンドになり、現在はシンボリックな１オンス２７００ドル台である。少なく見ても今後１年間で15～20％は上げるだろう。

【金価格は拡大ＢＲＩＣＳの買いとファンドの売りの対抗戦で決まる】

金市場では拡大ＢＲＩＣＳ連合の増加買いと、ＢＯＥとＦＲＢおよびＦＲＢ側に立つ巨大ファンドからの先物証券の売りが対立して価格相場を作っている。ただし先物売りは金の単純な放出ではなく買い戻しの限月《げんげつ》（反対売買の期限日）があるから、およそ3か月下げたあと現物の買いの増加にまじって金価格が上がる傾向がある。

ここまで書いたことがドル危機でもあった08年のリーマン危機以降、ドル基軸を守るＧ７とは姿勢が逆である拡大ＢＲＩＣＳの中央銀行が買い越しに転換した金市場の動きである。リーマン危機がＦＲＢによる4兆ドルの増加供給で落ちついたあとの２０１０年は、金とドルの関係にとってシンボリックな年だった。

この年に世界の中央銀行の合計が過去30年の金４００トンの売りから、４００トンの買いに転じたからである。循環する歴史ではこうしたことを平均12年から18年でサイクル的に繰り返してきた。原因は、「金融投資用の借り入れマネーの元本＋支払い金利」が金利5％なら15年で2倍に累積するからである。

金利は時間に比例して増える。ここが金融商品の基礎部分にある原理だ。金には金利がつかない代わりに、株よりはるかに安定した3か月以上のスパンで価格の上昇がある。

需要の増加＞供給の不足になるものは、水・天然ガス・石油・賃金・マネー・土地・人材・食糧であっても何でも価格は上がる。

3、4か月の下落変動は時折あるが、金は長期で上がる可能性が80％と見ている。なお株価が急落したときは、証拠金投入のために株より確実な含み益がある金の利益確定売りが出て下がることもある。しかし、その下げは3か月以内の短期である。金価格が下がるときは100％の確率で、ファンドによって証券の金ETFが売られている。現物は買い越しが減る時期があるだけであって売り越しにはならない。売られたETFも益出しが目的だから、短期で下がったタイミングを見て買われてまた上がる。先物でも平均3か月先に買い戻しになる。

金には供給の上限があり、現物の需要は固定的に多いため価格は下がりにくい。ファンドが金ETFを売っても価格は下がりにくく、含み益の確定が株より確実にできる性質をもっている。

株価の暴落が大きいときは益出しのため3か月くらい下げるが、そのあとは、また上げトレンドになってきた。なおファンドと銀行が主な持ち手の金ＥＴＦの総残高は３１１２トンである。地上の金の推計、総在庫20万トンの１・６％でしかない。

20万トンとされている地上の金在庫は、どこかに、だれかに秘匿《ひとく》されていて市場に出てこない。動くのは1年新規の金生産量の４７００トンから４９００トンだけである。この点がデジタル化された証券である株や国債と本質的にちがう。

株や国債は、1年におよそ1回転が売買されている。金融商品の物理的な形態は、その売買市場を変える最大の要素になる。たとえば原油市場の先物は、金の先物証券とおなじように原油を使わないファンドと金融機関の間で売買され、その後、電力会社などの消費者のスポット買いに向かう。現物の金では買い手が所有者である。

金を買うなら、上がっても下がっても家計資産にムリのない一定の金額を毎月買う金積み立ての方法を薦《すす》める。このドルコスト平均法で買うと、金の資産額は短期の価格変動を慣らした移動平均に近づく。「一度に大量買い」は薦めない。田中貴金属や三菱金属では口座の開設がオンラインでできる。20年続けると巨大資産になっているだろう。

高く買った株を売るタイミングのむずかしさ

ここまで述べてきた巨大マネー（総額９０００兆円）を運用するファンドでは、株を売り抜けて短期含み利益を実現するタイミングの判断が、もっともむずかしい。ファンドのマネーは豊富だから買うのは容易であり、だれでもできる。しかし回転率が高く1日で価格が大きく動く株は順張り、または逆張《ぎゃくば》りで買うときより売るタイミングの判断がむずかしい。ファンドが売ると、その売りの金額がまとまって大きいから相場が下がってしまい、含み益が実現しにくい。

ファンドが含み益確定の目的で売り抜けるときは、仲間うちの金融メディアを通じ、「株価は上がる」という材料を示し（いまならＡＩと半導体）、個人投資家の買いを誘って売る。このためファンドと個人投資家の売買は逆になる。東証ではとくに相場が下がるとき買う逆張りの個人投資家が多い。

米国ではコンスタントに買っている順張りの個人投資家が多い。何が価格変動の原因であるかを問わず、ボラティリティが20％（米ナスダックは23％：日経平均は26％）以上と高い時期は株のリスクは高い。ＢＲＩＣＳ連合の年１０００トンの買いが続いてる金価格は、政治的な転換のイベントのリスクがある株より安全だろう。

株でも高い利益を狙わず、成長すると思える企業の株をドル平均法で毎月一定額買う方法がいいだろうが、政治的に大きなイベントが多い現在は保証できない。

ファンドが利益確定の売りに出る時期は、メディアは横並びで株価に肯定的な記事を書くことが多い。ファンドの売りは、自分の含み益を実現することが目的である。一時的に下がってもＡＩ株はまた上がると囃《はや》されて、高く買った個人投資家からマネーを不道徳に略奪《りゃくだつ》する。金融資本にとって市場は、ニセ情報であっても諜報《ちょうほう》を使う戦場である。仕手戦《してせん》に似ている。特定の株をめぐって売り方と買い方が激しく競り合い、大量の売買を行うことを仕手戦という。預託運用マネーを多く預かっているファンド・マネジャーは、市場の操縦を試みる（失敗も多い）。短期の相場はファンドにとっても予想ができない。

反対売買のヘッジを50％はかける。下がる相場では、信用借りのレバレッジがかかる先物やオプションを売って利益を出す。現在の世界相場には「市場操作が多い」。ファンドが９０００兆円と巨大になったことが原因だ。最低水準の年５％の利益でも４５０兆円が必要である。

（注：老婆心）個人投資家は、先物売りやオプション売りをかけて下げの利益を狙わないほうがいい。大怪我をすることが多く、利益が出てもルーレットのように幸運だっただけである。ただし相場が大崩れしたあとの底値での長期買いは別のことだが、底値の判断はむずかしい。

以上が短期売買が多いファンド（20社の資金量９０００兆円）の、昔からの方法である。戦争と金融に道徳や倫理はない。利益だけが正義である。どんな理由があっても損はファンドマネジャーにとって職を失う不義である。24年10月から12月も実はそのタイミングであろう。外為、株式、国債の相場は売り手と買い手のお互いが必死の戦場である。

株価は上がる、あるいは下がってもソフト・ランディングと金融メディアが「そろって書く」ときは、実は危険が迫っている。これが、資産バブルの後期に経験される共通の特徴である。

ファンドは一般に上がるとき売り、下がるとき買って、個人投資家から略奪する。

個人投資家は、メディア情報や耳よりの情報にごまかされてはならない。耳よりの情報があるわけがない。隠れた大化け株が本当にあるのなら、すでに自分が買っているはずだ。

本来、相場への見方は結果の売買額が常に等しいことからわかるように、強気と弱気が半ばする。メディアがおなじ論調のときが問題である。こうした相場情報の性格から変調は、大地震のように毎回突然起こるように見える。古来、これを晴天の霹靂《へきれき》という。

【2024年8月5日は、確率では100年に1度の事件】

日銀のわずか0・25%への利上げから、円キャリー・トレードを1日で37兆円解消したファンドが株を売ると、日経平均が4万2000円（7月11日）から3万1500円まで25%暴落した日本版ブラック・マンデーとおなじことが起こる（24年8月5日）。

円キャリー・トレードは、主に米国系のファンド（総資金量は20社で9000兆円）がゼロ金利の円を借りて、日米の株や、円とは3%から4%付近の金利差がある米国債を買うことである。世界のなかで円の金利が極端に低いことがその原因である。

2022年から2024年7月11日までピークの1ドル162円への円安をもたらした主因を構成した円キャリー・トレード全体は、その後のIMFの調査では200兆円もあったことがわかった。24年10月時点で160兆円くらい残っているだろう。

重要なことは、世界のだれも日銀の0・1％から0・25％への0・15ポイントというごくわずかな利上げ発表から、株価が25％下がるとは思っていなかったことだ。

直後にはひどくあわてていた内田副総裁は「相場が不安定なときは利下げをしない」と講演して路線の変更を世界の投資家に伝えた。

これが中央銀行が行う「口先介入」である。リーマン危機のときのＦＲＢの議長バーナンキ（2022年ノーベル経済学賞）は言った。「在任中、口先介入がもっとも効果を上げた」。

口先介入とはマネー量と金利の調節を実行せず、その実行をほのめかすことである。中央銀行が動かすことのできるマネー量は大きいので、市場は中央銀行総裁からのほのめかしに対応して国債、債券、株の売買を行う。この「口先介入」の効果だが、頻繁《ひんぱん》に行って中央銀行がオオカミ少年になったと見なされると、一挙に金融政策への信用が低下する。

日銀の政策金利の0・15ポイント利上げの日米の株価への大きな影響は、世界に1人として予想していなかった。ここがいまの高みにある株価の予想で肝心な点である。

2024年、2025年にも日米の株価が上がるという多くの証券会社とアナリストの予想には、株を売るための願望がまじっていて数理的な根拠のある予想ではない。新聞のコラム記事もおなじである。

学者風エコノミストのコラムの文の末尾はいつも「緊張して注視する」あるいは「慎重な姿勢が重要」。これに類する表現は全部が「自分には未来は予想できない」と言っていることとおなじだろう。実は、長期のファンダメンタルズ予想はべつにして、期間を区切った短期の未来は、だれも予想ができない。皆が予想できないから、市場で売買している。

【最後に来るのが自社株買い】

企業利益が増え、ＥＰＳ（１株純益＝企業純益÷株数）が上がるという企業業績の条件がないと、株価は上がりにくい。ＥＰＳを高めるには、蛸《たこ》が脚《あし》を食うこととおなじ自社株買いしかなくなる。しかし自社株買いを多くすれば、その会社の純益からの投資資金・高度化資金がなくなる。米国企業は、企業純益がさほど増えないなかでムリヤリ株価を上げるため、社債まで発行して自社株買いに殺到している。

企業純益が増えないなかで株価が上がると、ＰＥＲ（＝株価÷企業純益）は20倍から30倍、部分的に40倍、あるいは60倍まで高くなる。24年10月の米国ナスダックのＰＥＲは次期企業純益の40年分（40倍）ときわめて高い。ベンチャー株とＩＴ株が多い米ナスダックであっても歴史的にはＰＥＲ20倍が妥当値である。

【ＰＥＲ15倍以上への上昇の意味】

ＰＥＲのこうした上昇は、だれもわからない未来である20年先、30年先、40年先の企業純益を今日の株価が織り込むことだ。Ｓ＆Ｐ５００のＰＥＲの歴史的な妥当値（平均）は15倍である。

２０２４年の自社買いの総額は1兆ドル（１４５兆円）の予定であって、前年の2倍になる。企業純益の大半は自社株買いになる。会社によっては純益の90％が自社株買いである。純利益では足りず社債（負債証券）を発行して自社株買いに充てて蛮勇《ばんゆう》を発揮するところもある。

２０２４年はとくに多くの蛸《たこ》が集合して盛大に脚を食っている海岸の姿に見える。メディアは自社株買い増加を歓迎し、川辺の打ち上げ花火大会の開催のように書く。

17世紀にオランダの重商主義（東方貿易の利益）からの黄金時代に起こり、球根1個が家1軒の値段に上がったチューリップ・バブルに近い風景に見える。しかしこれだけが馬鹿馬鹿しいとはいえない。大谷が打った50号ホームランの球は6億３０００万円で売れた。

盛りあがる共同幻想（社会の集合知＝空気）が関与する人間の社会では、こうしたことが起こる。合理的な経済学は、まだこのバブルの意味を解いてない。学問には根拠と論理と合理しかない。社会の集合知の空気のような変化から影響を受ける個人の心理的な認知理論による行動経済学だけが挑戦している（ノーベル経済学賞：『ファスト＆スロー』邦訳２０１４年：ダニエル・カーネマン）。

数理経済学の合理の相場やファイナンス理論の長期予想においては、貨幣数量説のＭＶ＝ＰＴがダメだったように根拠からダメである。過去の価格の標準偏差だけが有効であるが、それが多変量方程式であるＡＩ風の未来推計の統計学になったときはダメある。

自社株買いが日米ともに２０２４年に急増している原因は、日本株、米国株を上げる要素が少なくなったこと以外にない。日本の同年の自社株買い10兆円の14・5倍。8月5日のブラック・マンデーのあと、25％下がった日経平均を上げるために緊急に増やしても、日本では10兆円程度である。2024年の米国では長期の持続ができない145兆円／年という異常な金額の自社株買いがある。24年8月5日の日本版ブラック・マンデーのような100年に一回の不時《じ》の現象は、現在の世界の株価が高所恐怖症にかかっていることの証拠以外の何物でもない。

いまの米国株で20％以上、日経平均株価で23％という高いボラティリティ（VI）は、谷から高い吊り橋にある株価が少しの風にたいしても不安定であることを示す（24年10月）。

アマゾンの蝶のはばたき（＝日銀の0・15ポイント利上げ：米国失業率の上昇見込み）がフロリダのハリケーンになって株価が一瞬は25％下落（8月5日）になるという、AIでも原理的に解けない複雑系の現象である。株価にはフレーム（枠組みとルール）の変更があるからである。

名人に勝つ将棋のAIもルールを変えれば、学習していないから初心者になることとおなじである。AIは数千万局の深層学習から勝つルールを確率統計で作るものだ。確率統計では、過去の確率データを未来に延長する。サイコロのように形がおなじものでは確率統計は有効である。しかし株価のように、歴史的な時間で枠組みが変わるものでは有効ではない。

株価が安定しているときのVIは15％～12％である。この項は個人投資家がバブル相場のなかでファンドとメディアに騙《だま》されて虎の子の資産を失わないために書いている。

当方は、生き馬の目を抜いても自己利益を出す略奪《りゃくだつ》のファンド側には立たない。

親族が1992年からの地価バブル崩壊前、社会の空気に流され過大な借入金で土地を買い1997年の銀行危機で破産したことが深層の心理に関係しているのかもしれない。離れて住んでいたが新幹線でかけつけた。「仕方ないじゃない」と冷静だった家人はその娘である。こうしたとき普通、男たちはおたおたする。女性は修羅場では意外に強い。無意識に「個の意識」にはいりこんだ仏教的な諦観からかわからないが、運命を受容するひとが多いのか。あるいは女性には個人差はあるが一般に運命にたいして受動的だからか。女性にとって未来が見えない結婚は冒険だろう。しかしわれわれが生まれたことそのものも冒険かもしれない。

消費税の導入と10％への引き上げ（1988年～2019年）

消費税は国民の1人あたり所得中間層が80％であり、平等だった1980年代までの社会の前提から導入された。1980年代は、所得の中間層が4000万世帯の80％とされていた。消費税の最初の3％は、国民の気分が資産バブル経済に浮かれていた1988年に竹下内閣が行った。1990年当時、世帯あたりの平均所得（750万円）は製造業が空洞化《くうどうか》した米国を超え、スイスと並んで世界トップグループだった（1ドルは120円台だった）。

1990年代も、1980年代までのように所得が増加するだろうと予想していた国民は高齢化で増える社会保障のためならやむなしとして受けいれた。

消費税の導入には紆余曲折《うよきょくせつ》があった。大平内閣、中曽根内閣での二度の廃案《はいあん》を経て、日本的経営が世界一とされていた時期にかろうじて消費税3％が成立した。

当時は、いま40％に増えた非正規雇用の低い賃金に固定する雇用慣習は少なかった。2か月分くらいの賞与を含む1時間換算《かんさん》給が2000円平均の中間層が多く、しかもほとんどのひとは自分で辞《や》めないかぎり終身雇用であった。将来の所得も1年に5％から7％は増えるという経済成長期の共同幻想のなかにあった。現在、就職すれば終身雇用、年功序列と思っているひとは公務員にもいない。こうしたことこそが社会の枠組みの変化である。

1980年代後期には、土地はさらに上がり、日経平均も5万、6万円には上がるという金融・証券業とメディアの空気があった。消費税3％くらいは所得と金融と経済の問題にならなかった。慧眼《けいがん》な財務省（当時は大蔵省）はその時期を狙《ねら》ったことになる。

ある経営者が「土地は買わない」と銀行に言うと、「バカじゃないか」と言われた。当方も当時、銀行取引の担当だったので直接、その雰囲気《ふんいき》は知っている。

財務省も地価が下がってもまた上がるという見解をもっていた。日本は土地が少ないので上がり続けるという土地神話、つまり1980年代の時代がもっていた集合知のなかにあった。神話と宗教は、科学的な根拠と論理があやふやなことの預言者の語り部の物語だ。

大蔵省の銀行局（いまは金融庁）が不動産が下がることを認めたのは、株価の1／2、さらにその1／2への崩壊がはじまって4年後の1994年だった（西村吉正銀行局長）。旧大蔵省が住専と銀行の不動産担保の下落で発生していた不良債権の処理に乗りだしたときだった。ひとり立花証券の会長だった筆名独眼竜《どくがんりゅう》の石井久氏が、「日本は将来の人口減で住宅需要が減るから土地は下がる」と書いた新聞のコラムを強く記憶している。その通りになった。34年前のことを書く理由は、いつの時代でも時代の空気に抵抗して考え、書くことはむずかしいからである。過去も現在も未来もおなじだろう。それが社会である。

現代のメディアによるパラレル・ワールド、仮想現実はいつの時代にもある。現代は情報のパラレル・ワールドが拡大している。社会は正反対をいうグループに分断されている。トランプのときもそうだった。メディアはみんな、ハリス有利だった。

第七章

国民の実質所得は20年で13％低下した

消費税導入の結果、低下した世帯の実質所得

図8の世帯の実質所得のグラフをご覧いただきたい。日本では不況期にも失業はさほど増えず、正社員より時間賃金の低い非正規雇用の増加として調整される。すぐにレイオフによる失業率の増加がある米国とは異なる雇用制度と慣習の経済である。

消費税を価格に含む物価上昇率を引いた世帯所得（実質所得）17年間の推移がこのグラフである。総務省が作っている。

世帯は、①雇用者世帯、②年金生活者を含む全部の平均世帯（5300万世帯）に二分されている。21年の長きにわたる実質所得の低下を見て、あなたは驚愕《きょうがく》する側か、納得する側か、

図8　消費税導入後の世帯の実質所得（総務省：1991-2018）

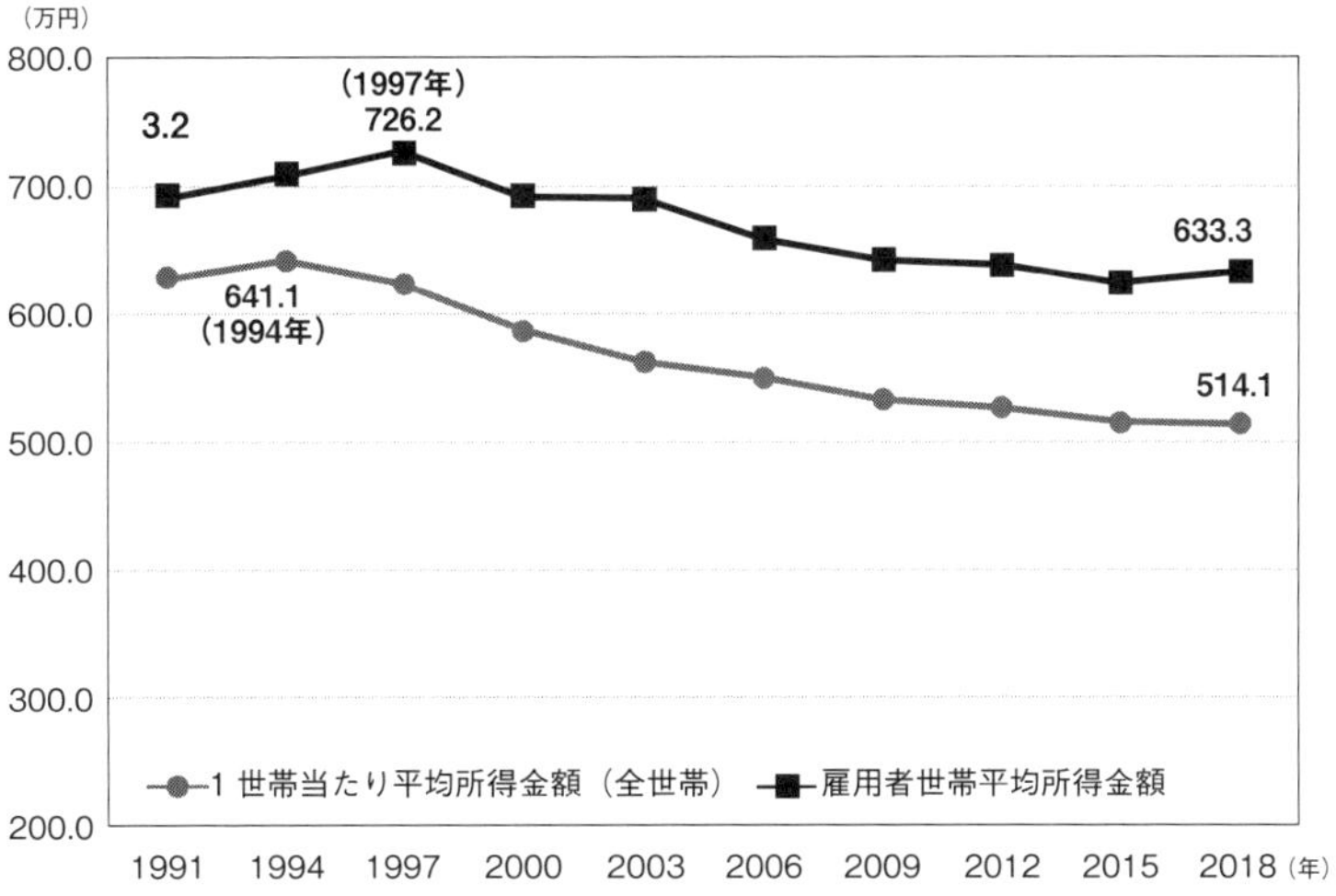

どちらだろう。

〔全世帯はマイナス20％：勤務世帯はマイナス13％の実質所得〕図8で、■の線が勤務するひとがいる平均家族数が2・6人の雇用者世帯である。●の線は、退職世帯と勤務世帯を含む全5300万世帯の1991年から2018年までの実質所得である。

わが国5300万の全世帯の実質所得は1994年の641万円がピークで、2018年は514万円。127万円も減っていてマイナス20％だった。

3700万世帯の勤務するひとがいる世帯だけの実質所得は、1997年が最高で726万円だった。2018年には633万円へとマイナス13％だ。世界にこんな国はない。改めて自民党がよくもったものと思う。世界でおなじことが起これば、政権がいくつも交替する。

消費税は商品の価格に含まれているから、買った金額の10％の納税は意識しないかもしれない。消費税は、消費の懲罰税（消費すれば税をとる）としての性格をもっている。世帯の収入から消費をせずに預金すれば、消費税はかからない。

【消費税を3％から10％にあげた31年間の実質所得】

米国は「プラザ合意」でドルを１／２に切り下げた（１９８５年～１９８７年）。日本の対米輸出の大きさを非難し、「日米構造協議（レーガン大統領の最終年の１９８９年に開始）」前も政府に圧力をかけていた。消費税はバブル経済の１９８８年３％、１９９５年５％、２０１４年８％、２０１９年から10％に上がった。

・政府が消費税を段階的に上げる過程と、
・共稼ぎ率が70％と高い雇用者世帯の消費税による物価上昇を抜いた実質所得の13％減少は同期している。３％から８％への５ポイント消費税の上げによる物価上昇で、世帯の実質賃金が低下した部分が大きかった。

世帯の物価上昇を含まない手取りの名目所得も上がらず、17年間ほぼ横ばいだった。共稼ぎのパートの非正規雇用が増えたからである（共稼ぎ世帯は70％に増えた）。

消費する商品の価格に含む消費税は２０１９年には10％に上がり、全世帯の実質所得を13％下げた（１９９７年対比）。

・実質所得＝名目所得－物価に含む価格の10％の消費税。
・実質所得は当時ＧＤＰの60％を占めていた商品購買力になる。
・手取りの実質所得が消費税と社会保険料でさらに減った現在は、個人消費はＧＤＰの55％に下がっている。

消費者からの商品の購買は企業の売上になる。勤務するひとがいる世帯の名目所得と実質所得が13％減ると、企業が消費者から受け取った消費税を払ったあとの実質売上も13％減る。消費税には「マイナスの乗数効果」がある。

【実質所得（＝商品購買力）の減少の目に見える結果が店舗数の激減】

１９９０年には全業種の店舗は２００万店あった。２０２４年は、５年ごとに大規模に行われていた商業統計が２０１８年から経済センサスに変わった経産省統計では78万店である。売り場面積が５００平米以上の大型店は、主に郊外と都市部周辺に増えた。しかしわが国の総店舗数は39％に激減した。大小の全部をあわせて５１０５あった全国の繁華街の商店街は90％がシャッター通りになって、すさんで消えた。１３０万人の商店主は、いまどうしているだろうか。

経産省は、店舗調査では悪いデータしか出ないと思ったのか、全数《ぜんすう》統計だった商業統計を安倍内閣の２０１４年にこっそりとやめている。商業統計のデータを仕事で使っていたから経産省に問い合わせしたことがある。たぶんノン・キャリアの担当は「仕方がなかった」と言っていた。当方は、小泉行政改革の具体策ではこうしたことがシンボルだったかと驚いた。改革ではなく改悪だった。当時、経産省では職員が自分の名刺をプリンターで作っていた。こんな会社、民間にあるだろうか。

商業統計の調査・集計がなくなる時期と同時に、経産省からの小売業の情報化支援策もなくなった。書籍を売る全国の書店数も03年の2・1万店から23年は1・1万店へと半減した。00年からは経産省は、自分たちの生き残りのために行政の予算、つまり国民への行政サービスを減らしている。世界に共通するが、身を切らない官庁は身勝手である。

世界中の経済統計の劣化

政府の経済統計は、行政合理化の名の下に年々粗略《そりゃく》になっている。国家（States）の劣化は、国家とおなじ語源のStatics（政府統計）が粗雑になることからはじまる。豊臣秀吉の検地・刀狩りに相当する地図と産業統計が国家の基礎である。ローマ帝国の崩壊、江戸幕府の崩壊のときも、経済統計が壊れていた。第二次世界大戦中と敗戦のときにも経済統計はなかった。

24年10月15日現在、米国の物価統計と労働統計でも意図したサンプリングの偏向があり、粗雑になっている。選挙前には、①物価は上がっていない、②雇用は好調と国民に示すためである。バイデン・ハリスの民主党の選挙対策の一環であった。このためFRBは２０２４年11月からの必要な利下げを先延ばしに、実体経済の不況にもかかわらず株価は上がるという矛盾が生じている。

【ファンドのマネーが巨大化して上げてきた株式市場】

巨大ファンドが高値での売り抜けを狙っている株式市場は、株価にはプラスになる統計の偽《ぎ》装《そう》を歓迎する。株を買うひとが増え、日米の株価が上がるからだ。多額のマネー（20社で900兆円）を運用する米国のファンド側から見れば、セールスポイントが何であっても株を買う客を増やすのは株価を上げることである。

多くの客が買っていて、価格が上がる途中で株を売らないと利益は出ない。大口運用のファンドは、高値で売り抜けるチャンスはいつかと常時、狙っている。これが24年10月16日の世界でボラティリティ（価格変動）が高い株式市場であろう。

大口のファンドが売り抜けるときは、相場が下がるので売るタイミングがとてもむずかしい。このためファンドは資本に関係のあるメディアを使って、買い手を増やす目的で「株価は好調を続ける」という情報を流す。ファンドのコトバは評論ではない。セールストークである。

【経済統計の本質】

ノーベル賞を受賞した経済学者のスティグリッツ（優秀なユダヤ人）は、経済統計にとって本質的なことを言っている。「（複雑に絡まった）経済のなかで何をどう計測するか、基準はどこかによって政府の経済政策は良くも悪くもなる」

ＧＤＰ、所得、生産、物価、需要の統計は、全数の集計・計算はできない。すべて標本のサンプリングである。サンプルを偏《かたよ》らせれば統計の偽装ができる。

医師の診療でもおなじだ。部分的な計測データと、その時期の医療基準によって健康であっても病気とされる。逆もある。現代の診療は、検査から推計される診療である。名医といわれる医師には、計測データには頼らない経験的な総合判断をするひとがいる。逆もある。

統計偽装をした政策の国家は、長期的には政策不適からゆっくりとつぶれる。いまの米国がそれである。固定相場時代の古い貨幣数量説（ＭＶ＝ＰＴ）に依存した日銀もこれだった。米国では、金融の付加価値がＧＤＰの25％を占めることが異常だという反省はない。

このため高い株価を一層上げる政策に奔走する。中国の統計偽装は世界一。日本は２０１０年代から増えた。

【年々、偽装が増えている米国の経済統計】

過去、米国では民主党政権でも、計量経済学での予想と財政と金融政策の決定に使う経済統計は日本よりしっかりしていた。政権に都合のいいデータを作った最初はクリントン、次がオバマ。バイデンで壊れた。３人は米連邦国家のワシントン政府の基礎を壊した。

米国財務省とＦＲＢには債務の裏帳簿があるというが本当だろうか。政府・ＦＲＢの政策は経済統計に基づく。経済統計に、政権に都合のいい偽装があると不適な政策になる。国家はダムの細い亀裂から壊れる。

日本にはまだ経済統計データの改善を図る動きはない。政治的には地味なことであって、票にならないから放置される。標準偏差と確率統計学の知識は国民に必須だろう。数理経済学は確率統計学と方程式の数学である。１９９０年代から激増したデリバティブとおなじだ。

デリバティブのカウンター・パーティー（相手方の金融機関）との総契約残高は、世界の合計ＧＤＰの7倍に相当する10京円を超えている。１兆円の10万倍。どう解釈・評価すべき金額かイマジネーションを超える。デリバティブは通貨、金利、債券、株価の将来リスクを確率統計学のブラックショールズ方程式（ノーベル賞）などで計算して販売するものだ。その価値（価格）は４・４兆ドル（６３８兆円）。

米国の雇用が好調なら需要が増えるはずの時期に、物価上昇率の低下があるのは経済学では矛盾する。雇用が好調なら物価は上がる。低調なら物価が下がる。これが大統領選挙が迫《せま》った現在である（24年10月19日）。結果として共和党とトランプの完全勝利だった。

米国の民主党政権の官僚には、だれにもわかりやすい偽装をするような「倫理の低下」が起こっている。大統領は嘘を言う。正直に見えるＦＲＢ議長パウエルは記者会見で四苦八苦《しくはっく》し、データと論理が矛盾する理屈を並べている。経済と金融が皆目《かいもく》わからないバイデン、ハリスは論外である。見るところ岸田・石破新首相も同類である。米国のメディアはほぼ90%が民主党寄りである。

政府統計のサンプリングの結果数字から事実を読むには、こうした手続きが必要である。経済数字のあらゆる数値化、ある統計の重視と無視には、政府からのメッセージのように国民に向かうモチーフ（動機）がある。売買で決まる株価・金利・通貨レートは嘘をつかないから、最適値《さいてきち》がなく時々刻々と変動している。価格の変動率が大きなとき、つまり価格のボラティリティが20％以上の現在の株価は、最適値からはずれたバブル価格である。たぶん40％の投資家が２０２４年に高所恐怖症を感じているバブル株価は、小さな情報でも大きく変動する。高すぎる商品では割引率が増えることとおなじだ。

5300万の全世帯の平均所得（30％の退職世帯を含む）

経済統計と経済原理からの説明が長くなった。元財務省の高橋洋一氏がよく使うフィリップス曲線の数理経済の数式は、金融の環境と経済の統計が正しいときしか機能しないからである。正確に診断し、適正な医薬を投与しないと医療の効能がないこととおなじである。

実質所得のグラフ（図８）にもどってみると、今度は●の線の65歳以上が多い退職世帯（当時の構成比30％）を含む、わが国全世帯５３００万の実質所得を見る。

１９９４年が６４１万円であって最高の実質所得だったが、２０１８年には年金を含んで５１４万円、24年間で20％も減った。

商品とサービス（通信、電力、交通、教育など）の購買力になる実質所得が減って、国の

ＧＤＰが増えるわけはない。全世帯の実質所得が20％も減った原因は２つである。

①世帯所得からくる企業の売上が増えなかったので働くひとの生産性（企業の粗利益額÷労働総時間）が１％未満しか伸びなかったこと。年度によってはマイナスだった。４００万社の企業は売上収益が増えなかったから、賃金を上げることができなかった。豊かな世帯は世帯年収１３００万円以上の３００万世帯、全世帯数の６％であるが、この階級の世帯年収も減った。米国のような超高額所得者の増加は日本にない。現役世帯の年収が減ると年金も下がる。

世帯所得の上昇が企業で働くひとの生産性と賃金上昇になることが、経済のプラスのサイクルである。これが５３００万の実質世帯所得の20％低下によって、20％マイナスのマネー循環のサイクルになった。

②商品・サービス価格に含まれて総物価を10％上げた消費税によって、名目数字も伸びない賃金の実質購買力が勤務世帯で13％、退職世帯を含む全世帯では20％も減ったこと。

こうしたなかで２０２５年以降を見渡すと、防衛費の５年で２倍という岸田内閣の決定から、財政が赤字の政府は消費税を15％に上げる予定であるが、これは日本経済を自滅させる。

防衛費は、２０２４年の一般会計ですでに７・９兆円に上がった（前年比７％増）。４年内に14兆円に増える。岸田内閣はこれを米国と約束した。政府は近々消費税を15％に上げなければならない。いま財務省が画策していて、増税派の石破首相を誕生させた面もある。

防衛費の増加分は、米国からの兵器と弾薬の購入費であって、輸入である。ＧＤＰ（国民所得＝世帯所得＋企業所得）を減らす。輸出はＧＤＰと国民所得のプラス要素だが、兵器の輸入は国民所得のマイナス要素である。兵器の輸入によって生活財の生産は増えない。

春闘の５％の賃上げは1年で無効になって日本経済は、このままなら人口減の加速と重なって、いよいよ衰退する。断言ができる。政府は一体何をやっているのか。

年間23兆円の消費税の撤廃へ向かって

政府は特別会計のなかに、対外資産として貯めてきた外貨準備を１・２兆ドル（１７４兆円）もっている。１９９５年の金融ビッグバン以来、これが減少した年度はない。財務省が毎年ドルとドル国債買いを増やし、外貨準備を増やしてきた。２０００年は３３８５億ドルだった。２０２４年は１・２兆ドルと３・５倍に増えている。

【増えた財務省の外貨準備は正当か？】

外貨準備の増加は、財務省によるドル買い／円売りの増加である。

１９９５年からの1ドル80円の円高に困った輸出企業の海外工場への投資は円安の要素となった（国内の工場新設と高度化投資は減少→生産とＧＤＰのマイナス要因）。

とりわけ1ドル80円の円高になった１９９５年以降、輸出企業はその利益を国内には投資しなくなった。海外に３万か所、３００兆円の設備投資（工場投資）をしてきた（1年平均で15兆円）。ＧＤＰは国内総生産である。国内への設備投資は減った。

【国内経済を低下させた国内への設備投資の減少】

国内の設備投資は、民間設備と機械の1年の劣化分である減価償却費の下になった。建物・設備・機械・プログラムは陳腐化する。その陳腐化の金額が税法の定めた減価償却費である。民間設備の劣化分の総計は1年に１００兆円である。１００兆円の更新の設備投資を毎年行って、ようやく設備の生産能力は維持される。

１００兆円未満の設備投資が続くと、設備の毎年の劣化によって生産力はおちてしまう。日本の銀行危機だった１９９７年ころから民間企業の国内設備投資は、１００兆円以下に減っている。ＧＤＰ計算から事実を確かめると、２０１３年から２０２４年の年平均での民間設備投資は89兆円であり、生産能力を維持する１００兆円から1年で11兆円、11年で１２１兆円も少ない。この分が国内経済の生産力の低下になってきた。（内閣府：ＧＤＰ計算）

https://www.esri.cao.go.jp/jp/sna/data/data_list/sokuhou/files/2024/qe242_2/pdf/jikei_1.pdf

一方で海外への設備投資は、残高が３０８兆円にふくらんでいる。企業は国内での売上増加が期待できなくなって（２０００年代からのＧＤＰの期待成長率は1％以下）、ＧＤＰが増えて商品需要の5％の増加が期待できる海外に工場を作ってきた。日本企業の全体が増加設備投資をしなかったのではない。大企業では28％、中小企業の21％の輸出型企業は設備投資を国内には行わず、海外に行ってきた。

国内で100兆円の減価償却費を11兆円下回る設備投資を続けると、国の全体で設備・機械・建物が劣化する。生産の機能と品質上昇の性能がおちる。実は2000年代から政府がメンテナンス投資すら減らした公共設備にも50年以上経ったものに劣化が起こっている。

国内の工場は、小売りの店舗数が減ったことに合わせて減っている。2000年にはこの事業所が全国に30万か所あった。2020年は17万か所に減っている。中小工場が多いだろうが、13万の工場（43％）が減っている。シャープの亀山工場のように20年前は世界の最新鋭だった液晶パネルの工場は、2009年に閉鎖され3・8倍の規模の堺工場（4300億円投資）に移ったが、高度化競争に遅れたための業績の劣化から中国資本になった堺工場も24年8月に生産を停止している。

こうしたことを逆転させる起爆剤（いわばガソリン）にするのが、消費税ゼロによる5300万世帯の実質手取り所得の平等な10％増加である（金額では1世帯平均50万円／年）。たぶん5万円から10万円分くらいは預金に向かうが、40万円から45万円／年は、実質消費の増加に向かうだろう（5300万世帯の合計では20兆円から23兆円）。企業の実質売上が少なくとも8％増える。金額では国内生産力と店舗数が20兆円から23兆円分増える。

【街の風景の変化】

人口が社会移動で増えている東京23区以外の街を歩くと、あたらしい建物や施設のほとんどがサービス業のデイサービス、マッサージ店、家族葬の葬儀場、ドラッグストア、医院であることを感じられるだろう。

小売りの店舗数は1／2に減った。空き店舗にあたらしい店がなかなかはいらない。最近、近くのふたつの銀行（支店）もなくなって、およそ6か月もシャッターを閉じている。あとに何がはいるだろう。空きビルのままか。東京以外の地方都市では惨憺たる状況である。

わが国の民間設備において老朽化分の減価償却費は、総計で1年100兆円、更新または修復投資は年平均で89兆円である。毎年11兆円分（街の建物の1／10）、国全体のどこかが老朽化して劣化する。この数字の結果がここに書いた街の風景である。

日本の産業設備・機械設備と住宅は、2000年以降の設備投資減少のため劣化し、生産力が落ちてきた。劣化分の更新投資にも足りなかった。いくら価格が下がっても買い手のない空き家は900万戸に増え、捨て値でも売れていない。地域の人口が減ったためだ。住宅建設は1980年代の200万戸から38％の76万戸になった。新規の設備投資は全部海外に行った。国内の工場と店舗は老朽化して減った。学校にも廃校が増えた。2024年での私立大学の59％は定員割れで、購読数が50％に減った新聞メディアと同時に衰退業種になった。

【その財源は？】

２０２３年度の特別会計である社会保障給付の年金（総額60・１兆円）、医療費（41・６兆円）、介護費（32・５兆円）ほか合計１３４・３兆円を減らすことは、国民への給付を減らすことなので実行はむずかしい。

国民の所得の減少に関係なく減らせるのは、１９９５年以降の金融ビッグバン（外貨売買の自由化）で不要になっている、特別会計の純資産である外貨準備（１・２兆ドル：１７４兆円）である。この外貨準備は、日本からのドル買いの超過（10年で４０１兆円）にともなって増えてきた対外純資産である。米国が日本の財務省に国債を売って、その円マネーを利用している。

（わが国の財政：２０２３年度：財務省）https://warp.da.ndl.go.jp/info:ndljp/pid/13069044/www.mof.go.jp/policy/budget/fiscal_condition/related_data/202310_00.pdf

財務省の外貨準備は無用のものになったという認識はまだない

現在の外為市場では外貨規制がないから、いつでもいくらでもだれでも自由に購入できる。個人のＦＸ、銀行と企業の外貨預金がそれである。

・外貨準備は１９９５年までの資本規制時代（＝外貨の購入規制）の遺物である。

・国会の審議を受けていない特別会計の外貨準備金（1・2兆ドル：174兆円）はいまはもう必要がない。

（1）輸出企業は受け取ったドルを銀行で円に換えて（ドルを売って）、国内の賃金、経費、仕入れ代金の支払いに充てる。輸出企業からドルを買った銀行にはドルが貯まる。輸入企業はそのドルを円で買って輸入の決済に充てればいい。取引銀行にドルが不足するときは、銀行が外為市場でドルを買って輸入企業に売ればいい。あるいは金額の制限がない外為市場で輸入企業が直接にドルを買って、円を売ってもいい。資本規制がなくなるとは、こうしたことだ。

1990年代まではなかったネットバンキングで瞬間に、どこからでもデジタル化されたドルが簡単に買える。いまはデジタル信号の預金通貨の時代であり、紙幣の時代ではない。

1995年以前は、外貨を買う資本規制があった。輸入企業は自由にドルを買うことできなかった。個人的なことであるが、1970年代に初めて米国に行ったときは1人5万円しかドルを買えなかった。いまはドルに換えなくても国際クレジットカードがあるから自由である。

（2）貿易が赤字の年度は、輸入用の円売り／ドル買いが増えるから円安になる。この円安は、輸出を増やす貿易の均衡のため必要なものである。

以上が外貨の購入規制の撤廃《てっぱい》（1995年～）の意味するところである。外貨準備を自分の資産のように専有管理している財務省は、国民に説明をしたことがない。政治家にもしていない。

資本が自由化され、外貨規制のない時代には必要がない外貨準備は、財務省が専有管理する「隠れ預金」である。外貨購入の規制がある中国では必要だが、輸出力がある日本やドイツには無用である。

米国には、自国のドルが国際的な決済に使える通貨だから外貨準備という概念そのものがない。米国は、輸入が輸出を上回っていても輸入代金はドルを増刷して支払えばいい。１９６０年代からずっとそうしてきた。２０２３年の米国の貿易赤字は７７９８億ドル（１１３兆円）と大きくなっている。

消費税をゼロにすると、10％にたいしては24兆円の財源が必要になる。10％に上がった消費税は所得税（18兆円）、法人税（17兆円）を上回っている。国家にとって最大の収入である。

財務省が安定した税収にもっとも効果がある消費税の増税に傾くのは自然の理《ことわり》である。しかし消費税は、ここまで述べたようにマイナスの乗数効果で日本経済を衰退させる。外貨準備の１７４兆円を5年にわたって売れば、年間34・８兆円の国家のあたらしい財源になる。10％の消費税（23兆円の国庫収入）を撤廃してもおつりがくる。

所得税の減税か、ＧＤＰではおなじ効果をもつ年金支給の増額に回してもいい。１５００万の年金世帯1世帯で5万円／月である。年金世帯1世帯では60万円、総計では年間で9兆円の年金の増加になる。この政策をかかげ、実行の工程を作った政党には高齢者の２０００万票が集まるかもしれない。第一党を作ることができるだろう。

売る外貨準備が尽きる5年後の不安があるかもしれない。憂慮は無用である。24兆円（国民1人平均で20万円／年）の消費税の撤廃政策のあと、実質ＧＤＰは需要と投資の「乗数効果」から最低でも年３％の成長軌道にはいる。名目で５％成長かもしれない。

毎年、控え目に見ても、６００兆円×３％＝18兆円の実質ＧＤＰが増えていく。経済にはマネー循環の乗数効果があるので、その乗数効果から日本経済が30年の停滞から逃れてＧ７で一番高い成長経済になっていく（この件は後述する）。これからの０％成長経済と３％～４％の成長経済では、10年で天地の差になる。

【ＧＤＰの増加と政府税収の増加の弾性値は１・０付近である】

ＧＤＰが３％成長すれば24兆円の消費税がゼロになっても、今度はＧＤＰ（＝企業と世帯の国民所得）の成長から売上と利益が増える法人の所得税と、生産性の上昇からの賃金が増えた個人所得の税収入が増えるから国債残１２００兆円の不安はなくなる。

ＧＤＰが３％（18兆円）増加したら、政府が弾性値を1と低くしても18兆円の税収は増加する。これが毎年続いていく。政府が実績から計算している税収のＧＤＰ弾性値は、２０２０年代では１・１である。

政府では25兆円の消費税収が減っても、2年目にはほかの所得税収が増えるから、却《かえ》って税収が増え、財政赤字は解消していく。財務省が案じるのは、消費税の撤廃による約25兆円の減収であるが、ここで示したようにそれは根拠のない杞憂《きゆう》である。

（大和総研：ＧＤＰの需給ギャップと政府税収の弾性値）https://www.dir.co.jp/report/column/20220914_010929.html

年金の受給世帯では、生活維持に1か月平均で5万円が不足し、５万円の預金を崩して食品と生活財の購入に充てている。背中がまがった夫婦が手押しショッピングカートを押し棚の商品を選んでいる姿をスーパーで見る。哀《かな》しいと感じるのは私だけか。財布からお金を出すのにも時間がかかる支払いをレジのパートさんが親切に手伝っている。その微笑《ほほえ》みは美しい。ひとは視線を合わせた笑顔が一番きれいだ。カマラ・ハリスの奇妙なタイミングの大笑いとは品格がちがう。

厚労省は、退職後の平均25年で２０００万円の預金が必要だという試算をした（２０１９年）。国民から驚きと不評を買ったので引っ込め、年金は１００年安心と言った。どこから見ても１００年安心ではない。65歳以上の年金世帯が毎月5万円減る預金を案じながら過ごす生活は、希望のある国のものではない。65歳以上の預金では、厚労省が必要とした２０００万円以下が実は世帯の76％である。しかもおよそ40歳代以下は、自分たちには年金がないと考えている。これが自民党政権が１９９５年から29年かかって作った国家と国民の生活像である。

消費税10％をなくせば、財務省は年金と手取り給料を実質的に10％上げたことになる。実質所得の増加が企業の売上を10％増やし、生産性も10％上がって賃金を10％上げる余力が生まれる。消費税のゼロによって「実質賃金増↓企業の実質売上増加↓利益増↓賃金増」の好循環が生まれる。人口減が確定した社会が実質成長3％くらいの成長路線にのる。乗数効果をもつプラスのマネーの循環サイクルは最後に詳述する。スーパーとコンビニ、百貨店など全部の商品の価格が10％下がって実質売上が10％上がった映像をイメージしてほしい。

経済学的には、消費税は物価を上げて実質賃金を下げるから経済成長の抑圧効果をもつ。個人の仕事を収入で計るように、国家とは収入の税制である。財政収支の赤字（特に軍事費）から国家は壊れる。税制にも民主主義が必要であるが、財務省と自民党税調の独占になっている。

ただし本書で提案する外貨準備の売りは、米国の対外純負債21兆ドル（３０４５兆円）がさらに増えて、国債35兆ドルに加えた対外負債21兆ドルの利払いの限界に達し、ドル安に向かう。たぶん２０２６年末までに１回目を開始しなければならない（5等分して5年間続ける）。仮に30％のドル安になると４７１兆円（２０２４年5月）のドル建ての対外純資産が概算で30兆円、１７４兆円の外貨準備も10兆円は減ってしまう。もっともドル／円が１０５円の円高になってても外貨準備の評価１７４兆円が１６４兆円になるくらいだから、たいした損ではない。

時代は煮詰まって日本と世界は基礎の部分から激動している。

潜在GDPの成長率は、その国の資本（つまり設備や機械）と労働が100％発揮されたと想定したときの生産高である。設備投資の増加が減価償却費以下の日本の潜在GDPは、2024年で1・0％、2033年には0・4％に低下すると推定されている。潜在GDPと実際のGDPを需給ギャップという。ただしこの潜在GDPは、消費税が導入、増税する1988年から2022年に測定されたものだ。消費税を外すと別の潜在GDPの成長率が表れる。GDPの潜在成長力は3％に上がっていく。これを上げないかぎり日本の幸せな未来はない。

将来への希望があると陰鬱にはならず現実の直視として、ここから先のページを読むことができるだろう。

〔米国人の根にある倫理観はプラグマティズム〕

米国の倫理では、結果がよければ正しいとするプラグマティズムがある。戦勝は富をもたらすことがあるから、このプラグマティズムが2年半に1回の頻繁《ひんぱん》な戦争をしかけるCIAのイデオロギーになっている。

世界初の原爆を落とされ、広島と長崎で21万人の民間人をホロコースト（大量殺戮）された戦争犯罪にたいしても戦後の日本人が米国を非難し恨《うら》んで告発することはなかった。

米国は原爆について「犠牲者を増やす本土決戦を準備していた日本軍の戦争を終わらせるための投下決定だったから原爆の結果はよかった」というプラグマティズムの倫理をいまも継承している。1776年の建国以来の約250年、2年半に一度の頻度《ひんど》で行ってきた大小の戦争について米国の歴史はプラグマティズムで肯定している。米国が参戦した第二次世界大戦、太平洋戦争、朝鮮戦争、イラク戦争、兵器とマネーでバックアップしているウクライナ戦争もこの論理である。

原爆記念館にある「繰り返しません」は、米国ではなく日本人に向けたものだ。長女の米国人の配偶者が初めて日本に来たときだった。右ハンドルの車を珍しがって写真をとっていた。ヒロシマに行きたいと言うので記念館で米国の悪を説明した。神妙《しんみょう》に聞いていたが理解しただろうか。非戦闘員の民間人を目的をもって殺すことは、国際法では戦争犯罪である。軍人は戦争犯罪人になる。しかし国際法は理念であって、実効はない。

ところが日本では、原爆のホロコーストをした米国を崇《あが》め、戦後の日本が目指すべき理想の国とした。二度と戦争を起こさないようにと、占領軍の下士官が書いて示した戦争を禁じる新憲法も民主主義の平和憲法として受けいれ、75年後の現在にいたっている。

世界中のどこの国であってもこんなことはありえない。

ドイツはほぼ毎年、戦後憲法を改訂している。韓国はいまも戦争中の慰安婦を非難して日本を責めている。中国もおなじである。中国、韓国、北朝鮮の対日戦争は終わっていない。

第八章

わが国の人口構造と住宅需要

経済問題の根底にあるのは人口構造

現在の傾向では２０５０年の総人口９５１５万人、65歳以上の人口比率は40％、働く世代の生産年齢人口（15歳から64歳）は51％に減る（厚労省）。15歳未満は９％である。概略では65歳以上40％、15歳から64歳50％、14歳以下が10％である。

人口減のもっとも大きな原因は、約40％に増えた非正規雇用の賃金の低さ（年収２００万円付近とそれ以下）と生活ができないための非婚化《ひこんか》であろう（図９）。

〔非婚率の高さ〕 30歳から34歳の男性非婚率は１９８０年の10％から、２０１５年には47％に上がり、４・７倍になった。おなじ年齢の女性は１９８０年に非婚率が５％だったのが２０１５年は35％に増えて７

図9　日本の人口構造（1950-2070）：厚労省

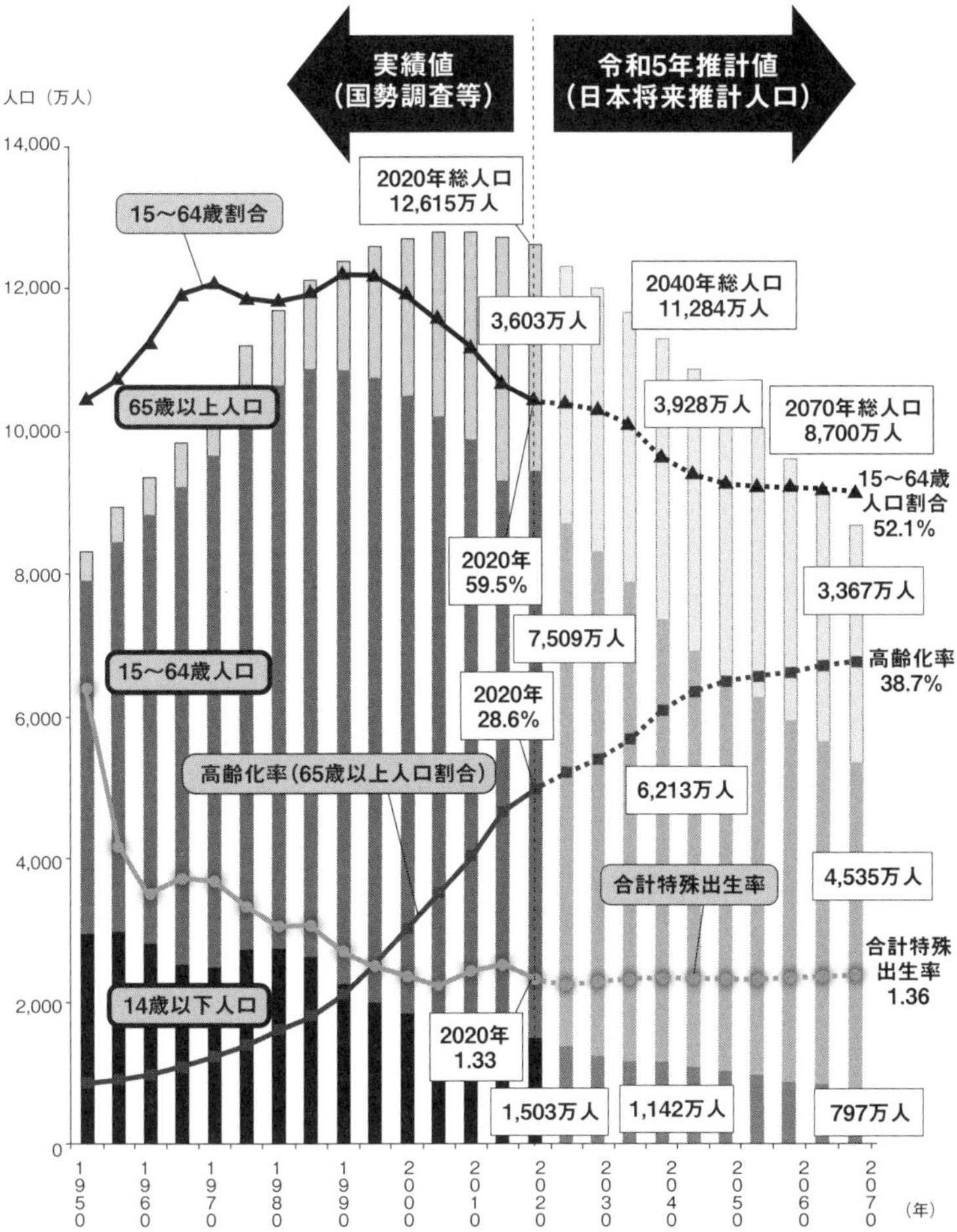

出所：2020年までの人口は総務省「国勢調査」、合計特殊出生率は厚生労働省「人口動態統計」、2025年以降は国立社会保障・人口問題研究所「日本の将来推計人口〈令和５年推計〉」（出生中位〈死亡中位〉推計）

https://www.mhlw.go.jp/stf/newpage_21481.html

倍になった。子供が生まれる世代の男性の非婚率が47％、女性の35％は驚異である。亡くなるまでの生涯非婚も男性26％、女性12％と多い。結婚できることが幸運に見える世界にマレな社会になっている。

〔少子化の原因は非婚化の増加〕 わが国では30年間も平均の名目賃金が増えなかった。実質賃金は、前に述べたように10％から20％は減った。賃金の安い非正規は雇用の40％になった。結婚できないひとが増えた。その結果、子供も増えないという正論は政府に通じない。

世界2位から5位に下がったＧＤＰの伸びの低さ、25位に下がった1人あたり所得の指摘は、この国ではタブーなのか。高所得層が多いメディアは報道しない。政治家も言わない。

岸田前首相は急減している出生数にたいして「異次元の少子化対策」をかかげ、児童への給付費は増やした（現行は所得制限をして1万円から5万円）。異次元とする対策はかけ声だけであって、出生数の増加の効果は生んでない。世帯はこの給付金が10年以上長期化するとは思っていない。10年後にはもっとお金がかかる。米国流の結果を求められるプラグマティズムでは、政府の政策として誤っている。

【コロナ以降、死亡数は急増している】

人口減は過去の80万人の政府予想から20万人増えて1年に１００万人になった。数字を見て驚く。コロナ終息後の２０２２年と23年には、厚労省の死亡数予想を上回る超過死亡数が2年間で約20万人も増えたのはご存知であろうか。多くのひとは知らない。

（日本の超過死亡者数）https://exdeaths-japan.org/graph/numberof

２０２２年と23年には戦争か何あったのか？　事実を偽装することが過去から多い厚労省は、この数字にたいして黙している。目的を達成できない政策は失敗である。

「政治は結果だ」と政治家がいう。少子化対策でも生まれる子供が一層減った原因を直視して分析しないかぎり、対策は生まれない。根本の現象である20歳代から30歳代の賃金の上昇率が非正規雇用の増加傾向の影響で低いままである。非正規雇用は20歳代が23％、30歳代は19％である。

２０２３年のＧＤＰの潜在成長力が０・５％と世界最低なことは、実質の国民所得の可能な伸びの上限が０・５％／年であることを示す。

いまの消費税の体制では、

①資本（設備と機械）が１００％稼働し、

②ひとの労働も完全雇用で30年続けて１００％稼働しても、

③30年後の実質の国民所得は最大であっても「１・００５の30乗＝１・16」であり、16％しか伸びない低さである。

しかも政府では加速する人口減が相当に少なく見積もられている。このままなら将来の潜在成長力は０・３％や０・１％かもしれない。悲観的と思わないでいただきたい。現実の予想される未来の直視からしか正当な対策は生まれない。そのために行っている。

〔政府統計全般の劣化〕 政府の物価・所得・GDPの経済見通し（『骨太の方針』）には、サンプリングの統計誤差を利用したごまかしの意図がはいっていて、楽観的すぎる。

経済統計は国勢調査のような全数調査ではない。標本のサンプリングである。母集団との誤差は、サンプルが偏《かたよ》ったメディアの世論調査ほどひどくはないが（推計5％の誤差）、過去とおなじ基準で行っても毎回数％はある。

標本を政策にとって都合のいい数字が出るように意図して変えることもある（東京都の賃金統計で行われた：2019年に発覚）。2％台という物価統計も、おそらく1％から2％は低く出ている。価格が上がった品目の構成比のパラメーター（変数）を微妙に下げ、下がった品目のパラメーターは上げる。政府の政策を正当化するための意図的な「調整」が加わっているからである

【経済の数字の名目と実質】

統計官が上司や次官の指示で「パラメーターをいじって鉛筆をなめれば」、未来への仮想現実ができあがる。実質は名目にたいする言葉であって実質は本当のGDP、名目はインフレがはいった金額。これは経済学のもっとも重要な区分である。

経済の数字には金額の数字に実質または名目がついている。1万円という紙幣の金額は名目の価値である。1万円で買える商品の数量が実質の価値である。昨年は1万円で100個が買えた。今年は95個しか買えない。100個が通貨の過去の名目価値、95個が今年の実質価値である。1万円の実質価値は、物価が5・3％上がれば5・3％下がる。

インフレで価値が上がる金とは違い、日銀が大きく増やせば1単位の価値（1万円の商品購買力）が下がる信用通貨はインフレで価値を下げる。

〔貨幣数量説の仮説〕 古典派経済学のM（マネー数量の増加）×V（預金の回転率は一定とする）＝P（物価上昇率）×T（実質GDPの上昇率）の数量価値の仮説は、外貨の売買による通貨レートの変動がある信用通貨の現代経済には当てはまらない。仮説とは検証されていない学問の理論をいう。

学問の説の多くは仮説であるから、医学も医薬と診療に時代変化がある。有名な例では軍医総監だった森鷗外すらも脚気《かっけ》の原因を細菌の感染と誤って、白米を多く食べていた前線の兵士を死なせた。原因がビタミンB１の不足と発見したのは鈴木梅太郎だった。

経済学は、医学のような実験ができない。価格論、通貨論の基礎からの仮説であり、信奉する基礎理論の違いから多くの学派が派生している。

オーストリア学派のマネー価値論では、政策的な信用通貨の増発はマネー価値を増やさない。このため日銀の岩田副総裁が唱えていたMV＝PTは成り立たない。日本での10年間、５００兆円の増発実験の結果では推計であるが４００兆円の円はドル買い／円売りになって、米国が80％の海外に流出したからオーストリア学派が正しかった。

2020年代から2060年まで加速する人口の減少

2023年の出生数は過去最低の73万人に減った。今年の24年はさらに減っている（1人の女性が産む合計特殊修正率は1・21人に低下）。1990年の出生数は120万人だった。2024年はそこから51・6万人減って、68・4万人（前年比マイナス6・4％）が見込まれている。

今後の20年、高齢化は一層進んで人口減にも拍車がかかる。死亡数は2020年の140万人から2040年の168万人に向かって増える（実際は超過死亡数の増加のため、この政府予想より相当多いだろう）。

〔コロナ後の超過死亡数の急増〕 2024年の人口減は、厚労省の予想値より超過死亡が約20万人も大きくなったため1年で100万人になる。超過死亡とは、増加した死因が前回の予想にはいっていなかった死亡である。（注）コロナワクチンの副作用とする医師は少なくないが、厚労省はこれを認めない。厚労省は副反応と言っているが、これは副作用である。

「なぜか亡くなるひとが増えた」と感じているひとは全国に多いにちがいない。新聞を見ても有名人の死亡記事は増えた感じだ。名の有るひと、変な言葉ではある。有名人は2000人に1名という。日本に6万人。6万人が日本の各業界のリーダーだろうか。かつては10万人としていた。

1年間に「超過死亡をいれない死亡数140万人予想－出生数68万人＝72万人（総人口の0・6％）」の年間人口減が見込まれる。福岡、広島、札幌、仙台のような地方中核《ちゅうかく》都市が1年にひとつずつ消える速度である。これに予想される超過死亡の約30万人を加えれば、1年に100万人減になる。芸能人の早死にの多さに気がつかれているだろうか。

第二次世界大戦で日本の軍人・民間人の亡くなった数は310万人だった（1939年から45年：1年平均62万人減）。今後、楽観的な政府予想でも、第二次世界大戦の死亡数を1年に20万人から30万人は超える人口減になる。戦争の原因より多い人口減は衝撃的である。ひとが亡くなっても荒れて黴《か》びた古家は残るが、売上が必要な商店と工場はなくなる。

最近、三重県の熊野市と和歌山県に旅行したが、山と空き家だらけで残った商店は寂《さび》れていた。高齢で退任した二階俊博元自民党幹事長が政府のマネーを和歌山の観光資源に引っぱっていた理由がわかる。そうでもしないかぎり空き家率20％と全国一高い和歌山県は、廃村だらけだっただろう。

【空き家が９００万戸】

だれも買わない空き家は９００万戸に増えた（全世帯数の17％：町の6軒に1軒）。毎年、40万戸くらいが増える。９００万軒は壊すしかないが、壊す費用がかかるから残っている。

人口減は、住宅と商品需要数の低下を示し、企業の売上と設備投資を低下させる要素になるから、国民経済の成長をもっとも大きく阻害《そがい》する。これから、われわれが向かうのは8人の高齢者を10人の現役世代（しかも生涯非婚が2・6人）が支える社会である。年齢別にもっとも多いのは、いまは57歳であるが、２０６０年には18歳も上がって75歳になる。高齢化から一段階先に進んだ老齢社会になる。５０００年の人類史上、世界が経験したことのない社会である。明治時代の平均寿命は50年だった。それを当てはめれば、わが国の人口はすで半分の６０００万人になっている。

折々に書棚から出して読み返す夏目漱石が胃潰瘍《いかいよう》からの出血で亡くなったのは、49歳だった（大正5年）。最後の10年で日本人にとって重要な小説を書いた。日本が世界一ではないがトップクラスの長寿国になったので、人口減はまだ抑《おさ》えられている。団塊《だんかい》の世代（現在75〜78歳）が90歳に向かうこれからの13年間、死亡数は増加し、出生数《しゅっしょうすう》は一層減る。

街を歩くと学校に行っている14歳以下の学童を除けば、65歳以上の年齢のひとたちが出会うひとの10人のうち4人になった。一層高齢化する１９６０年の社会と街のイメージがわくだろうか。東京、大阪、名古屋以外の地方都市では、すでにこれに近くなっている。

テレビでは高齢者の1人または老夫婦の、山村での生活を映《うつ》すだけの「ポツンと一軒家」に人気があると聞いた。未来を示すように感じられるからだろうか。ひとびとは、ぼんやりとではあっても図10の２０６０年の超高齢の社会を予感しているのだろう。人口ピラミッドは、下

図10　2060年の人口ピラミッド（厚労省）

・日本の人口構造の変化を見ると、現在1人の高齢者を2.4人で支えている社会構造になっており、少子高齢化が一層進行する2060年には1人の高齢者を1.2人で支える社会構造になると想定

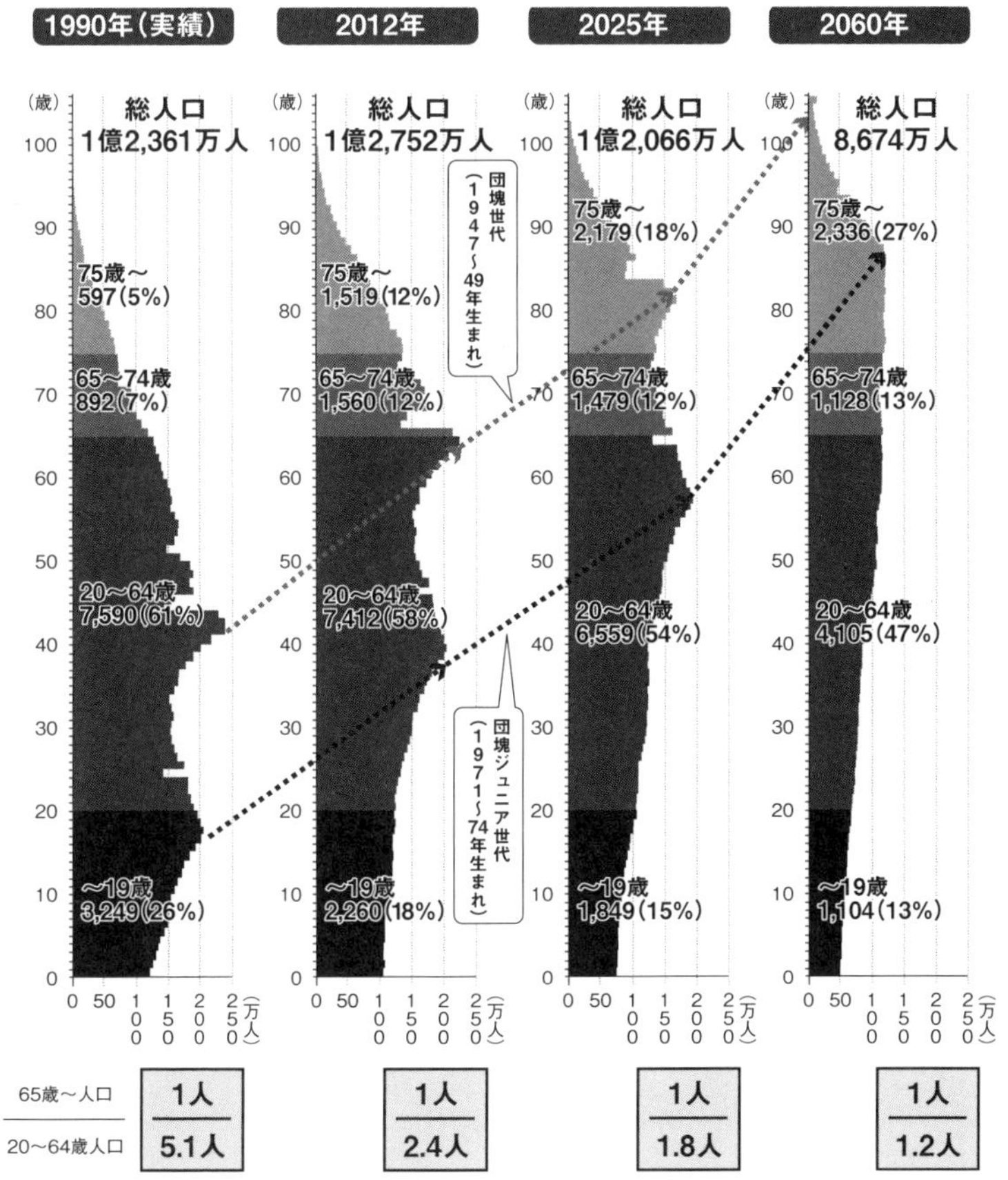

（出所）総務省「国勢調査」及び「人口推計」、国立社会保障・人口問題研究所「日本の将来推計人口（平成24年1月推計）：出生中位・死亡中位推計」（各年10月1日現在人口）

は細く上になるほど大きな松明《たいまつ》状になる。大都市部に住む6000万人がもっている人口イメージは、干支《えと》が一回転する12年前の2012年のものである。

不動産の需要に典型的にあらわれる人口構造の問題

【東京の不動産価格の急騰】

東京の新築マンションの平均価格は1億1400万円に上がった（2023年の前年比39・4%増）。東京の合計特殊出生率は0・9人の大きな人口減であるが、社会流入（6万8000人）がそれ以上に大きく全国から人口を吸収している。

マンション価格39%の上げには円安による輸入資材の価格上昇（21年比18%：全国）と、人手不足による作業人件費の上昇（10年で70%上昇：国土交通省）が関係している。23区の価格は最近の4年で60・8%上がっている（神奈川県は11・2%、埼玉県は13・1%上昇）。一方、販売戸数は1・5万戸でしかなく、2000年の約半分に減っている。売れる戸数（住宅需要）は半減したのに、価格は高騰しているという矛盾《むじゅん》した中身である。たとえれば肉の需要は減ったのに、高級部位のA5ランクや極上のシャトーブリアンが高騰したようなものだ（図11）。

タワマンには業者間の転売と円安で日本の不動産価格が下がったための海外からの賃貸用の買いという投資がある。インバウンド需要の増加で全国の高級ホテルの宿泊費が約1・5倍に

図11　東京の新築マンション価格高騰

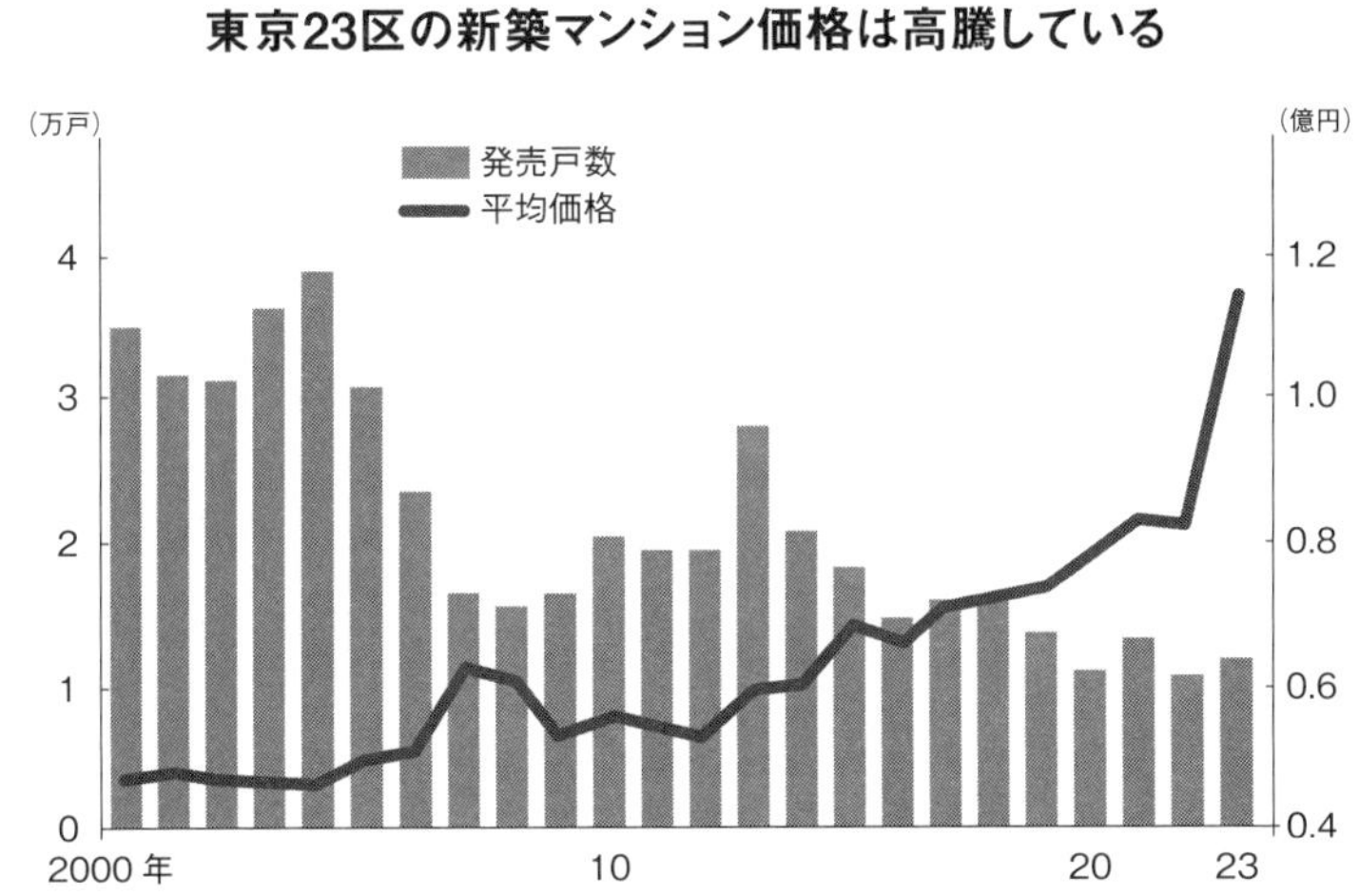

（出所）不動産経済研究所

上がったこととおなじ要因である。東京と京都ではスイート（甘い新婚の部屋でなく続き部屋）ではないのに、1室10万円を超えるのはザラになっている。

米国の2020年からの住宅価格60％高騰とそっくりおなじで、販売戸数はおよそ半減したが、新築の価格は上がっている。原因は住宅需要の増加という要因ではなく、コロナ禍後のFRBによるマネー増発（12兆ドル：1740兆円）からの投機的な需要が混じっていることである。NYの不動産も海外からの買いが多い。金ぴかのトランププラザの前にある有名なプラザホテルはアラブが買収している。

【米国の賃金格差は巨大になった】

ウォール街の証券会社の平均年収は、AI

の株価バブル（たとえばエヌビディアの株価は２０２3年から7倍）から７０００万円（およそ3倍）に高騰している。だから年収の5倍でも3億５０００万円になる。ＮＹの不動産は面積がおなじ水準のものなら東京の3倍は高い。

バブル株価が高めたのは、①金融・証券業の所得と、②米国大都市の不動産である。価格高騰の原因であるバブル株価が崩壊すれば、不動産価格も暴落する。株価と不動産の同時暴落は、証券《しょうけん》化《か》金融《きんゆう》の米国にリーマン危機以上の金融危機を引き起こす。

証券化金融とは、銀行からの貸付債権を証券業を兼業する米国投資銀行（ＪＰモルガン、ゴールドマン、バンカメ、シティバンクなどの大手）が集めて買い、担保付《たんぽつき》のローン証券にして売却し、マネーを調達すること。米国の銀行には預金が少ない。預金が２０００兆円（うち世帯の預金は１１２７兆円）と多い日本と違って直接融資とは違う証券化金融が発達している。

１・５倍への物価の上昇から消費者の与信が限度に達して、デフォルトが増えているクレジットカードのローン（１・12兆ドル：１６０兆円）もクレジット会社で証券化され販売されている。

米国世帯の負債総額は住宅ローン、自動車ローン、クレジットカードローン、学資ローンの全部が上昇して17・８兆ドル（２５８０兆円：24年5月）に達している。世帯ローンは、不動産ローンと同時に「不良化する」ことが必然である。あるのは時期の問題だけである。

米国の金融危機は回収権の担保付証券の下落から起こる。リーマン危機とおなじ構造である。ローン担保証券の下落は株価の下落に続いて不動産価格がピークアウトしてから、およそ12か月後に急に大きくなる遅行指標《ちこうしひょう》である。売買の回転率が低い不動産は、回転率が高い株価の遅行指標である。

この章では、日本の住宅価格の長期的な上昇と下落の原因として需要構造の変化を示す。住宅の需要数を決めるのは人口構造と世帯数である。ここの観点と論点が国土交通省、財務省、業界で論じられることが少ないのを不思議に思っている。いずれもローンの利下げと住宅需要の増加に奔走《ほんそう》してきたからだ。

土木・建設・不動産業の自民党への支持は選挙運動のマシーンになるくらい厚《あつ》い。不動産関連と商店、都市部には少ない農林漁業が自民党のコア層であった。

不動産価格が30％以上下がると、１９９０年から97年の資産バブル崩壊とおなじ銀行の危機になるからだろう。この岩盤層が24年10月27日の総選挙では自民党から27％が離れた。これは自民党崩壊の前兆になるものだろう。自民党の支持が増える基礎条件が消えテレビを見る80歳以上は人口が減っていくから支持層の回復がないからである。いまの自民党は10年ともたないだろう。自公とも支持層が高齢化した。時間はもとにもどらない。

人口減少のなかで作りすぎた中国の不動産価格

近代化と現代化の投資が続く中国では、ＧＤＰの30％が不動産投資で作られている。ＧＤＰは18兆ドル（２６１０兆円：日本の４・４倍）だから、ＧＤＰのなかの不動産関連投資が年間７８３兆円もある。住宅建設分を４００兆円とする。一戸の新築平均を１５００万円と仮定すると２６６０万戸が年間の建設である。人口が日本の10倍なので、２６６０万戸／年の住宅の建設は、過剰ではない。人口が1／10の日本でも1980年代までは1年に200万戸の建設だった。

中国のGDPはリーマン危機のあと一度も減っていない。今年も4・5％伸びるとされている。新築住宅の売り出し価格も大きく下がったことはない。

中国ではいくら売れ残り在庫が増えても、当月の新築の売り出し価格で住宅価格を評価して発表している。中古の実売価格が下がっても、新築だけの政府統計の住宅価格は下がらない。GDPの国際標準の計算では生産された在庫の増加が売れ残りであっても、GDPは増加する。住宅を作りすぎて売れ残り、販売価格分の在庫がGDPの増加になっている。鬼城の長期売れ残り在庫の価格が1／3に下がっていても、GDPから減らされることはない。

ここに売れ残り在庫の時価評価をしないGDPの欠陥がある。建設は建設会社の借入金で行われるから、売れ残った在庫分と安く売った分が銀行の不良債権になる。

しかも中国の新築価格の統計は、新築が売れた実価格でない。建築会社が出す広告価格である。日本でも広告価格より実売価格はたぶん10％は低い。市況では横ばいの時期だったが、実際に住宅を買うときのセールストークでこれを経験した。優秀な営業マンには価格の裁量幅がある。「いま契約していただくと7％引きますよ」。買わなかった。

不動産には個別の売買価格しかない。1990年代から日本の住宅の広告には価格が消えている。作った販売在庫の実売価格が相当にちがうからだ。価格という情報がないと住宅の価値判断ができない（住宅価値＝住宅の機能と品質÷価格）。毎日、新聞のチラシの不動産広告を見て感じている。商品価格の載っていないスーパーなどの店舗広告はない。しかし住宅では価格を下げた特売は行えない。おなじ住宅を高い価格で買ったひとたちが差額を返せと言うからである。このため住宅の広告には販売価格がない。マレにあっても虫眼鏡で見るしかない微少数字である。

【政府統計の性格】

日本、米国を含む世界の政府統計は、政府に都合がいいように底上げ・底下げされている。物価統計では価格が上がった商品の需要構成比のパラメータを下げ、下がった商品のパラメータを上げて底下げされている。たとえば牛肉が高騰したときは、おなじ肉でも価格が半分の豚肉と1／4の鶏肉の需要構成比を外部にはわからないように微妙に上げる。果物でもおなじ、電気製品でもおなじである。

スーパーの棚を見たとき、個品の価格上昇にたいする主婦の実感（10％）とバスケット価格の政府統計のインフレ率（総合で3％程度）が乖離《かいり》する理由がこれである。

国民の政権支持を下げるから、政府には物価を上げたくない動機がある。

日銀出身の渡辺努東大大学院教授は、日銀の物価見通しは金融政策の正常化、つまり利上げへの思惑《おもわく》を招かないように実態よりも低く抑えられていると疑問を呈している（2023年8

月)。

黒田日銀の金利政策は、幾分か架空の物価と賃金統計に基づいていただろう。政策金利が0・25%というわずかなものであるから、期待物価を左右する物価と賃金統計で1%以内の操作であっても重大である。

①物価統計は下げる、②賃金統計は上げる、③失業統計は下げる。これが日米欧の世界の政府に共通している。中国ではもっとあからさまな統計の偽装がある。

日々の市場価格がある株価では嘘はつけないが、株価にも政府系金融機関(日銀、郵貯、GPIF)が主導する買いがある。さすがに通貨レートと金利では嘘はつけないが、これも財務省・日銀がコントロールした結果のものだ。

住宅を買うのは中国では結婚する30歳代が多い。住宅がないと結婚ができない文化風習がある。中国では一人っ子政策が続き、1960年には合計特殊出生率は6人と多かったが、1990年にはその1/3の2人に、2020年からは日本並みの1人に下がった。

(中国の合計特殊出生率) https://www.rieti.go.jp/users/china-tr/jp/ssqs/221027ssqs.html

中国では住宅を買う世代人口は1960年代の1/3に減っている。これは新築住宅需要の面で重大なことを示す。中国では住宅がないと結婚ができない文化があり、30歳代までにムリしても住宅を買う風習がある。中国での30歳代の住宅購入は2010年ころから1/3に減っているはずである。住宅需要の増加分は、2戸以上の貸家をもつ富裕層のものである。中国で

図12　中国と日本の合計特殊出生率（国連）

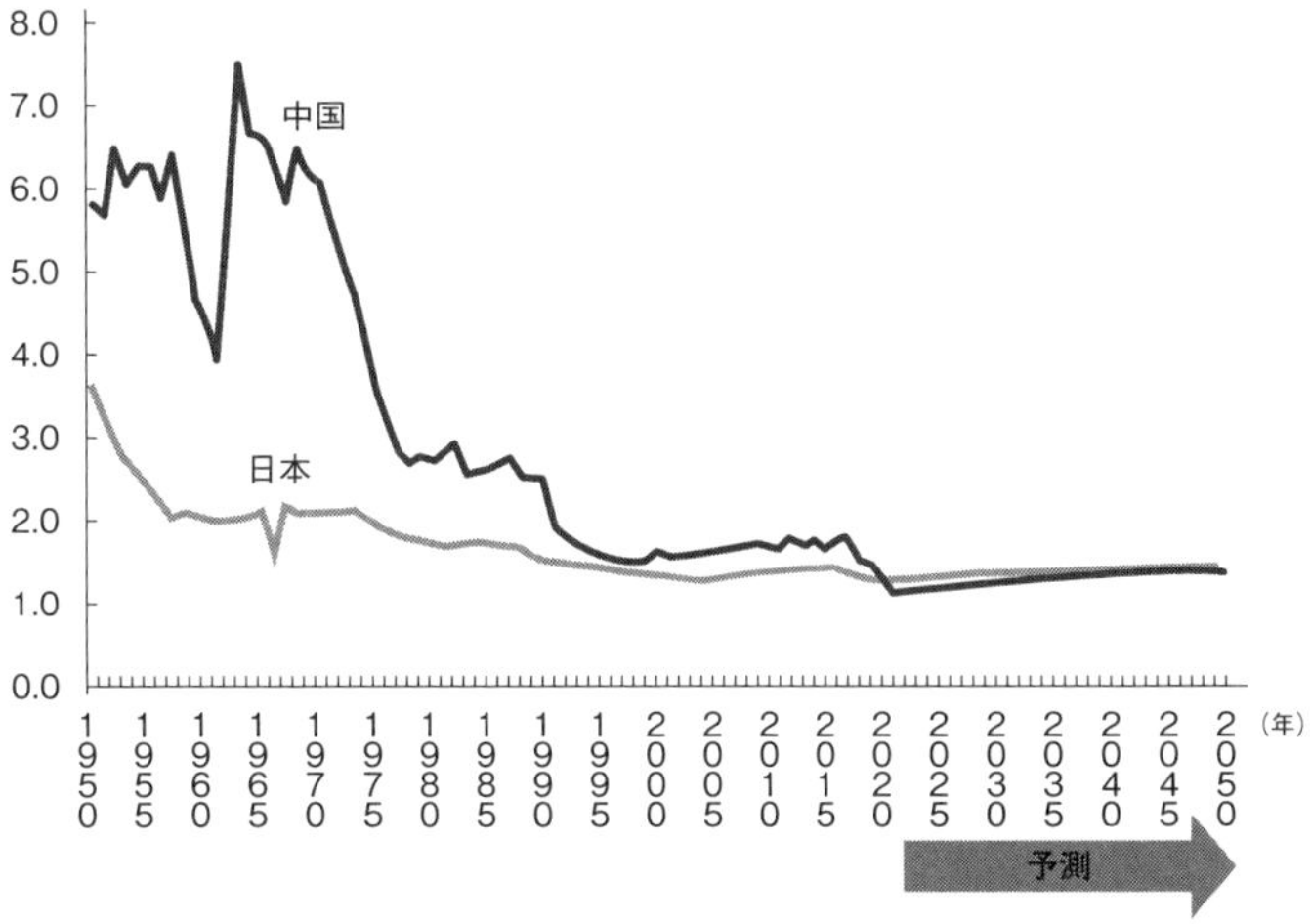

は２０１０年までは価格が大きく上がっていた住宅を投資として複数もつ世帯が多い。

推計ではあるが、毎年２６６０万戸ある新築のうち、２０１４年ころからは毎年１０００万戸は売れ残った在庫になっている。合計の累積在庫ではおよそ1億戸である。中国では何ごとも日本の10倍。人口減の日本でも空き家がどんどん増え９００万戸になった（２０２３年：統計局）。１９９０年までは「日本は人口が多すぎる。住宅はひどく不足している」といわれていた国である。日本の空き家の11倍、1億戸の売れ残り在庫が中国にあっても11：１の人口比では経済的に正当である。

中国では、内装と装備のない躯体《くたい》として完成前に販売される（夜は電気がつかないからお化け屋敷に見える鬼城）。内装・装備は自分でお金をかけて買ったひとが行う習慣である。

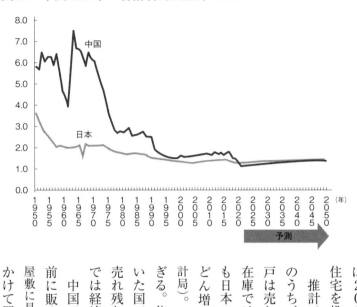

鬼城1億戸の売れ残り在庫の評価を売れる価格がないのだから1／3と見て、建築費1500万円×1億戸×1／3＝500兆円である。建設会社が投じた1000兆円がすでに価値を失っていて実質の不良債権になっているだろう。

しかし金融の不良債権を認めない社会主義金融と政府統計では、売れ残り在庫とその評価が行われていない。GDPの建築にはいる新築の統計が出るだけである。このため中国のGDP成長は5％台である。IMFの統計でも伸びたままになっている。経済・金融のデータは全部政府の統計である。売れ残った鬼城の在庫は、建設の融資をした地方政府の第三セクター「融《ゆう》資《し》平台《ひらだい》（負債額60兆元：1200兆円）」の隠れ不良債権になり、不動産建設最大手の碧桂園《へきけいえん》（カントリー・ガーデン）や2位の恒大《こうだい》（エバーグランデ）の実質破産をもたらしている。

恒大は裁判所から破算命令を受けても（2024年1月）、まだ倒産処理はしていない。これが中国。倒産させれば恒大からの貸付金の回収ができないドル建て社債を含む49兆円の借入金が不良債権になってあらわれ、GDPも減るから政府が抑える。米国のファンドは中国不動産にも投資している。戦争中のウクライナを含む世界の不動産と株も買収している。

現在の中国はおよそ1000兆円の不良住宅在庫をかかえている。これが中国経済の底にある泥沼である。1億戸の長期売れ残り在庫の販売価格が1／3より上がることはない。1500兆円の不動産会社への過去の融資《ゆうし》は返済がないかぎり消えずに残る。いつの日か、政府が不良債権の認定をして人民元マネーを特融《とくゆう》として、いれるしか方法はない。金利は時間で増えるから、そのままなら不良債権が自動的に増える。建設貸付金の未回収の金利は増え、中国金融（銀行の資産）は内部が劣化して深刻になる。銀行と取引しているとき、銀行の貸付金には銀行員が休む休日も金利がつくという当たり前のことに気がついた。考えれば当然のことだが、金利収入に銀行員の労働はいらない。これがマネーの資本主義。マネーが利益を生む。

ウクライナ戦争のあとの２０２３年、24年には日本を含む世界の中国への工場投資が引きあげている。２０２４年の第二四半期では１４８億ドル、年率では4倍の５９２億ドル（８・６兆円）の投資引きあげがあった。関税を段階的に60％まで高くして中国からの輸入を制限するトランプになれば、引きあげは増えるだろう。ただし中国の貿易収支は年率で６７００億ドル（94兆円）の巨大な黒字であって、これで国家の資金繰りがされている。

推計１０００兆円の隠れた不動産の不良債権は、その貿易黒字の10年分である。２０２３年と２０２４年の中国経済は、人口の構造問題から日本の１９９０年代に似た10年スパンの長期のセキュラー・スタグネーション（長期停滞）にはいっている。

日本では１９９０年からの株価下落（１／３）が不動産価格に連動し、住宅地は50％、商業地は30％台に下がって10年の金融危機にはいった。日本の銀行の不良債権は２００兆円だった（１９９７年：実態は４００兆円）。中国の推計不良債権は日本の5倍であるが、人口は10倍、GDPは４・４倍なので不良債権の金額もおよそ均衡《きんこう》している。中国はこのまま沈《しず》むのか。そうではないだろう。

長期的に見た中国とＢＲＩＣＳ

日本と異なる点は、中国がＡＩとＥＶ（電気自動車）の世界一であることである。平均所得は日本の１／２であるが人口が10倍であり、平均物価はほぼ半分なので日本の10倍の商品数量需要がある。中国の購買力平価でのＧＤＰ（国内商品生産：真のＧＤＰ）は、２０１５年に米国を超えて世界一になっている。

ＡＩ用の半導体（ナノ高速ＧＰＵ）でトップを走り、会社の価値評価である株価の時価総額は３・３兆ドル（４４０兆円）のエヌビディアを追っているのは台湾のＴＳＭＣである。２０２２年に熊本に進出し、工場周辺の地価を年30％上げている。稼働すれば、熊本県のＧＤＰと県民所得が15％は上がる。２０１６年に大地震があった熊本県は経済高度成長県になって、街に勢いがある。台湾とはいえＴＳＭＣは中国と深いつながりのある中華圏である。台湾と香港はおなじ中華圏の経済である。

日本は１９８０年代に世界の60％の半導体を生産していた。いまは５％。キオクシア（旧東芝メモリ）は出荷額で世界20位。中国と台湾の政治は敵対しているが経済ではつながっている。

エヌビディアの創業者ジェンスン・ファンはハーバード大を出た台湾系中国人である。個人純資産は18兆円、１億円の住宅で１万８０００軒分（居住人口が５・４万人相当）をもっているような資産王である。

米国のＩＴ産業の技術者は多くが中華系、インド系、中東系、ロシア・東欧系である。２０００年以降の世界はダイバーシティ（多様性）で融合している。米国の大学で学びＩＴ系企業を作っている。ＥＶのテスラのイーロン・マスクは南アフリカ出身の留学生移民である。

米国の産業のトップと幹部社員は世界から来ている。理科系・技術系・金融系に多い。例外が日本である。こうした観点から国別の古いＧＤＰ計算を見なければならない。中国はＡＩで日本の3周先を、米国は1周先を行っているという（ＡＩの工学者、松尾豊東大教授）。

日本もＡＩ、半導体、データセンターで追いかけないと、今後の成長率は低くなる。旧来のプログラマー的な技術者はいるが、データ分析の統計学的なサイエンティストを含むＡＩ技術者は20万人不足しているだろう。ＡＩをコア技術にした激動の時代である。企業でもデータサイエンティストの育成は急務である。中国はＡＩで世界トップを走っている。米国は金融大国だが、ＩＴ大国になったインドの高度成長もコンピュータ技術からである。

物価を勘案した商品生産量のＧＤＰである購買力平価では、①中国34・6兆ドル、②米国27・3兆ドル、③インド14・5兆ドル、④ロシア6・5兆ドル、⑤日本6・2兆ドル（２０００年以降ほとんど伸びていない）、⑥ドイツ5・8兆ドル、⑦ブラジル4・4兆ドル、⑧インドネシア4・3兆ドル、⑨フランス4・1兆ドル、⑩英国4・0兆ドルである（２０２３年：世銀）。10位以下はトルコ3・7兆ドル、イタリア3・4兆ドル、メキシコ3・2兆ドル、韓国2・7兆ドル、スペイン2・5兆ドル、カナダ2・6兆ドル、エジプト2・1兆ドルである。

一見して２０１０年以降、20世紀の「低開発国」がなくなったことがわかる。日本が成長しなかった21世紀に世界は成長した。

ＢＲＩＣＳ（ブラジル、ロシア、インド、中国、南アフリカ）の購買力平価でのＧＤＰ合計は、61兆ドル（８８４５兆円）と、すでに世界の60％を占めている（２０２３年）。国際交易に使うＢＲＩＣＳ国際デジタル通貨は、たぶん５年でドルを超えるものになっていく。購買力平価で世界の60％だから、商品流通でも60％である。ＢＲＩＣＳ国際デジタル通貨も、現在のドルのシェアとおなじ60％になるだろう。西側のメディアではＢＲＩＣＳ国際デジタル通貨と、拡大ＢＲＩＣＳサミットのことは報じないという暗黙の協定がある。だから皆《みな》知らない。

日本が属している西側世界（Ｇ７）の地位は、購買力平価のリアルＧＤＰでは40％に下がった。年平均の実質で５％発展するＢＲＩＣＳにたいして、米国・日本・ドイツが先頭だった西側世界は２％くらいの成長である。貿易戦争で敗戦している。日本は１％未満の成長だった。

世界貿易用のドルの外貨準備（総額は15兆ドル：２１７５兆円）は２０００年の72％から、２０２２年は55％に下がった。国際的な通貨としてのドルの比重は下がっている（ＩＭＦ）。ユーロが20％、円と人民元がそれぞれ５％である。

西側以外の政府、または中央銀行がもつ金《きん》の外貨準備は11億トロイオンス（３４２０トン）に増えている。これは１９７０年ドルの金本位の時期と、おなじ水準の金である。リーマン危機のあとドル国債を売って、ＢＲＩＣＳ諸国が60％の装飾用も含む金を年間６００トンから１０００トン買って中央銀行のゴールドバーを増やしている。

ロシアはウクライナ戦争の戦費（国防費１４５０億ドル：21兆円）が民間経済を圧迫して、物価が８・４％、政策金利は21％に上がっている。実質金利は13・4％と極めて高い。政府は物価上昇を抑えるデフレ策をとって強い金融引き締めをしている。経済危機と見なすこともできる。IMFは2024年の実質GDPは3・6％増、25年は1・3％増になるとしているが、経済統計の偽装はあるだろう。

中国のGDPも4・8％増とされるが（2024年）、住宅の不良在庫1000兆円を時価評価していないから、上げ底が10％はあると見ている。住宅関連の不良債権の対策として人民銀行は10兆元（214兆円）を投入するプログラムを発表した。中国の経済成長力は、トランプ関税60％の問題もあって相当に落ちるだろう。

いまだにBRICSを低開発国と考えているひとが多いが、認知ミスである。何事につけても米国と欧州しか見ていない日本人の世界認識は、21世紀用に更新しなければならない。中国の所得による生活水準は日本の1／2であるが、3億人の沿岸部は日本を超えている。GDPは商品生産の国力であるが、それは国民の生活水準であり所得水準である。人口が14億人の中国には、米国の3倍の商品が売れる。家電・ITを含む工業生産の圧倒的な世界一はたとえ不況になっても全領域で中国であることを認識しなければならない。1980年代は1位が日本だった。

東日本大震災の2011年から激しくなった高齢化の進行から世帯貯蓄率が米国以下に下がって、どんなに円安になっても日本は貿易で黒字を出す国でなくなっている。ただし2000年代に増えた海外工場での生産から、所得での経常収支は20兆円くらいの黒字である。日本資本の海外事業で受け取ったドルをゼロ金利の円に換えず、金利のある米国で運用、再投資している。後述するが円安で増えるドル建てでの証券運用額は１２００兆円に達している。

１０００万台生産のトヨタは国内では３００万台の生産だが、海外で７００万台を生産し海外（米欧・中国・中東・アジア）にドルで売っている。一部、逆輸入もある。トヨタ・日産・ホンダのメキシコ工場から米国に輸出すると、ＧＤＰの生産では日本ではなくメキシコの輸出になる。

現在、ドルの過剰評価があるドル建てでは、米国が世界一のＧＤＰになっている。過剰評価されている通貨は、長期的に物価と釣り合う購買力平価に下がる。これが通貨の原理である。推計だがドルには基軸通貨であることから、２倍の過剰評価がある。「長期的に」が、いつかが問題であるが。意外に早いのか、思いのほか遠いのか。本書のなかで検討する。結論をいえば２０２６年までと思っている。

日本の人口構造と住宅の新規需要

この項では、日本の人口構造と食品以上に重みのある物価の要素である住宅価格の相関を長期的に示す。60％の世帯の持ち家住宅価格は、借家に相当する家賃の帰属家賃として48兆円（ＧＤＰの約８％）が名目ＧＤＰに算入されている。個人消費３０４兆円（２０２２年）の16％を占めている大きな項目である。ＧＤＰと物価統計にはいる帰属家賃は、世帯の食品の購入費30

兆円より大きいが、知らないひとは多い。

商品価値の生産と供給額、需要額を、レートが日々変動している自国通貨で計るＧＤＰの計算には変なところがある。これはマクロ経済学が本質にもつ欠陥である。一言でいえば商品の価値論がない。

住宅を買うのは、現役の65歳以下の世帯である。退職年齢のあと高額の住宅を買う階級は、資産と所得リッチな自営業の上位５％だけである。図13を見ながら読んでいただきたい。

戦後５年目の１９５０年には65歳以下の人口は８０００万人だった。１９９０年にはこの世代が１億１０００万人増えた。１９９０年は、わが国の住宅価格がバブル的なピークだった。
・１９９０年までの40年間、65歳未満の人口が３０００万人増えた。
・１世帯は２・６人くらいだから「３０００万人÷２・６人＝１１５４万戸」の新築需要があった。
・１年間では「１１５４万戸÷40年＝29万戸」の新規の住宅増加需要だった。
当時の住宅ローンの金利は７％から８％と高かったが、毎年29万戸ずつ住宅需要は増えていた。１９９０年までの新築戸数は１５０万戸から２００万戸／年だった。

あたらしく建つ２００万戸／年にたいして、
・経済が成長し、20歳代、30歳代は賃金が向こう10年で２倍に上がるなかで劣悪な住宅（当時はウサギ小屋の借家〈１ＤＫや２ＤＫ〉とフランスから言われていた）からの買い換え需要

図13　人口構造の変化（厚労省：1950-2070）

・日本の人口は近年減少局面を迎えている。2070年には総人口が9,000万人を割り込み、高齢化率は39%の水準になると推計されている。

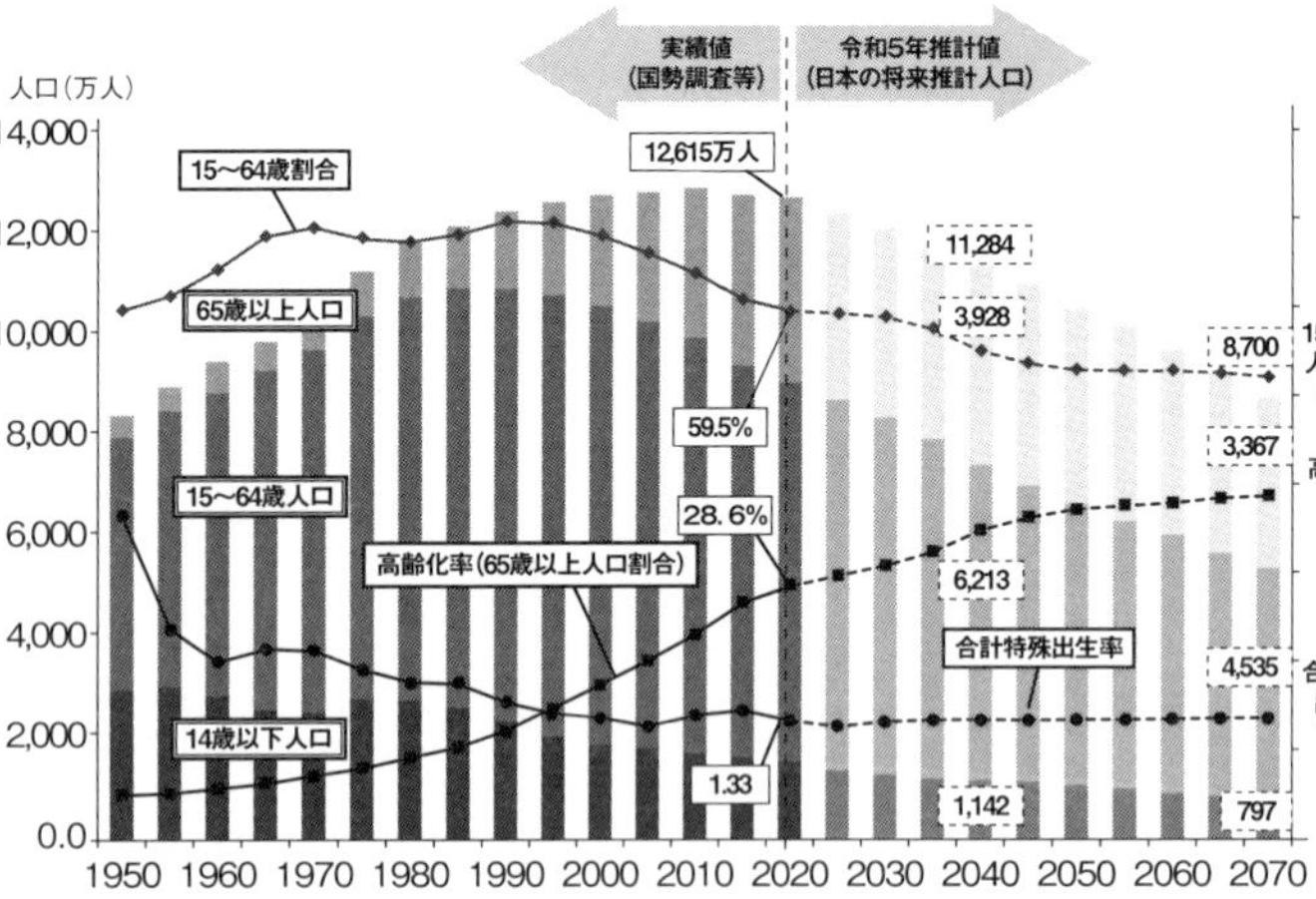

（出所）2020年までの人口は総務省「国税調査」、合計特殊出生率は厚生労働省「人口動態統計」

が170万戸。

・新規の増加世帯の需要が30万戸／年くらいはあった。

1990年以前の日本のように新規の住宅需要が大きなときは、金利がいくら高くても住宅価格は上がる。当時の賃金も年7％上昇し、10年でおよそ2倍に上がることが期待できていた。最初はローンの支払いに苦しくても、借家の家賃がいらなくなって賃金が40％くらいは上がると予想できた5年後から楽に払えるローンだった。（注）現在は賃金は年1・5％から2％の上昇と低い。ローン5000万円の1・5％の金利（75万円／年）を払うと生活は苦しい。

住宅の新規需要が暗転したのは1990年からだった。

１９９０年に1億１０００万人のピークだった65歳未満の人口は２０２５年には８５００万人へと、35年間で２５００万人減る。１９９０年までは増えていた住宅需要が、「２５００万人÷1世帯２・６人＝９６０万戸」も減る。

この住宅需要の減少は、1戸３００万円でも買い手のない空き家の在庫９００万戸に対応している。地方では学童の半減から小学校、中学校が廃校だらけになった。商店数も半減した。新聞の購買数と高齢層に偏ったＴＶの視聴数も半分になっている。

1年では、「９６０万戸÷35年＝年間25万戸」の住宅需要が減少してきた。

悪いことに、２０２４年以降２０７０年での46年間、人口の減少は1年に78万人平均である（図13）。1年に「78万人÷家族２人＝39万戸」、46年間では１７９０万戸の住宅需要が減る。９００万戸の空き家は、２０７０年にはこのままでは２６９０万戸になる。もちろん老朽化した空き家は壊されるが、住宅の建て替えはない。需要が減った住宅を建設することはできない。現在は２１１５万戸（全戸数の38％）の1人住まいは増えるだろう。

中古住宅の価格の面では大きなマイナスである。ただし名目所得が減るわけではないので新築住宅の価格は、高品質化して維持されるだろう。大きくいえば、「人口密度が高かった日本が西欧並みの居住密度に向かう」。これは人口減の肯定的なことだろう。ドイツの農村はすばらしい景観である。山岳国のスイスも空気が澄んでいて静かであり、山と湖と丘の風景がいい。家の出窓にはゼラニウムが赤く咲いている。人口密度が低いから人には出会わない。日曜日は正装して教会に集まる。

全国の山間まで隈なくカバーしているインターネットのＷｉＦｉとＡＩの車は、人の少ない村でも豊かな生活を保証する。私もどこに住んでいてもおなじ仕事ができる。会議はＺｏｏＭやＴＥＡＭ、少人数はならスマホやｉＰａｄのＬＩＮＥ。リアルタイムの情報は新聞やテレビより早く、しかも体系的にインターネットで得ることができる。世界の大学の遠隔授業も受けることができる。需要数が減って住宅価格が下がることはいい側面をもつ。山間のログハウスで原稿を書き、音楽を聴く。ときに仲間と集まってパーティー。食の買い物はＡＩ自動車。しばらくすると冷蔵庫のセンサーとつながったウーバー・イーツ風のものが自動配送もしてくれる。時代はこの方向に向かっている。転換は、旧来のものがなくなって新しいものが誕生して広がることだ。あたらしく生まれるものに目を向けよう。すでにインターネットでは世界中のものが買える。

人口減の日本にもプラスの側面がある

現在の日本において可住地域の人口密度（1キロ平米あたり）は、世界41位の３３０人である。英国が２８２人、ドイツが２４２人、スイスが２２１人、イタリアが２０１人である。

戦後日本は狭いところに密集しすぎていた。住宅は狭かった。人口が８５００万人（68％）

になって人口密度が204人になるとイタリア並みである。日本人も大都市部以外では大きな住まい、広い庭、家庭菜園、ひとの少ない英国風の安い料金のゴルフ場になる。ゴルフ場全体も2億円や3億円。あなたでも買えるかもしれない。意味はないが。建築家の知人が英国のゴルフ場を買っていたが、いまどうしているだろうか。

英国は戦前の世界一の世帯所得から戦争を経て金融ビッグバンの1985年までの40年、経済が低下してきた。日本は英国のようになってきた。英国とイタリアを、イメージすればいい。所得が日本の3倍、物価が2倍であるスイスの豊かさには至らないが。空き家が増えて中古住宅の価格が下がることは、ローンを提供している金融にとってはまずいが、これから住宅を買う40代の世代以下にとってはいいことだ。悲観することはない。

現在の英国やイタリア並みの住まいと生活水準。言いにくいことだが、戦後の経済成長をもたらした団塊の世代は徐々に冥界《めいかい》にはいる。相続税・贈与税の高さが問題でも住宅と金融資産の相続はできるだろう。日本の2025年以降は、そうした静かな生活イメージであろう。タクシーやバスは、ＡＩの自動運転になっていく。

人口減の未来には明るい側面もある。「時代への認知」は多様である。あなたの見方次第である。コップに半分の水が入っているときどう見えるか。あと半分満たせると思うか、なくなると思うか。半分満たせると思う人は未来を明るく見る。認知では個人で異なっている、しかし個人の暗黙の基準が問題である。私は時代の変化を肯定的に見ようと努めている。

【新規の住宅建設は1990年の32％に減った】

現在、マンションを除く持ち家の新築は23万戸に減っている。マンションは7・1万戸（2024年予想）だから、なんと居住用《きょじゅうよう》に買われる新築戸数は30万戸に減っている。ほかには貸家用の建築（34・5万戸）がある。3つの住宅形態を合わせても、「64・5万戸」である。住宅の着工戸数は単独住まい用のものがはいっていて76万戸である（2024年6月）

1990年の建設戸数の33％でしかない。大工さんと職工《しょっこう》も3割に減っているはずである。日本で住宅くらい激しく需要が減ったものはない。住むひと、買うひとのいない老朽空き家900万戸はすでに記した。全国の店舗数が36％になったことと比例している。

米国では白人世帯の出生率が日本（1・2人）より高いが、1・55人に下がっている。有色人種の出生率は2・0人と高く、移民とバイデン政権の4年で1200万人といわれる不法移民の増加により、米国の人口比率は白人58％、有色人種42％になった。

白人の割合は2010年の64％から6ポイント低下した。これが共和党、民主党の得票がおよそ50：50になる構造的な原因である。有色人種と移民の約80％が民主党支持である。米国では住宅が必要な移民世帯が増えている。トランプになると、不法移民はまとめて帰国を余儀なくされ、移民は減る。400万戸の住宅が余り、平均の価格は下がる。

大都市部の住宅価格の40％バブルは崩壊しても、長期上昇トレンドでの穏やかな上昇（3％

／年）は変わらないだろう。

日本の新築の供給と需要は34年間で壊滅状態になっている。国内の需要が50％以下に下がったから、建築会社は海外に進出して建設している。とくに２０００年以降、少子高齢化のため国内の商品需要が増えなくなって海外に工場を作った製造業ほどでないが、海外の需要を当てにする建設になった。

【一方で住宅価格の大都市部での高騰（２０２１年〜）】

東京・大阪では世帯数の上位５％の高所得層・金融資産層へ１億円、２億円以上のタワマンの供給をしている。この購入は、ローンの金利上昇には無関係であって株価上昇とビットコインの上昇に関係している。住宅価格では、「これからの新規需要数は人口減のため１年に約25万戸分は前年より減るなかで、いかにして価格を維持するか、上がらなくてもいいから」というのが業界問題であろう。これが一層激しくなった人口減の不動産価格の問題である。

高額物件の価格の上昇は業者間の転売と、円安で日本の不動産が安く見える海外の需要からである。ファンドは世界の住宅用・商業用の不動産を買って賃貸にしている。ファンドのポートフォリオ（分散投資《ぶんさんとうし》）に不動産が10％くらいはいっている。

ただし全体では需要減のなかでも、これからも稀《まれ》な人口密度が増える地域や街では、住宅価格は上がるだろう（最上位のリゾートと都心の一部）。スマートハウスになって品質は上がる。

しかし日本全体では下げる。地域の人口密度こそが商業用も含んで不動産価格を決める第一の要素である。ひとが多く集まれば、商品売買の経済活動が夜店のように活発になる。商店でも来店客数の増加がインフレを除く実質の売上増加である。

もともと日本の住宅ローン金利は30年固定でもおよそ1・6％以下と低い。金利の0・25％や0・5％の上げは需要にほぼ無関係である。東京と大阪のタワマンの高騰は居住用ではない不動産投資が押し上げている。金融化した住宅価格は株価が20％下がるとその1年後から下がる。

第九章

長期停滞にかかった日本経済

長期停滞の日本経済

長期停滞（セキュラー・スタグネーション）とは、
①中央銀行が政策金利を低くし、
②期待物価上昇率を引いた実質金利がマイナス、つまり超金融緩和であるにもかかわらず、
③需要は増えず、設備投資も増えない結果の低いインフレ率とＧＤＰの低い成長が長期に続く経済をいう。

２０１３年から21年の異次元緩和期と、22年から24年の日本経済がこれだった。コロナ対策の財政支出１００兆円で物価は上がったが、円安による輸入物価上昇と労働の供給制約からＧ

DPは増えなかった。

経済の構造に原因があって低い成長になっているから、異次元緩和のようにマネーを増発する金融緩和や1年の効果しかない財政出動だけでは効果がない。
①生産年齢人口（15歳から64歳）の減少と生産性上昇率の低さという制約から、
②実質GDPと国民の所得の伸びが低すぎることが問題の焦点である。
前述の通り、2023年の国内の生産力を決めるGDPの潜在成長力は0・8%あたりと低い。

金融緩和で需給ギャップは縮小するが、潜在成長力以上は、物価の上昇だけになるから、実質GDPは上がらず所得も増えない。

経済には「生産→所得→（需要＋投資）」のマネー循環がある。1990年の潜在成長力は5%だった。2022年は0・6%付近である。

銀行危機の1997年から27年間、①総労働時間＝平均労働時間×就労人口が減っていて、②設備・機械・IT投資である国内への設備投資（資本ストック）と、資本と労働の全要素生産性（TFP）の上昇が、1%弱だったからである（図14）。

10%の消費税をゼロにして、25兆円の世帯需要を喚起したときのマネー循環を示す。実質賃金が10%上がることによる需要の増加と、期待経済成長率の上昇からのマネー循環になる。通貨増発によるインフレや外貨（円より金利が高いドル）の購入ではなく、実質の、国内の潜在成

図14　わが国の潜在成長力（日銀：1983-2023）

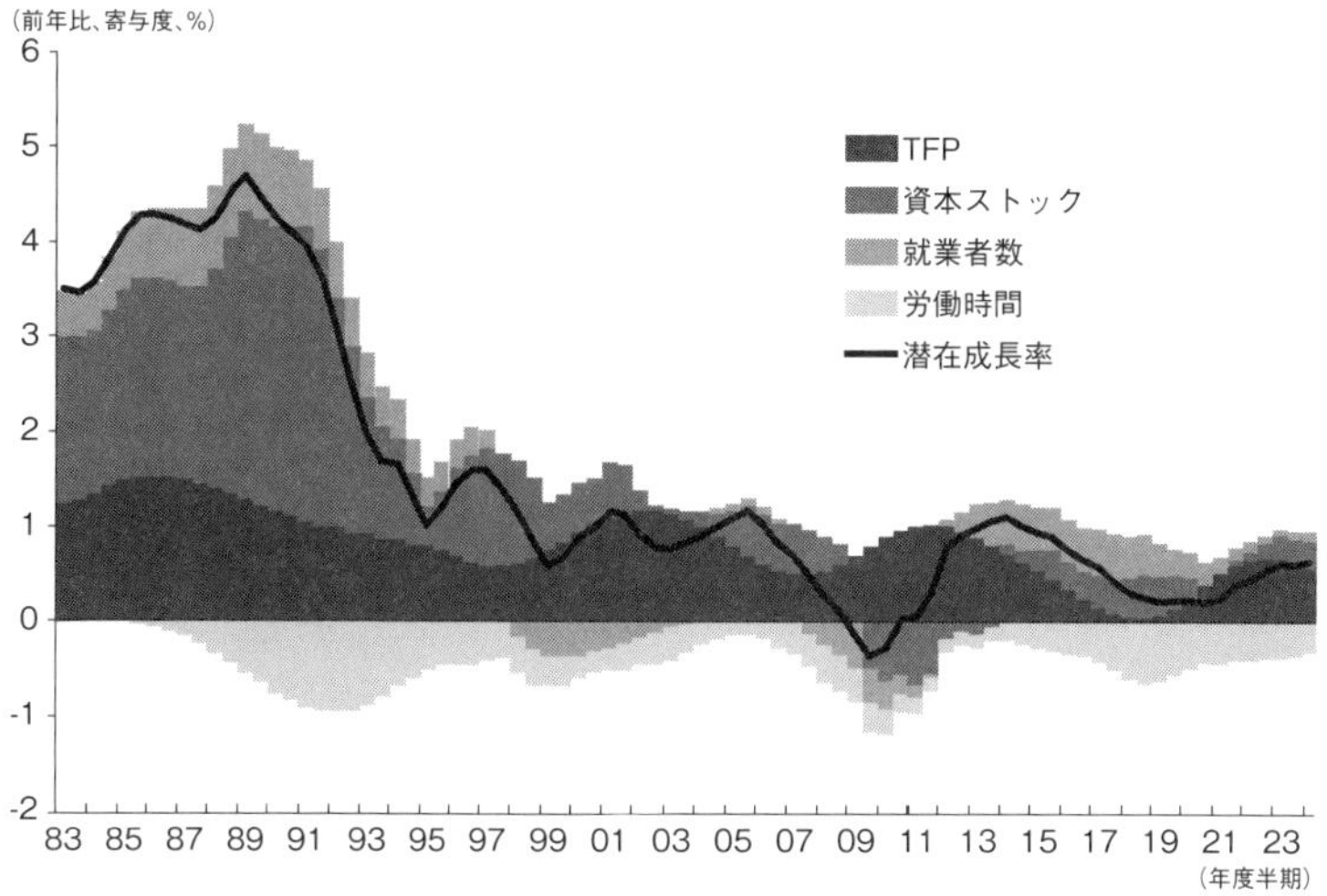

（注）1.需給ギャップおよび潜在成長率は、日本銀行調査統計局の試算値。
2.短観加重平均DI（全産業全規模）は、生産・営業用設備判断DIと雇用人員判断DIを資本・労働分配率で加重平均して算出。なお、短観の2003/12月調査には、調査の枠組み見直しによる不連続が生じている。
3.2024年度上半期は、2024/2Qの値。
（出所）内閣府、日本銀行、総務省、厚生労働省、経済産業省
https://www.boj.or.jp/research/research_data/gap/gap.pdf

長力の上昇が起こる。しかもこの需要増は消費税がなくなることによるものだから、海外に流出せず、国内企業の売上の増加になる。

日本の期待ＧＤＰが０％から１％未満だったため、２０２４年時点で国内の需要増加が期待できず、直接投資は海外に行ったことは何度も繰り返した。ところが消費税がゼロになって国内の期待ＧＤＰが３％に上がると、海外に行っていた設備投資は熊本県の半導体生産ＴＳＭＣのように国内になる。これが設備投資の増加（10％）、つまり供給力向上をもたらす。人的生

産性の5％上昇と、賃金上昇4％は控えめな試算である。消費税撤廃の1年後から以下のような展開になっていくだろう。

「消費税撤廃→物価の10％低下→実質賃金の10％増加→①期待企業売上の増加（23兆円）→②人的生産性の上昇（5％）→③賃金の上昇（4％）→④経費10％の減少による企業利益増（10％）→⑤設備投資の増加（10％）→⑥GDPの3％増加（18兆円）→⑦税収の所得弾性値1・1～2・0からの増加（10兆円）→⑧政府税収の増加（10兆円）→①への循環」というプラスの国内マネーの循環になるだろう。

売上と利益が増える民間企業の設備投資が増えると、ケインズ的な乗数効果が加わり、30年間低くなっていた潜在成長力がすくなくとも3％台に上がって、実質3％の経済成長が長期化する。図14でいえば、1980年代の実質3％の経済成長にもどるだろう。世帯の実質所得をいまより10％増やすマネー循環の結果として、2、3年後の⑧の段階では政府税収が10兆円回収され、25兆円の税収減少を補うことになる。

資本主義の経済は、栄養を含むマネーの流れを骨と筋肉と酸欠だった脳に運び運動能力を強化する血液の循環にして成長する生き物である。単なるマネーの増発だけでは、旧ソ連の物価を上げてマネーの価値を低下させた社会主義金融の効果しかない。酸素と栄養のない通貨の増刷は、資産（株価・不動産）のインフレを招くだけであって、そのバブルはいずれ崩壊して金融危機になる。

〔金融緩和の効果はショック的に低下した需要を回復させるが〕 日銀によるマネーの増発と当座預金への投入は、リーマン危機やコロナ危機のような不良債権への対策としてショック的に回復させる効果はある。

金融危機によるGDP低下の時期は、潜在成長力以下に需要とGDPが落ち込んでいる。投入されたマネーが、たとえばコロナ危機によるロックダウン（事業の閉鎖）での稼働率の低下から急減した生産と需要を回復させ、GDPギャップを潜在成長力にもどす効果があるからだ（2020年3月）。米国のコロナ失業（21年8・1％）は22年には3・6％に回復した。なお24年9月の米国の失業率は4・1％に上がっていて、実体経済の不況を示す。

〔この項で述べた潜在成長力を上げる効果はない〕 しかしこの金融緩和だけでは、需要とGDPが潜在成長力以上になると、増えたマネーが海外に純流出してしまって通貨安になり、国内の設備投資、事業の高度化、生産性を高める需要増加にはならない。ドル安になると、借金経済の米国は大不況になる。

金融緩和は構造的な潜在成長力のGDPを増やさない。これが2013年からの10年の実験的だった異次元緩和のマネー500兆円の投入で実証されたことだった。金利ゼロとして薄まった名目マネーの400兆円は金利のある海外に流出して、対外純資産の増加になるだけであった。

生理食塩水の投入で薄まった血液

これらの原因は、中央銀行が信用創造をして増発できるのは栄養のある血液ではなく、血液を薄めて1ccのなかの酸素と栄養を減らして血圧だけを上げる生理食塩水だからである。

GDPにたいする円の増発率が高く、いわばマネーの血液の濃度が薄まった結果が1／2の円安だった。以上は500兆円のマネー増発とゼロ金利を実行した異次元緩和の効果がなかったという結果から実証されたことである。マネーの増発だけのリフレ政策を実行した日本は、実証的に失敗した。

しかし日銀はまだ異次元緩和の無効さの検証をしていない。国家公務員59万人、地方公務委員280万人に民間企業のような仕事の成果目標はないからだろう。上司はそれを求めず、逆に「行政は無謬《むびゅう》」という言い訳をする。

利益の増加という成果が必要な民間会社では、赤字になった経営を正しかったとすることを資本市場がゆるさない。その株が投げ売られて2・5兆円の赤字を出したインテル（24年7-9月期）のように株価が40ドルから20ドル台に暴落してしまう。インテルはNYダウ工業株30社から外され、代わりにエヌビディアがはいった。頻繁な入れ替えによってダウの高さを維持しているだけだ。

日本に必要なことは10％の消費税ゼロへの政治的な決定である。ただし増税派の財務省にたいして説得力をもたせるには、減税の財源になる外貨準備の売りの課題を含んで、多くの角度から数値で具体的にその根拠を示さねばならない。

安倍元首相は在任中の消費税の増税（3％と2％）には反対していたが、財務省が押し切った。安倍元首相は慚愧《ざんき》を込め生前に書き、死後に夫人の意思で出版された『回顧録』を残している。増えた消費税の消費抑圧効果によって異次元緩和での押し上げ効果が消えるからだ。消費税は経済の抑圧効果をもつ。

第一章で述べたように、この期間の物価上昇は商品価格に含まれる消費税増税分だけだった。ところが財務省は「ともかく増税派」である。なぜか。ともかくというくらいだから、その理由はわからない。「タイタニック号」にたとえて警告のエッセイを公開した矢野元次官のように、財政の破産を気にしているからだろう。生真面目に見える矢野氏の財政破産論は、政策と制度変更で変わる構造的な長期停滞を固定化する点で根本が誤っている。それにこのエッセイの出来はよくない。感情論でしかない。次官が書く文章はこの程度かと思った。大学ならCクラスの評価だろう。本書でその誤りを示して経済成長への対策を示す。メディアも感情論を書くから、その内容の不適正さを指摘できていない。

【知恵が必要】

幼少のころから秀才という評価に慣れ、頭脳は明晰《めいせき》と自負している財務官僚は意外に正面からの議論は受けて立つ。財務官僚の武器は経済・財政の予想数字を根拠にした論理だからである。議論の結果、正面からの反論ができないときは相手に従う性格ももっている。周囲からアタマがいいと言われてきたひとたちの、政治家にはない弱点であり強みでもある。

与党の政治家は、課長や補佐クラスが資料を準備し下手《したて》からくる財務省にあやつられている。しかし日本経済を長期に成長させる構造政策に財務省は反論ができないだろう。わが国で、こうした政策の提案がないことが問題である。政党は積極財政と金融緩和を主張するが、実行するとき肝心な財源の提案がない。だから財務省が抵抗するように円マネーへの信用の低下から、最後は財政赤字を悪化させるだけで終わる。

米国債の買いを要求する米国の官僚は、日本の財務省に似ていてへりくだる日本人の政治家・官僚・財界人・調査能力のない記者を裏でバカにしていて居丈高《いたけだか》な態度をとる。

ほとんどの日本人はワシントンに行くと妙に萎縮《いしゅく》して、米国にたいして正論の発言をしない。要求を受けいれるだけで日本に帰ると、「自分は政府の高官、財務省やＦＲＢの上級官僚を知っている」「自分は10年アメリカにいた」と米国通を自慢する。これが恥ずかしいことだと思っていない。知己があることと、米国通は異なる概念である。留学することと、米国を知ることとも異なる概念である。米国で学べば、米国がわかるというものではない。

これも翻訳の本で学習し、日本の制度・慣習・文化のなかに応用しなかった悪弊《あくへい》だろう。日本の学校で勉強は考えて自分の意見をもつことではなく、教科書を受けいれて覚えることだ。考えの個性をなくすことである。学校で古代ギリシャのような討論はない。読んで考えることこそが勉強だろう。米国の大学の授業は本を読んだうえでの討論である。

あたらしい学説に与えられるノーベル経済学賞の受賞者が日本人にひとりもいない理由である。実験ができる物理学・化学・医学などでは28名であるが、日本にノーベル経済学賞が1人もいないことの不思議さの理由を考えたことがあるだろうか。米国にはノーベル経済学賞が209人もいるのに、日本人はいまだにゼロ（一般向けの『自動車の経済学』で、マネー化できない社会の共通資本論を出した故宇沢弘文氏や清滝信宏プリンストン大学教授が近いとされていた）。

清滝教授は招聘《しょうへい》された24年5月15日の経済財政諮問会議で「インフレ率1～2％程度に定着すれば、量的・質的緩和は解除するのが望ましい」と語った。おなじ会議に植田和男日銀総裁も同席していた。日銀は物価が安定的に2％で推移するまで超緩和政策を継続すると宣言しているのにたいし、清滝教授は日本にとってインフレ率は1～2％のほうが良いと主張している。清滝教授が正しい。

このことは戦後の政治家、外務省、官僚、学者、ジャーナリスト一般に共通する態度だった。外信に頼っている新聞は、多くがワシントンポスト、NYタイムズ、フィナンシャルタイムズなどの翻訳である。米国の世界戦略の論文が掲載された『フォーリン・アフェアーズ』を読んでいる外交官・学者はマレである。4年くらい前に軍産共同体と民主党イデオロギーでの偏向が多くなったのでやめた。

日本の学校経済学は米国の経済学の翻訳である。雑誌、ジャーナリスト、TVに出る学者では、その論の根拠をたどると親米、反ロシア、反中国でしかない感情的な主張が多い。

米国が日本の政治家や財務官僚に命じて、あるいは示唆して米国債を買わせるのは正当なことではない。フランス・英国・ドイツが自国の国債を買えと日本に要求したことを想定すればいい。国債は、金融機関が買いたいときに買う自由のある負債証券である。イラク戦争支援として30兆円の米国債を買った小泉元首相とは違い、1年の短期ではあったが福田康夫首相（2007－08）は米国債の買いを断っている。米軍が日本の防衛をしているから……これは占領支配の延長であり、怪しいものだが……日本は米国債を買うべきだという論は筋が違うものを意図して混同している。

米国人は正面からの議論は受けて立つ面ももつ。米国が日本に命令することに慣れたのは日本の占領の経験から岸田前首相のようにお説ごもっともと、へりくだる政治家が多いからだ。自民党をはじめ戦後の政党は与党、野党を含めて裏で米国が画策してきた。

岸田前首相の任期中の最大の自慢は、米国議会で米国を讃えるスピーチをしたことだ。読むと歯の浮くような追従《ついしょう》とお世辞《せじ》に、おなじ日本人として恥ずかしくなるのは私だけではないだろう。これが日本の上層政治家の米国にたいする典型的な態度である。スピーチの原稿を書いた外務省の態度でもある。内容は天皇へのスピーチとおなじものだ。米国は戦後日本の事実上の宗主国《そうしゅこく》である。宗主国とは、国際関係において従属国にたいして政治・外交に権限をもち、同時に保護する国家をいう。日本人は国連を崇《あが》めるが、米国は無視する。国連には軍事力が背景である国際的な権力がない。国連憲章は強制力がなく無力な文言でしかない。仲良しクラブの組合のようなものだ。法は強制力があってはじめて有効になる。理念だけの国際法も強制力がなく、有効ではない。

外務省と日本人のほとんどの記者も、宗主国にへりくだる官僚や政治家とおなじ態度しかとっていない。

米国は東京大空襲を仕掛けて、ヒロシマ・ナガサキには原爆を落として非戦闘員の国民を大量殺戮《さつりく》した。これは国際法（理念だけであり無力だが）が禁じる戦争犯罪以外ではない。占領のあとの日米安保条約から日米構造協議、地位協定から米国大使が主宰《しゅさい》する日米合同会議が複合した米軍の日本の防衛は、米国債を買う義務とは筋が違う問題である。米軍が駐留しているからといって米国債を買って米国に従属するという論理にはならない。日本からの外貨準備、つまり米国債売り越しの障害になる肝心な点がここである。

日本が外貨準備（1・2兆ドル：174兆円）としてもつ米国債の売りは、専有管理する財務省が自主規制している。174兆円は、年間の消費税23兆円の7・6年分の財源に相当する。売りがムリなら、米国債を担保にして海外からマネーを調達してもおなじ効果である。

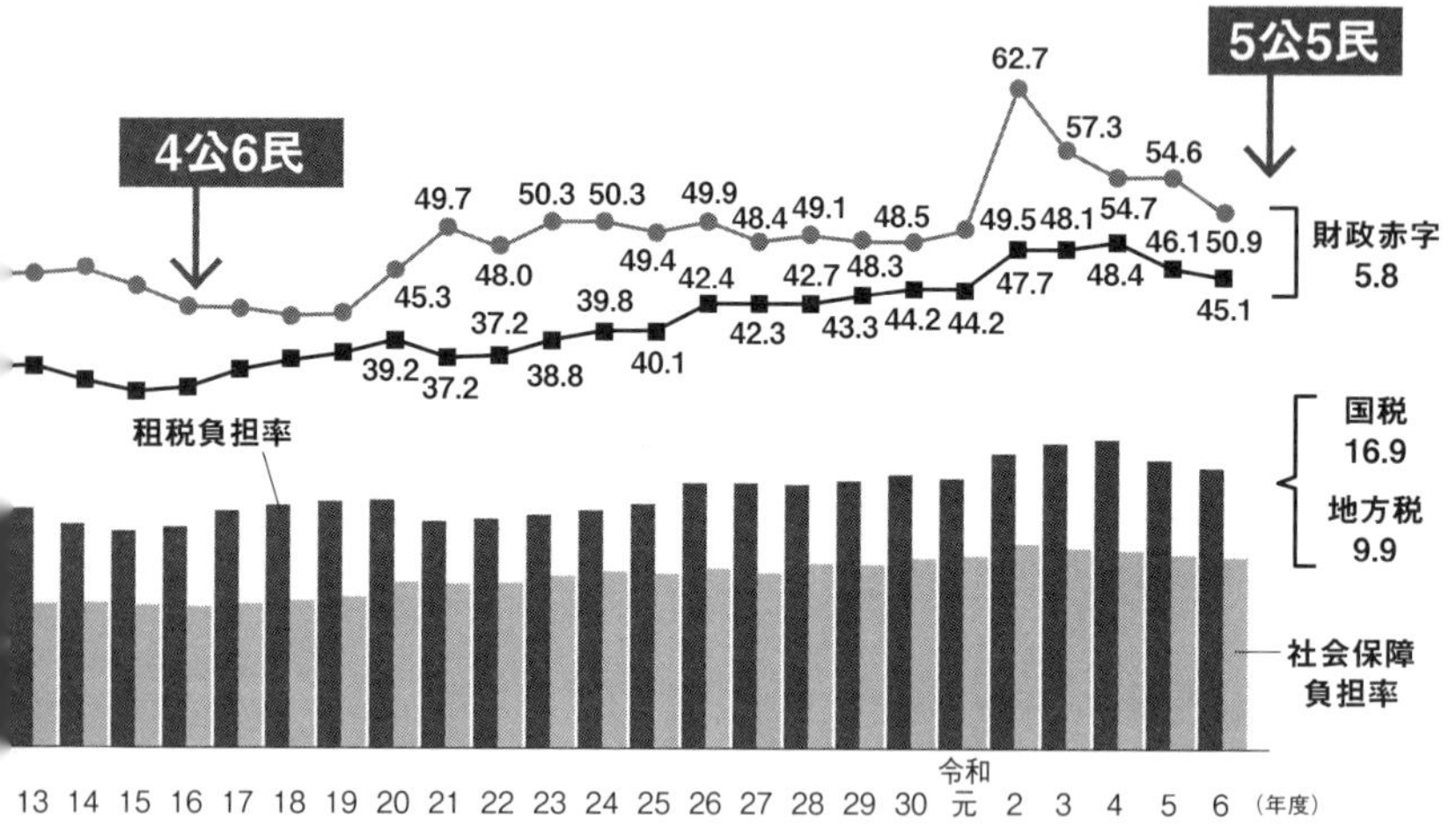

外貨準備の米国債をFRB、IMF、世界銀行、EUに売ってもおなじ効果である。世界の債券市場はリアルタイムで連結している。外貨準備にある米国債を担保にした「サムライ債」を売ってもいい。ファイナンス論でいえば全部おなじである。

財務省は、外貨準備は国庫短期証券を日銀に発行し、それを売ったマネーで買ったものだと抵抗するかもしれない。国庫短期証券は日銀に売ったままでマネーは日銀から借りておけば、なんら問題ではない。

【五公五民が日本の経済成長を抑圧している】

ここから日本経済がすでに構造的にかかえている五公五民《ごこうごみん》（官50％：民50％経済）の国民負担になった財政問題から示す。租税と社会保険料の、国民所得への負担率は45・1％だ

図15　国民負担率の増加（1975-2024年）

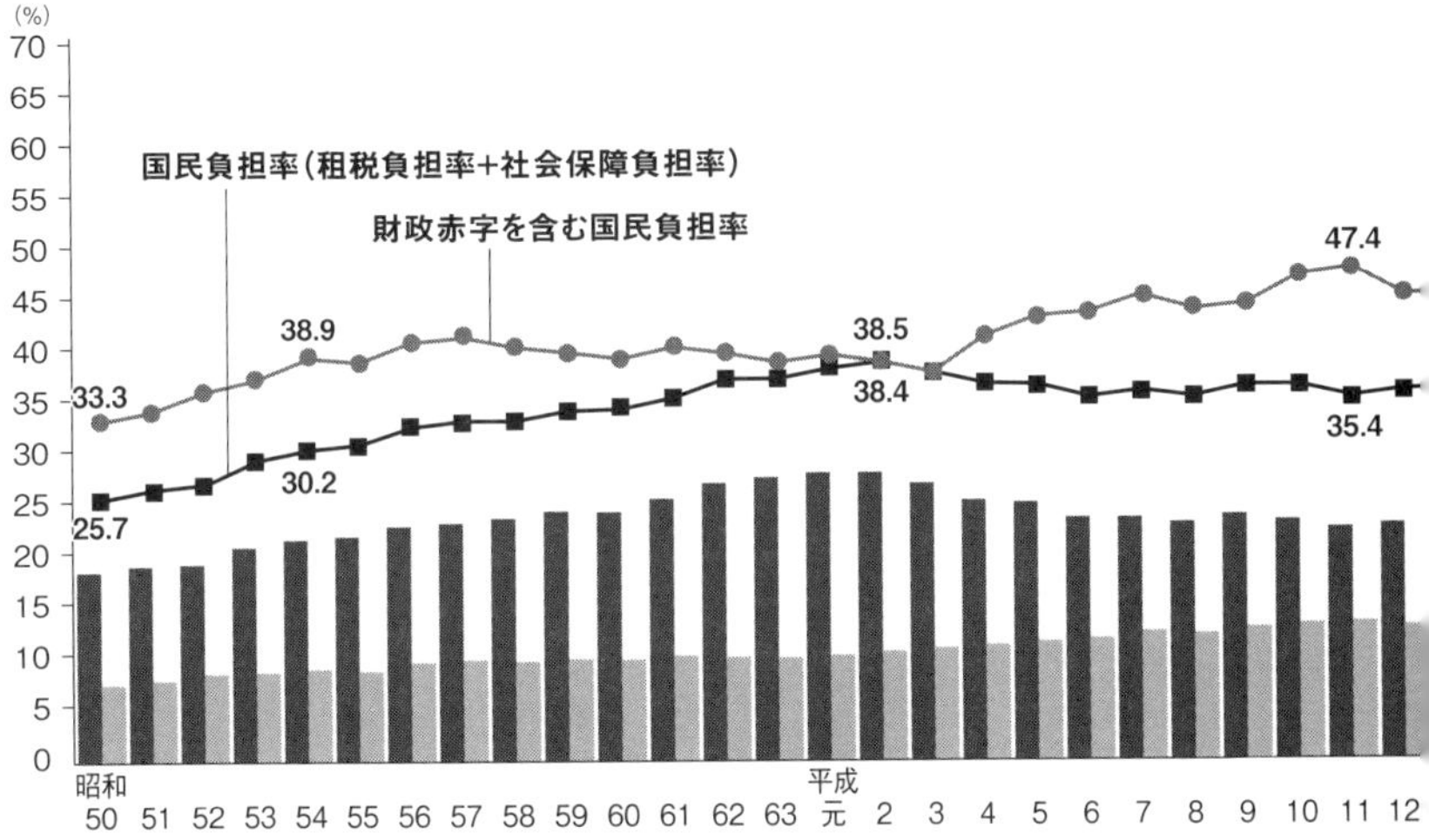

が、財政赤字分の５・４％を含むと50・９％になる（図15）。

江戸時代の経済が人口（江戸末期は３４００万人）の90％の農民に貧困を強いていた収穫高の税収は五公五民だった。年々高くなる社会保険料と税を引いた手取りの可処分所得は、名目賃金の60％である。この手取り所得で商品を買うと、さらに10％の消費税がかかるから、負担率は世帯所得の50％あたりになる。

消費されている商品とサービスの金額は、国民所得の55％である。これが実質であれ名目であれ、ＧＤＰのなかの個人消費が55％ということの意味である。米国では国民所得にたいする税と社会保険料が33・９％と、日本に比べ18ポイント少ない。このため個人消費の構成比はＧＤＰの70％と大きい（２０２１年の比較）。

加えて過給制度の米国では、世帯のローンの増加による商品消費が日本よりはるかに多い。米国の経済は対内、対外負債をともに増やしてその借金で成長している。米国のGDP成長が止まるのは、「政府負債＋企業負債＋世帯の負債」が限界に達したときである。その限界点は、FRBが利下げをすれば、買いが少なくなった米ドルが大きく下がって米国債の金利が上昇する金融の原理的な現象としてあらわれる。基軸通貨国米国への貸付とは米ドルを買うことだからである。

米国の所得と資産の格差の天文学的な拡大

米国で消費が好調であるのは、高く上がった株をもつ個人所得上位15％（２４００万世帯）の年収82万ドル（1億1890万円）の階級の消費額が多いためだ。かつて富裕者の所得が低所得者に降りるという奢侈散財《しゃしさんざい》の貴族時代のトリクルダウンというトンデモ理論があった。中国の開放経済の１９９０年代、鄧小平の「先富の思想」もこれだった。これは機能しない。

【バブル時期にはバブルを肯定する論があらわれる】

実際、いつの時代も所得格差を肯定するイデオロギーに満ちていた。日本のバブル時代には、少数者がもつ株価・資産の高さを理論で肯定する「トービンのｑ」もあった。中央銀行が国債を買って通貨の無限発行が効果的とするＭＭＴ（現代貨幣理論：ステファニー・ケルトン）もおなじである。

現在、所得が中流以下の85％（1億３６００万世帯）は物価の上昇、家賃を含む住宅費の増加による物価上昇を引いた実質賃金の低下で苦しんでいるが、日本のメディアは伝えない。メディアは時《とき》の政権に帰属する階級になってしまった。日米ともにおなじだ。健康なジャーナリズムではない。原因は、日米ともにメディアの事業収入が半減していて、金融資本の支配下にあるからだ。ジャーナリズムが金融資本や既得権益側に立つと、米国風シンクタンクになって、人民日報の中国、プラウダのロシアのように民主主義は機能しなくなる。

物価上昇を引いた実質消費の伸びでは米国では、

①所得階層を三区分した高所得世帯（10万ドル以上：１４５０万円）が大きく、

②中所得（8万ドル：１１６０万円）の世帯が中くらい。

③物価上昇で苦しんでいる所得の低い世帯（6万ドル以下：８７０万円以下）はコロナ補助金1世帯でおよそ１５０万円をもらったあとは、消費の伸びが低位であって生存消費しかしていない。物価が日本の約2倍、住宅が約3倍の米国では年収８７０万円以下は貧困層になる（図16）。

世帯が高頻度《こうひんど》で買う商品のスーパーの物価上昇率は、日米とも共通に政府統計の全体物価よ

図16　好調とされる米国の消費の中身

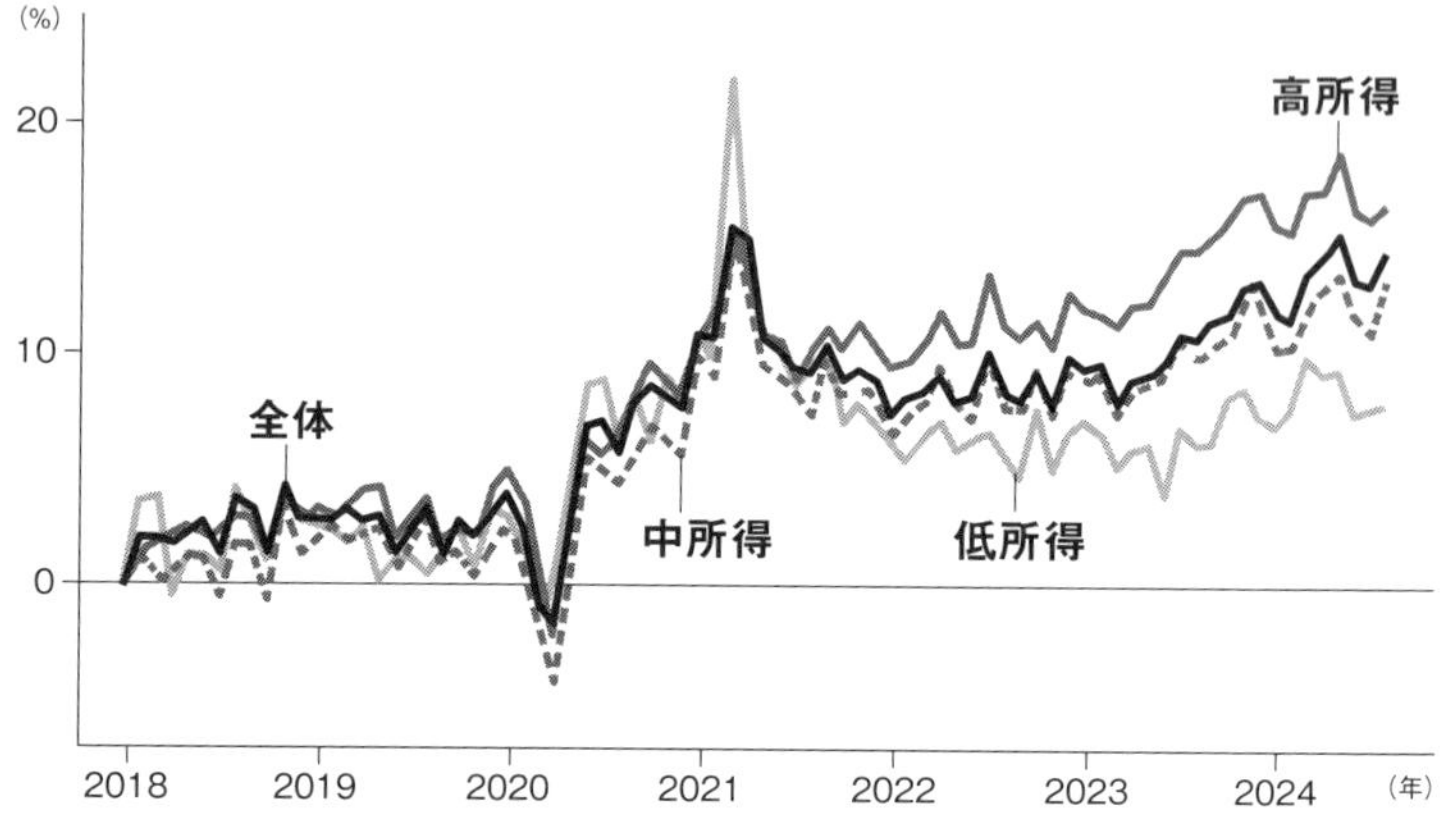

（注）2018年1月からの増減、物価動向を差し引いた実質値
（出所）米連邦準備理事会（FRB）

図17　世帯のローンの滞納の増加

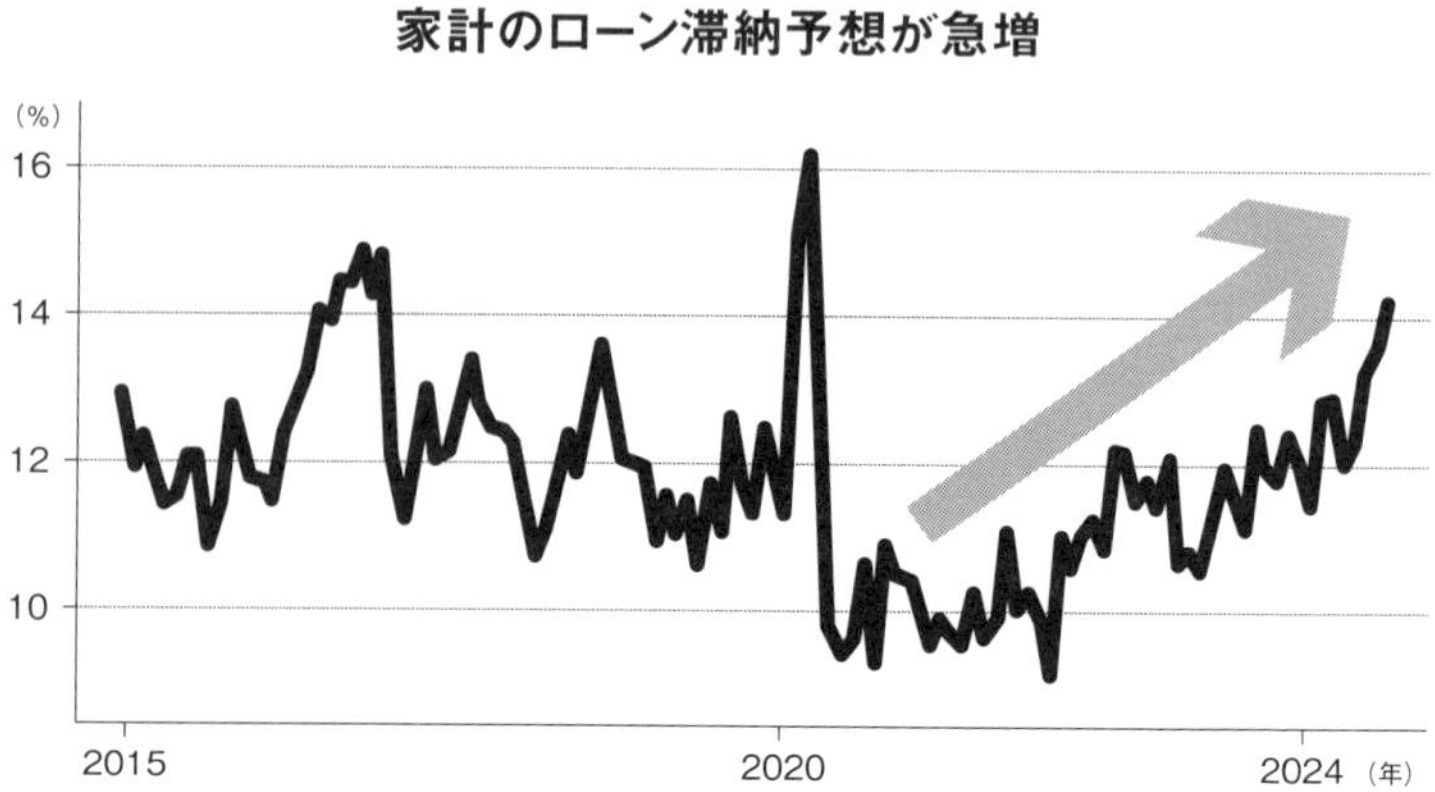

（注）「今後3か月で最低限の債務返済ができなくなる可能性」の平均値
（出所）ニューヨーク連銀

り高い。世帯による高頻度購買商品だけのインフレのデータはないが、感覚ではコロナ禍前の２０２０年の１・５倍になっているだろう。店舗の売上の実質数量は、前年比は名目金額の５％上昇ではなく５％減少だろう。先にあげた物価論の世界的な権威、渡辺努東大教授は、店舗のＰＯＳでデータから高頻度購買商品の物価の上昇は３％ではなく８％だったとしている。

24年10月15日のニューズ・ウィーク誌は、『アメリカ中流階級の悲鳴が聞こえる』という特集記事を組んでいる。年収１５００万円、米国では中流、日本では上流の所得金額の階級であっても学資ローン、住宅ローン、クレジットカードの負債が限度に達して返済に苦しんでいる。中産階級の生活苦は大統領選挙の基盤にある争点になっていた。サステナブル社会を超えた所得と資産の格差から来る、相対的な貧困の問題である（高所得者との比較による貧困感：日米の85％世帯）。

図17を見ると債務の悪化の一端がわかる。米国では世帯の住宅ローン13兆ドル（１８８５兆円）以外にも車のローン、学資ローンを含む消費ローンが5兆ドル（７２５兆円）と大きい。この３つを合わせると18兆ドル、１世帯あたりでは12万ドルである（１７４０万円）。日本の１世帯あたりの住宅ローンと消費ローンの合計である７４０万円の２・４倍である。

住宅ローンを除く世帯向けローンは延滞率が14％に悪化していて、その上昇のトレンドは、急峻《きゅうしゅん》である。なお20年3月の３か月延滞率の尖った16％は、コロナ危機から来ている。

本書が出る25年1月から3月には、延滞率がこのグラフにはない13兆ドルある住宅ローンの延滞増加と合わせると日銀が利上げをした場合、リーマン危機のようにドルの危機と銀行危機にもなる20％付近になっている可能性が高い。

２０２４年11月には０・25％と世界一金利の低いキャリードレードで、日本が米国の債務危機の発生を、ドルを買い越して支えている。銀行が破産したら困る赤字の会社に追い貸しを続け、延命させることと変わらない。これがドルの罠《わな》である。その結果が１５４・６円の円安である（24年11月19日）。24年８月５日の１４０円から11月の１５４円への円安は、ドル買い／円売りが米国金融を支えていることを示す。

政府の統計はリアルタイムで動いている経済に、３か月から６か月は遅れる。24年にほぼ横ばいになっている全米平均の住宅価格が下がると、住宅ローンの悪化からのリーマン危機とおなじローン危機が不良債権の規模を大きくして起こる。

時期は２０２５年後半からだろうか。ローンをまとめたＭＢＳ（不動産ローン担保証券）として、細切れにして売られているデリバティブの住宅ローン債券の危機は、物価と金利の遅行指標である。農林中金は再び２兆円の損を出した。08年のリーマン危機のときは住宅価格がピークアウトしてから１・５年から２年後であった。マンハッタンの平均家賃は５６００ドル（81万円）に高騰している。年額でなく月額である。15万ドル（２１７０万円）の年収であっても住むことはむずかしい。

とくに年俸が高いウォール街の金融・証券・ファンドに勤めるひとの平均年収は、トレーダーだけではなく事務員（クラーク）を含む男女の社員平均で７０００万円である（２０２３年）。

平均が日本の一部上場企業のトップや役員クラスの賃金に上がった。ほかに株価が上がると数億円以上にもなることのあるオプション株も普及している（一定価格で買う権利：株価上昇－その一定価格が追加の報酬になる）。

2億円や3億円を超える住宅であっても賃金年収の3倍あたりであり、簡単にローンで買えるのがいまのウォール街の従業員である。しかしＰＥＲ35倍のバブル圏にあるナスダックの株価が下がって、金融機関のレイオフが増えると数か月でホームレスに堕《お》ちる。株価下落と連動してローン債権は不良化する。米国のレイオフには、業績低下から3か月の猶予《ゆうよ》がない。このため在職中の報酬が高い。

こうしたものが米国の都市部に多い高額所得者のライフスタイルである。金融の利益は米国全部の企業利益の30％を占めている。米国の資産と所得の格差は安定した社会の限度を超えている。世界史では開く一方の所得・資産の格差こそが社会の不満を高め暴動と革命の原因になってきた。米国の「世論の分断」の原因も開きすぎた所得と資産の格差である。

現在、社会システムのサステナブルな臨界点を超えてしまった格差が是正に向かわないと、不満の臨界点に達した社会体制（ソシアル・システム）の危機になる。人口では低所得階層が圧倒的に多いからである。国の体制は「時代の気分」に適合《てきごう》しなくなると、機械的なシステムのように突然壊《こわ》れる。時代は政治の形態・制度・文化・思想（ひとびとの共通の考え）で区分される一定期間である。

【あたらしい超格差は政治的なイデオロギーの分断問題になった】

6年前の2018年でも米国の株・不動産の資産の70%は、新富裕層といえる上位10%がもつ。90%の世帯は全米の総資産の30%しかもたない貧困層になった。社会の不満は相対的な貧困度で高まる。米国世帯の資産格差は30（10%の人口）：1（90%の人口）である。

1990年まではシアーズやJCペニーなどのGMS（総合商品小売業の業態）で買っていた、いまは70歳以上になった中産階級（米国では8000万人）は消えた。中産階級の没落と一緒に、1980年代まで世界一の小売業だったシアーズが消えたのだった。

1990年あたりから世界一になった低価格帯（流通用語ではロワー・ポピュラー価格帯）のウォルマートの顧客数は年20%の複利で増え続け、現在の売上は100兆円になった。ウォルマートの売上は相対的低所得層の増加を示す。米国では買う店舗の品揃えの中心価格帯と所得の階層は一致している。ウォルマート一社の100兆円は日本の全小売金額130兆円の77%に相当する。

所得中間層向けのイトー・ヨーカ堂などの日本のGMSは、赤字構造から縮小に向かっている。年20%の店舗数の削減計画がある。24年9月には、セブン&アイホールディングスがカナダのファンド資本から7兆円でM&Aの提案を受けた。1ドル150円台の円安で買い得になっているからである。1／2への円安がその原因である。これはファンドの資本による日本の代表的店舗のインバウンド購買である。金融の利益が全米の企業利益の30%を占めているからだ。米国では、実業の企業資本もファンドとおなじM&Aの金融業になってきた。

米国で日常的な消費財の購買は、低価格帯のウォルマートやターゲットなどディスカウントストアと、もう一段低い価格帯の100円ショップになっている。ところが高価格帯の店舗の売上を吸収し、売上が好調と言われる低価格店群でも既存店売上の伸びは商品のインフレ率以下であり好調ではない。出店分だけが伸びているが、2000年代の新規の出店率は低くなった。店舗数と商圏を増やす方法はM＆A（吸収合併）になった。

2021年からの高いインフレ率のなか売上を伸ばしている世界一のウォルマートでも既存店のインフレ込みの名目売上高は3・8％上昇と、米国としては低い。

7200品目の値下げはしても16万品目の4・5％の構成比である。食品以外は輸入がほぼ100％の店頭商品の価格の上昇はおよそ6％だろう。商品数では2・8％のマイナス売上であろう。1990年代までの消費財の物価上昇が3％の時代の既存店売上の増加は平均でも7％あたりであった。商品数量で4％は増えていた。いまはマイナス3・2％である。これが「好調」とされている米国消費の実態である。好調なのは、金融機関の負債の増加に同期して膨んだ株価である。そして経済の遅行指標の住宅価格と賃料である。不動産での先行指標の商業用不動産は、利上げの2022年から大きく下がっている（価格指数は2年で約50％下がった）。

1ドルショッピングで1位であって物価が上がる時代では売上が大きく増えるはずのダラー・ジェネラル（1万9147店：売上378億ドル：5・5兆円）の名目売上は23年8月が97億ドル、直近の24年8月は102億ドル1年で4・2％しか伸びていない。米国のインフレは全消費財で22年が8％、23年は3％上昇であり、全品目の政府統計ですら2年で11％上がっている。このうち高頻度購買品目の24年の推計前年比6％上昇を引くと、数量売上はマイナス2・8％であろう。日本のスーパーでもおなじような物価上昇が見られる。

以上は、世帯数の85％を占める中間層とそれ以下の所得層の生活難を示す。15％の高所得層は、価格帯が高かったオーガニックを謳《うた》うホールフーズ（売上3・3兆円）などで食品を買うが、売上の不調から2017年にウォルマートに買収されている。食品の高級店だったディーン＆デルーカは2020年3月のコロナの時期に破産した。

商品価格が上がったダラー・ジェネラルの売上増加率は、日本の100円店チェーンDAISOの前年比の名目売上の増加、6・0％より低い。日本の生活財の価格上昇は、米国より低いから4％の上昇として数量でプラス2％である。DAISOは、大谷と山本がいるドジャースのスポンサーにもなっている。大谷は10年で7億ドル（1015億円）の契約を結んだ。米国バブルは至るところに及んでいるが、消費財を売る店舗の業績は総じてよくない。

米国の景気がいいと評価するのは、こうした消費の実態を無視し、株価や不動産価格に偏《かたよ》った見方である（全米20都市の住宅価格指数は23年300→24年8月336）。米国のGDPでは消費が70％（日本では55％）を占めるから、店舗売上の不振は問題である。

実は株価の断崖の前はいつも景気がよく見える。過去を見ればバブル崩壊の直前まで、株価は天空に昇っていた。米国の知人に聞くとウォルマートで買い物をしていると失業者と見られるので、自分は行かないと言っていた。これが米国の所得分断の根底にあることである。

分断とは、格差が大きくなった所得と資産階級による分断であり、政党支持の分断も80％のワーカーと20％のマネジャー階級の所得格差からきている。

毎週のフローの所得でも上流から新中流層が人口の15％、新貧困層は人口の85％であって、現在の米国の社会体制の維持が資産と所得格差がより大きな中国とならんで困難であることを示す。日米欧では共通に１９８０年代までは80％を占めていた中間層は消えている。これが、１９８０年代までは考えることができなかった政権のひどく不安定な原因である。日本政府は、所得階級の統計データを意図して表に出さない。資産格差も出さない。政党もとりあげない。

中国の共産党政府は、①上位１％の階級が中国の資産の32％をもち、②所得では沿岸部と農村部の省の平均での所得格差は３：１として、それ以上の格差の数値は、社会主義の共産党政府にとって大きな内政問題になるので明らかにしていない。

中国の実際の格差は、米国をはるかに超えて世界一激しいだろう。中国の共産党独裁体制の不安定の原因は所得格差、資産格差である。

これがＧＤＰ（商品生産：国民所得：需要と投資）で世界1位の米国と2位の中国である。格差では、平均の世帯所得が世界25位の日本が低位での安定であってましかもしれないが、周回遅れの順位での安定はいただけない。

【中国の状況は金融危機とスタグフレーション】

中国では、作りすぎた住宅の売れない在庫価格の下落から来た不良債権の推計１０００兆円で苦しんでいるが、まだ報道は少ない。ＧＤＰの４・６％成長（24年7-9期）の政府統計は底上げの偽装であろう。ＧＤＰの30％を占める住宅販売額の約20％減と、作ったが売れない在庫の価格低下ははいっていないからＧＤＰでは10％の違いはあると思う。２０２１年の住宅販売額は３９０兆円、23年は２５９兆円。２年間で34％減っている（中国不動産情報サービスのＣＲＩＣ）。

融資をした融資平台（負債２０００兆円）に人民銀行が１０００兆円のマネーを投入しないかぎり不良債権は消えないが、建設会社にマネーを投入しても需要は増えない。その損失は、日本の１９９０年の資産バブル崩壊とおなじ強いデフレ圧力になる。

経済の循環ではない構造的な面では、中国の生産年齢の人口は２０２０年をピークに減っている。ＧＤＰの成長率が低くなる経済問題には、借入金の増加からの不動産建設の不良債権の問題と、人口構造の構造的問題がある。

一人っ子政策の20年後のつけである中国の人口減少の問題は、日本の２０００年からとおなじである。中国は２０２０年ころから構造的な長期停滞（セキュラー・スタグネーション）にはいっているが、当時の日本政府とおなじように認めてない。どこの国であっても政府とはそういったものだ。

中国は、購買力平価のＧＤＰでは米国の１・４倍の35兆ドルである。この中国はいま金融危機であって、対外負債の償還のため米国債を売っている。中国にたいしてトランプは輸入関税を３倍の60％に上げる。中国の生産は急減し大不況になるだろう。中国へ世界の債権・債務は世界と連結してるから、中国の債務危機は世界に波及するだろう。

２０２４年は中国輸出が多いドイツのＧＤＰを２年連続でマイナスにしている。これが中国との貿易が多い、日本、米国、欧州に中国発リーマン危機のように及ぶ可能性は高い。１９２９年から33年の世界大恐慌は、第一次世界大戦後のブロック経済化から起こった。今回は、東西を分断したウクライナ戦争がこれにあたる。以上は、２０２６年、27年の「可能性」である。

官の経済が50％になった日本の経済構造

国民負担とは、国民側の税と社会保険料の負担である。現在の日本では、国民所得にたいして約５％の財政赤字を含むと、51％が官の経済になって、民の経済は49％に減っている。１９７０年に官の経済は25％だった。80年は39％だった。90年には39％、00年45％、10年50％、20年63％（コロナパンデミックの財政対策の異常値）。２０２４年が51％である。

構造として少子高齢化と現役層の人口の減少が進み、税と社会保険料の国民負担が必然として増えるから、いまの制度のままなら官の経済の国民負担51％が将来、減る見込みはない（財

務省国民負担率の推移：1970-2024：https://www.mof.go.jp/tax_policy/summary/condition/241a.pdf)。

経済の構造に、上がる税と社会保険料の制度として組み込まれていることが日本経済の衰退の主因である。

家庭では、所得のなかの税と社会保険料（第二の税）が、毎年目立って増えていると感じているひとは多いだろう。「いつの間にか全部が上がったよ」と経理をしている家人もいう。

世帯から高頻度に購買される必需財の物価は、政府統計のインフレ率（24年9月が2・5％）の、およそ3倍の8％は上がっている（渡辺努教授がPOSデータから作った東大物価）。

手取りの実質所得が賃金額の60％しかなく、消費税込みの物価が8％上がっていれば、仕事をしている4500万の世帯が消費を増やせるわけがない。

【日銀が行っている生活意識調査は行動経済学の集合知を探る目的】

日銀が真面目に続けている「生活意識調査」では、物価の上昇率感覚の中央値は24年9月で前年比プラス10％と高い。これが世帯が高頻度で買う食料を中心とした商品の価格上昇だろう。1年後も中央値では8％上がると世帯は予想している。

これより驚くべきことは、雇用と待遇への不安の高さである。

調査の回答として①28・4％の世帯が不安を「かなり感じ」ていて、②「少し感じる」が44・8％、③合計では73・2％（社員3人のうち2人強）が勤務している会社の雇用の不安（失業の不安）と賃金の不安（賃金切り下げの不安）をかかえている。④「あまり感じない」ひとは、いまの雇用と待遇に恵まれたとする26・２％しかいない。

（日銀による生活意識調査24年10月：全文）https://www.boj.or.jp/research/o_survey/data/ishiki2410.pdf

原因は、企業のほぼ２／３にあたる２６６万社で売上が低下しているからだ。社員には、勤務先の業績の低下はわかる。税務申告での赤字会社数が65％あることと一致している。税務申告で黒字を出している会社は１／３しかない。２／３の会社が赤字なのに、政府は、どの面から企業業績は好調といえるのか。１／２への円安と米国物価の上昇から利益が増えたのは、海外展開の事業だけである。それでも大手の輸出・海外事業の50％が24年7-9期は、減益または赤字になっている。

日銀は、24年12月から25年に利上げに向かうだろう。国内経済の実態は０・25％の低い金利でも不況と断定しなければならない。株価と住宅価格がまだ上がっているから、政治家、官僚、メディア、国民の認知が攪乱《かくらん》されている。経済のシンボルである株価が下がり、資産のシンボルの住宅価格が下がると、一挙に国民のあいだに不況感が広がる。

認知とは、経済の現象をデータで認識し、自分の知識のなかにある原則の基準で判断することである。おなじデータからでも環境によって個人の現実の認知はさまざまである。政府は、日本でただひとつの行動経済学の「生活意識調査」を見ているだろうか。

現代の正当な経済学である行動経済学の観点では、
①世帯の物価上昇の感覚は10％（2025年予想でも8％）、
②雇用不安をかかえるひと73％は重視しなければならない実態データであろう。2025年7月の参院選挙で、政党のあるべき政策テーマを示す基礎データにもなる。

立憲民主党で返り咲いた野田代表は2021年に、消費税10％の法案を三党合意で通した増税派の首相である。この点で増税派の石破首相と共通している。実際、石破氏と自民党左派と立憲民主党がかかげる財税と増税の政策はおなじである。

総選挙の内実では、増税派と減税派が対立していた。25年7月の参院選ではもっとはっきりして増税派が負け、減税派が勝つと予想している。いまはまだ小さいが順次時代の気分から支流をあつめて、奔流《ほんりゅう》になる。この原因は、物価が上がるなかで国民負担率が一層重くなる五公五民（財務省が司令塔の官の経済純計で320兆円：民の経済が300兆円）である。いまの税制が、続くと、日本は世帯所得の増加時代に戻ることはない。

日本の消費の増加はインバウンド需要頼み

国民の消費は、企業の商品と無形のサービスの売上である。現在、店舗の売上増加は年間3

０００万人のインバウンド消費（約7兆円：２０２４年）に頼っているという異常さである。ところが、わが国の消費の伸びの部分の３％を7兆円の海外からの需要に頼ることが「異常だ」という認識は薄い。日本国内の消費は、２０２０年、21年にはほぼゼロだったインバウンド消費分しか増えていない。

メディアと政府は、円安のプラスの成果として海外の観光客が増え両手に買い物袋をかかえていることを称揚《しょうよう》する。店舗や旅館がガイジンを差別せず、勉強した英語も使って応対する日本人の行動は確かにすばらしい。先日、新幹線の切符売り場で窓口では女性係員がきれいな英語で応対していた。有馬や白浜温泉では、中東・アジアからの移民労働が増えている。一泊の料金が少なくとも１・５倍には上がった高級旅館の客には、中国人が多い。

東日本大震災のあと（２０１１年～）の13年、世帯の平均貯蓄率が６％を割って３％に下がり、日本の貿易黒字はなくなった。身を切って自然・交通・宿泊・商品を売っている。京都に行くと、ガイジンの観光客に印象として街路《がいろ》や寺院の70％くらいを占拠されている。

一方、日本人の出国数は１０００万人に半減している（２０２３年）。２倍の円安で旅行費は２倍に上がった。２０１９年の出国数だった２０００万人がコロナで２０２０年、21年、22年の３年間はほぼゼロになったあと、23年に１０００万人である。

24年は、１ドル１５０円～１６０円台が日本人の海外旅行者を苦しめている。ビジネスクラスなら１人１００万円以上。ラーメンと餃子が５０００円ではたまらない。手回し良く政府は国家公務員のNY出張の宿泊費では、最低支給額を一泊5・7万円へと3・3倍にあげている。政府は公務員の手当や報酬に明敏であって抜かりがない。

1990年代まで米国の物価は日本のおよそ半分、アジアは1／3だった。現在、米国の物価は日本の約2倍、住宅価格は2・5倍から3倍。日本の1／4の物価だった中国ですら、日本より高い商品が増えてきた。住宅価格でも中国の沿岸部が高い。

日本に来た観光客のほぼ全員が円安・ドル高から、「日本の物価は半分以下」と言う。日本人の所得も物価の安さに比例して、国際通貨《こくさいつうか》のドルでは下がった。円はローカルな通貨である。以上が急増したインバウンドが金融・経済的に示していることだ。インバウンド消費は、観光資源と商品の国内輸出である。

【ドルにたいする通貨価値が半分になった円安】

なぜ通貨の国際的な価値が半分の円安になったのか。外為市場での通貨は、株とおなじように外為の売買の結果決まって時々刻々大きく動いている。

約10年間の異次元緩和で大量増発されたゼロ金利の円（500兆円）が金利のつくドル、株、社債、国債を買ってゼロ金利の円が米国に移動した（10年の推計で400兆円）。

日本の政策金利が2013年からゼロ％だったのは（現在は0・25％：長期金利は0・9％付近）、名目GDPで楽観的な政府以外の期待成長率が1％程度だったからである。

米国の長期金利（ドル10年債の利回り）は、２０１２年が１・６％あたり、２０２０年のコロナ禍のときは０・８％、２０２１年からは５％に上がり、２０２４年は４％を中心に波動している。短期金利は、中央銀行の政策金利によって決まるが、長期金利は各国の債券市場（株の売買額の約12倍）で長期国債が売買された価格の結果から決まる。

債券市場で既発国債《きはっこくさい》の価格が下がると、金利は上がる。既発国債の価格が上がると、その利回りである金利は下がる。日本の債券市場（公社債市場という）で月間１０００兆円、１日では約50兆円の国債が金融機関や機関投資家の間で売買されている。

〔日本の金融市場の総体〕 日本の債券市場は、上場株の売買額５兆円／日（東証）の10倍（50兆円）である。金融市場の中心は、１日に１６０兆円の売買があって、通貨のレートを通貨先物も混じって決めている外為市場（世界の外為銀行の店頭と証券会社のネット取引）と、50兆円の売買がある債券市場である。

市場が開かれているため、われわれとメディアの目に見える株式市場では、１日に５兆円の売買しかない（時価総額が日本の約10倍のドル株の売買は米国市場で推計１日50兆円）。

日本の金融市場の総体は、①外為市場（１日１６０兆円）、②国債がメインの債券市場（１日50兆円）、③株式市場（１日５兆円）であって、合計では２１５兆円／日の売買高である。ＧＤＰの36％の激しい動きが１日にある。１年間でＧＤＰの90倍のマネーが動いている。

これにたいしてほぼゼロ金利のストックである銀行預金（金融的には現金に相当する）は、１７３４兆円である。ほかに日銀の当座預金が５４７兆円、１万円札の紙幣が１１９兆円発行されている。

以上のマネーで外貨、国債、株の売買の結果、

①ドル円のレートと株価がもっとも大きく変動し、

②国債価格と長短の金利が微妙に変化して、

③日経平均の1株予想純益〔（次期純益予想÷株数＝2400円）×PER日本基準16倍付近＝3万8400円付近〕という3つの要素から日々の株価が決まっている。

日本の株価と国内消費をもっとも大きく左右しているのは、短期金利がゼロ％付近にはりついて変動率の小さな金利ではなく、変動が大きなドル／円の通貨レートである。

世帯所得とGDP

民主的な政府の経済政策は、世帯の実質所得を増やすことを最重点にすべきものだった。世帯の実質所得が増えれば、政府の税と社会保険料の収入も増える。世帯の所得が増えなければ消費は増えず、企業売上の将来予想の低さから国内の設備投資も減って実質GDPも増えない。

所得の函数《かんすう》が国民の消費である。函数は変数のある方程式をいう。単純化した消費函数は消費＝（1－貯蓄率）×期待所得である。将来の年金と期待所得が高くないと、世帯は将来に不安を感じる。今日の消費を引き締めて貯蓄に回す行動をとる。（注）物価の予想、政府財政の予算の予想、金利、株価も関係するが省略した。年金が主な収入である世帯数は5300万世帯の30％に増えている。スーパー（SM）の客数の30％は65歳以上の世代である。

週給制が多い米国人のように借入金の増加で消費する文化は日本人にない。米国では勤務医、官僚も2週間の週給である。週給では手許の現金が少ないから、クレジットカード払いが増えてローンも増える。

前述したように月給制の日本世帯の借金は、住宅ローンを含んで392兆円である（1世帯平均740万円：日銀資金循環表24年6月）。米国世帯の借金は17・7兆ドル（2560兆円：1世帯平均1400万円）である。世帯あたりの負債額では米国の世帯が2倍大きい。

1990年代、GDPの60％台だった日本の個人消費の割合は55％に減っている。

日銀は、①2013年から円の増発を毎年60兆円から80兆円行って、②金利はゼロにし、③国民の期待物価を2％に上げて世帯に消費を促し、GDPを上げるつもりだった。

しかしゼロ金利であっても、借金で消費する慣習がない日本ではうまくいかなかった。

米国では借金による消費が増えたので、物価が2021年から1・5倍に上がっても変わらずGDPの70％が個人消費である。GDP比での日本の消費55％と米国の70％は金額では天地の差がある。

代表的な消費財の自動車では、米国は2台から3台の所有が普通であり、日本ではせいぜい1台である。東京都心では1か月の駐車場が機械式で6万円、平置きは10万円と高いので、車の所有が少ない。米国ではインターネット通販が16％に増えているが（2023年）、ネット販売を含む消費財の売上がGDPの70％を占めている。

【政治家の反省と責任の空虚さ】

岸田政権は所得倍増をかかげていた。どんな方法か注目していたが、就任のあとすぐ引っ込め、詐欺的《さぎてき》な資産倍増をかかげ、1800万円までの投資株式の利益を非課税にするNISAの枠を作って1100兆円の預金がある世帯に海外株の買いを奨《すす》めている。

しかし株の値上がりの含み益は株価が下がると消えるから2025年は、逆に損をする確率が高いと予想される。リスク資産の株で3年以内に資産を増やせる確率は高くない。超長期に20年以上もつなら利益は出るが。

世帯の銀行預金は1127兆円（日銀資金循環表：法人の銀行預金を含むと1734兆円）あるものの、買った株の値上がりで世帯預金が1500兆円になる確率はゼロだろう。政府の政策に乗って新NISAをした世帯が株で損をしたときどう責任をとるのか。責任をとることはない。

【米国で国債への債務上限の意味】

一方、米国では上下両院の議会が国債の新規発行を含む政府予算（約500ページ）を審議・検討し、修正・賛成・否決をする。日本とはちがい6か月ごとに議会が予算を決定する。米国の政府負債には、議会が政府に課した債務上限《さいむじょうげん》がある（現在の債務上限は35兆ドル）。

日本の政府予算に政府の債務上限はない。国債の新規の発行額は、財務省理財局《りざいきょく》の裁量《さいりょう》で決めている。なぜ日米でこの違いがあるのか、考えたことがあるだろうか。

米国の既発国債の残高は、ＧＤＰ24兆ドルの１５０％の35兆ドルである。一方日本の国債はＧＤＰ６００兆円の２倍の１２００兆円である（借入金を含む政府債務の全体は１４３１兆円：ＧＤＰの２３８％）。ＧＤＰの１５０％の既発国債がある米国には、議会が課した債務上限がある。日本にはＧＤＰの２３８％の政府負債があっても、国会は政府に債務上限を課していない。この理由を考えたことがあるひとは、おそらくいない。日本人には馴染みがない「連邦国家」の仕組みを知らねばならない。

【連邦国家の構造】

米合州国は、50州の合意による連邦国家である。26か国のＥＵ（欧州連合）とおなじように50州の連合体である。日本国のような統合のシンボルとしての天皇を戴く、いわば自然的な統一国家ではない。ドイツとフランスが26か国と合意し人工的で制度的な連合国を作ったのがＥＵである。島国の地理的条件をもつ日本は、地方自治の県（たとえば警察は県警）はあっても自然の統一国家に見えるが、米国とＥＵは合意（＝契約）で作られた制度的な人工国家である。

米連邦では50州が連合して合州国（United States：州の連合国政府）を作っている。合衆国（United People）としたのは、外務省の意図した語訳である。外務省は変なことまでやる。

以上の国家の構造から国債は州ではなく連邦政府の負債である。法論理から米国債は州の負債ではない。ＥＵの国債が法理論ではドイツやフランスの負債ではないこととおなじだ。英連邦の植民地から戦争を経て独立した13州が米連邦を作った（１７８３年）。参加する州は50州に増えたが、基本の構造は連邦国のままである。

以上の連邦国（コロンビア特別区のワシントン政府）の構造から連邦政府の負債である米国債には、いわば独立国である50州の代表が集まる議会が債務上限を課している。県の連合ではない日本国ではありえないことである。県は米国とは逆に日本政府が分割したものである。米国の50州は平等に2名の上院議員を連邦の議会におくっている。

米連邦（ワシントンの米国政府）が発行した米国債にたいして議会が課している債務上限は35兆ドルであって、２０２３年から債務上限に達している。6か月ごとに上下両院の議会がワシントン政府の債務上限を上げないと、上げるまでの期間はデフォルトする。議会が債務上限を上げないと、米国債は永久にデフォルトするリスクをもっている。

州兵と最高裁をもつ州は、米国政府の債務を弁済する義務を負わない。びっくりするが、これが米国の国家、国債、通貨の「リセット」である。米国議会は政府の上にある。これが米国の民主主義である。欧州では地域国家が独立して現在の国家を作っている。

ソビエト連邦は１９９１年に解体された。独立したポーランドやハンガリーにはソ連邦の国債返済の義務はない。日本でも住民投票で県は東京政府から独立はできるが、その考えそのものがない。自然神崇拝の天皇が国家の統合のシンボルだからだろうか。天皇は日本国を作っている日本人の意識にたいして大きな役割を果たしている。

民主党と共和党の間で債務上限の上げが紛糾した24年9月30日には、ギリギリの時間に3か月のつなぎ予算が通って政府機関の閉鎖をかろうじてまぬがれた。大統領選挙後の25年1月に、ふたたび米国債の債務上限に直面する。たぶん３か月の臨時つなぎ予算が通るが、25年3月末にも債務上限の上げの議会審議がある。

加えて米国連邦憲法には、敵対国がもつ米国債に大統領令で「返済と利払いを停止して無効にできる」という条文がある（敵対国条項という）。なお議会と連邦最高裁は、議会の承認がいらない大統領令（大統領が単独で発する政府命令）にたいして不適当としたときは無効にできる。米国債の海外保有は過去最高の６兆８０００億ドル（９８６兆円）である。

トランプは日本を敵対国とはしないとは思うが、中国のもつ米国債（７６６４億ドル：１１１兆円）はいつ敵対国宣言があるかあぶない。事実をいえば、ウクライナ戦争の直後からバイデンはロシアの外貨準備３０００億ドル（中身は米国債と米ドル）を凍結したままにしている。

プーチンは不当だとしているが、ロシア・ウクライナの終戦条約で、どうなるか不明である。以上がほとんどの日本人の知らない米連邦のワシントン政府と、独立国たる50州の代表が作る上下両院議会との法理論での関係である。「連邦政府」は50州の合意で作られている。

米国では州民（People）が選出した議員の議会といい、日本国では国民が選出した議員の国会という。ここにも連邦国と天皇が統合のシンボルである日本国の国家の根本での違いが反映している。憲法と法は「言葉による概念」である。国家は法的に擬似法人である。主権は国民にある。

第十章

国家の審議がない一般会計と特別会計

議会をほぼ素通りする財務省の財政予算案

日本では毎年、財務省案をベースに、自民党政調会《せいちょうかい》と内閣府が参加して作った政府案がほぼそのまま通る。議会には形式上の予算委員会がある。財政予算の中身の審議はほとんどない。野党が与党閣僚のスキャンダル、不法行為、失言をあげつらうものになっている。

これが1950年から続く与党2：野党1の政治体制である。財政の内容と、どんどん上がった国民負担の適否にたいして国会が制度上もつ審議権《しんぎけん》・修正権は機能していない。

本書で書いていることは、本来なら毎回の国政選挙でもっとも重要な政治的な争点になるべきことである。しかし一般会計と特別会計の内容について予算委員会でも審議がなく、財務省が作った予算案を通すことしかしない政治に期待ができない。この感覚は私以外の方々もおなじだろう。このため本書ではほぼ全部の財政数値とマクロの金融数値を出して、「日本を衰退から救う方法」を具体的に書いている。エコミストと政党および政策ブレーンには期待ができないからである。

民主主義とは、官僚が出す財政予算の内容を国民の代表である議会で審議して修正することである。日本では、国民の代表である国会がこの面で機能していない。審議とは、予算の目的にたいして内容が的確であるかどうかを積算の単価から検討することである。

4日前だったが、あるパーティーの二次会で隣にいたひとから、「能登半島の水害復興で、工事の見積金額が10億円でした。この程度の工事なら2億円でないと、おかしい。どうしたらいいか」。当方は、「工事の積算表を要求し、その単価を知り合いの業者に見積もらせれば、三重・四重の下請けのペーパー・マージンの構造が暴けます。それを行ってください。単に反対するだけでは、行政の論理の手の内にはいります」と答えた。国全体で言えば小さいことだが、官僚案についての議会審議の本質がここにある。

このような1950年体制が74年、続いている。

民主党政権の3年（3首相：2009〜12）は財務省から籠絡《ろうらく》されていた。財務省が作った消費税10％法案を通したのは、民主党の野田政権だった（2012年8月）。

【財務省官僚の政治権力の源泉】

財務官僚がもつ政治へのパワーは、ガルブレイスが『権力の解剖《かいぼう》』（１９８４年）で分析した条件付け権力である。権力とは他者に強制する力をいう。財務官僚は政治家より財政への専門的な知識をもち、予想する言葉の能力で上回っているから政治家を動かす。政治家の多くは、複式簿記のバランス・シートとキャッシュ・フローを知らない。

これが財務官僚の政治家にたいする「条件付け権力」である。対抗するには、財務官僚を上回る財政への知識と経済の予想力が必要である。本来なら政治家がもつべきものだろう。経理係は経営者以上の経営権力をもつべきではないが、政治家は財務官僚にあやつられてきた。

憲法では、国民の代表である国会が国権の最高機関と規定されている。国権とは国民の集合がもつ権力であって、タテマエ上は国民以上の権力は民主主義国にはない。しかし実態では議員の選挙を通じて間接的に国権に関与するしかない。

スイスの直接民主制は日本のような間接民主制と異なっている。スイスでは１９００〜２０２０年の間に６２１回の国民投票が実施され、世界で行われた国民投票の半数以上を占める。州や自治体レベルでも多くの住民投票が行われている。

国民の代議権をもつ議員は、官僚の上に立つが実態ではそうではない。国政の方向を示すリーダーシップはあった安倍元首相すら財務省からの裏圧力は強力だったと書いている（『安倍晋三回想録』）。

〔財務官僚の方法〕財政の骨格を決める「骨太の方針」にだれも読まないくらい、ひどく小さく書いた脚注がある。財務省の財政予算のシーリング（上限）の金額を複数箇所忍び込ませ、安倍元首相が知らないうちに閣議で決定させていたという。

一般会計（24年度：１１２兆円）と、国債会計・年金保険会計・外為会計《がいためかいけい》・財政投融資《ざいせいとうゆうし》などの特別会計（一般会計との重複を除いて２０８兆円）、純計で３２０兆円（ＧＤＰの約50％）の財政予算は、与党政治家に「ご進講《しんこう》」に上がる財務省が主導している。国の経済の50％は一般会計と特別会計として財務省が作っている。

２０２４年度の一般会計の歳出総額は１１２兆円である。このうち前年比で16・６％ともっとも大きく伸びるのは、防衛費の７・９兆円である。防衛費を増やすことが近々の増税の根拠になっている。自衛隊員を増やすのではない。増えるのは、米国軍需産業からの兵器の輸入購入費である。予算委員会では何を何の目的で、いくらで買うのか、詳細に追及され適否が審議されねばならない。これが予算審議だ。実は超音速とＡＩの現代では、防衛の役に立たない70年代の中古ミサイルの購入が多い。武器の値段は、米国の軍需産業と米国政府のＣＳＩＳ（戦略国際問題研究所）にいるジャパン・ハンドラー（兵器商人）の言いなりで国内の公共事業や災害対策では行う原価の査定はない。米国から防衛省に価格一覧が来ている。その価格のまま予算を作る。これがなければ、予算案が作れない。

〔もともと形骸化《けいがいか》していた国会の予算委員会〕与党と野党（議会）はともに国政の調査権を使って製造原価を調査し、あわせて兵器の性能、用途目的、税を支出する最適な価格と総額を示すように政府に迫ることが予算委員会のあるべき質問である。

１１２兆円の一般会計全体でもおなじだ。政府の政策にたいして議会が行う民主政治とは、詰まるところ予算額の査定の審議である。財務省は、各省庁の詳細な支出目的と最適単価を出して予算を絞って査定し、総額を決定している。

こうした議会審議は一度も行われていない。繰り返し言うことになるが、政府の政策とは政策目的と整合する予算の詳細項目、最適単価、その増減である。それを審議するのが予算委員会である。野党がそこを突いてこないので、単価と予算を査定した財務官僚は野党をバカにしている。質問をバカにするのは、国民を愚弄《ぐろう》することとおなじ意味をもつ。財務省にたいして議員の情報不足と能力不足が激しい。質問

裏金の追及に時間と1日3億円（年間1000億円）国会費を費やしても国民への意味は小さい。質問に立つのは、細切れの時間で1人。法廷の弁護士に比べた費用はどうだろうか。

特別会計の闇

膨大な資料を段ボールで幾箱も集め、特別会計の複雑な闇を調査・指摘していた民主党の石井《いし》紘基《いこうき》議員は、右翼と自称する暴漢のナイフによるテロで自宅の玄関前で亡くなった（2002年）。その背景は安倍元首相暗殺とおなじように、いまだに明らかにされていない。

米国債を売る誘惑にかられるとコロンビア大学で講演して、消費税を上げた橋本龍太郎元首相は参院選で惨敗して辞任した（1998年）。

日本は米国のATMではないと発言した中川昭一財務大臣は、ローマサミットで謎めいた酩《めい》酊会見《ていかいけん》で非難を浴び、3日後に大臣を辞任した。その後に自宅で急性の心筋梗塞《しんきんこうそく》とされて亡くなった。遺書はなかった（2009年）。

異次元緩和を推進し、消費税の上げに最初は抵抗した安倍元首相は、参院選挙中に奈良県で暗殺された（2022年7月8日）

こうした政治的なテロ事件では、誰の、あるいはどの組織の策謀《さくぼう》であるかが出ることはない。1963年のケネディの暗殺の真相が、いまも公式には明らかになっていないことからもわかる。ケネディは、教科書ビルのオズワルドとは逆方向の前方からライフルの銃弾を受け、後頭部の骨がボンネットに飛び、気丈なジャクリーヌ夫人が拾って病院まで運んだ。世界が見た映像であった。

トランプには2020年の選挙後、フロリダの邸宅（マー・ア・ラゴ）執務室《しつむしつ》にヘリコプターから機関銃が撃ち込まれた。2024年7月には選挙演説中にライフルの銃弾を右耳に受け、9月には自分のゴルフ場で暗殺未遂を受けている。いずれも背景は闇のなかである。

日本の警察が安倍元首相の暗殺事件の物的証拠の捜査においていいかげんなように、FBIの捜査もやる気がない。これ以上は言わない。ずっとあとの歴史の時間が重なって明らかになるかもしれない。闇のままかもしれない。古くなったことは忘れられる。

われわれはウクライナ戦争やイスラエル戦争を含んで主流のメディアが作る仮想現実《かそうげんじつ》のパラレルワールドに生きている。ジョージ・オーウェルの『1984年』。

日本の事件は特別会計の国債整理基金《こくさいせいりききん》（国債の償還と利払いの基金）と外為準備金《がいためじゅんびきん》（政府の外貨準備金）にからむものであろう。いずれもマネーである。

・国債整理基金で動くマネーは225兆円（一般会計の2倍）、

・外為準備金会計の残高は1・2兆ドル（174兆円：24年10月）である。

ドル建ての外為会計の円安による含み益（約50兆円）は、財務省の隠し資産である。

国会での審議はなく財務省が専有管理している（国会は審議ができるが、審議はない）。特別会計への専有的な管理権限を財務省は手放さない。マックス・ヴェーバーを学んだ在野の学者小室直樹氏は多くの著書で「日本の官僚は王国の家産官僚《かさんかんりょう》のままだ」と言っていた。過去ではなく生きた現実を分析ができる学者が本物であろう。氏の『論理の方法』も出色である。

家産官僚とは、王（日本では天皇）の財産と税収を管理する執事、事務官である。

古い言葉だが、日本の官僚は国民に行政サービスを提供する公僕ではない。北欧の国民負担は60%と高いが、公務員は公僕の地位であり、行政と予算が適切かどうかを意見する権限をもつ国民の代表のオンブズマン制度を備えている。六公四民であるが移民の過剰を除くと国民の満足度は高い。

この制度は1810年のスウェーデンが発祥で、デンマーク、ニュージーランド、英国、フランスにある。高福祉・高負担の国には必須の制度である。日本の議会はなぜ作らないのか？自民党と政府の癒着《ゆちゃく》から、行政の基本が戦前の家産官僚制から脱していない。

戦後も戦前の家産官僚制を実質的に続ける財務省

財務省（旧大蔵省）は、GHQによる日本の植民地統治の目的があって、戦後も戦前の組織が解体されなかった。権限をもっていた内務省、軍部、財閥は解体され、明治時代から荘園主だった地主の農地は小作農に安く払い下げられた。しかし財務省は戦前の家産官僚のまま残って、総額で112兆円の一般会計の2倍はある国債会計、外貨準備会計、社会保険会計を含む特別会計を専有的に管理している。大蔵省は平安時代からの徴税官庁だった。

加えて歳入の面で国税庁は財務省の管理下にある。国家の歳入と歳出の全体を財務省が管理している。これは事実上、財務省による条件付け権力の専制国家ではないか。

議会は特別会計を財務省から分離させることを決定できるが、そうした立法はいままで皆無である。国民のためにたいせつな国税庁（歳入庁《さいにゅうちょう》）と財務省の分割案もあるが、財務省の巧みな政治家への対策から検討すら進んでいない。

国税庁と財務省は本来分離すべきものだが、財務省官僚は国家の収入と支出を司《つかさど》る、この条件付け権力を決して手放さない。しかし、ここが財務省のアキレス腱でもある。行政がもつべき国民への倫理の正論で突破ができる。

財務省は、名目的な国家のなかの実質的な国家のポジションにある。財務省の意に染まない政治家、企業家、金融、企業に税務調査、ときには検察の特捜《とくそう》を差し向けることもないとは言えない。不法や脱税のスレスレを行う政治家は、国民が税務署や警察を恐れる以上に、財務省の裏工作からくる国税庁と特捜の調査を恐れる。こうしたことの合計が、財務省の強制権力に見せない実質権力のベースになっていることは事実であろう。

財務省の次官と検察庁のトップは1か月に一度の会議をもっている。全部の官庁で課長や課長補佐の多くの出向の仕合《しあ》いがあり、事実上は一体になっている。たとえば国防省には、財務省からの出向があって情報交換がされている。財務省は国有財産と、全部の官庁予算の差配を行う権限をもっている。予算が乏しいと行政は遅滞する。省庁と政治家は財務省の意向に従う。党内に基盤のない石破政権は「財務省が仕えるのではなく使える政権」である。

選挙前は、自公で過半数を割れば責任をとると言っていた。実際に割ると「政治の遅滞は許されない」として継続するという。バックに最長でも参院選前が寿命の石破政権を使って増税のタネを植える財務省がいるからだ。議席が4倍に増えた国民民主党と政策面の部分連立だろうか。権力を争う政治には何があるか不明なところがあるが、財務省の増税への動きは一貫していて明白である。

権力を争うと言ったが、それは本来、国民の生活向上のため権力のあるポジションの争いでなければならない。自己権益であってはならないが、政治家は自己権益への権力と誤解している。会社の社長争いがもし社員のため、事業発展のため、顧客のためという目的を失っていれば、その会社はどうなっていくだろう。自明のことである。

財務省・日銀は合同でNYに米国財務省とFRBとの連絡事務所を置いている（日本大使館とは別の組織）。日本から純貸付金である対外純資産が471兆円と多い米国の政府・民間の金融政策に協調することが目的である。GHQ（占領軍）は、軍部と内務省は解体したが日本統治のため旧大蔵省解体には手をつけず事実上の子分にした。

財政の緊縮と増税の方針の財務省

２０２１年11月号の文藝春秋に現役の財務次官であった矢野康治氏が〈財務次官モノ申す「このままでは国家財政は破綻する」〉というエッセイを投稿した。財務省の主流派のホンネだろう。この目的は、緊縮財政と増税へ向かわせるための国民の気分の醸成《じょうせい》である。これは財務省の議員の説得とおなじ方法である。財務省が使う「条件付け権力」がここでもあらわれているので主要部の抜粋《ばっすい》を示す。矢野次官は無意識に行っているかもしれない。もし無意識なら一層怖《こわ》い財務省の伝習である。

〈数十兆円もの大規模な経済対策が謳《うた》われ、一方では、財政収支黒字化の凍結が訴えられ、さらには消費税率の引き下げまでが提案されている。まるで国庫には、無尽蔵《むじんぞう》にお金があるかのような話ばかりが聞こえてきます……すでに国の長期債務は９７３兆円、地方の債務を併《あわ》せると１１６６兆円に上ります。ＧＤＰの２・２倍であり、先進国でずば抜けて大きな借金をかかえている。それなのに、さらに財政赤字を膨《ふく》らませる話ばかりが飛び交っているのです……あえて今の日本の状況を喩《たと》えれば、タイタニック号が氷山に向かって突進しているようなものです。氷山（債務）はすでに巨大なのに、この山をさらに大きくしながら航海を続けているのです（エッセイの抜粋引用）〉。

図18　矢野次官が雑誌に掲載した財政赤字拡大の「ワニの口」

2020年度は、コロナ対策費の財政赤字が112.6兆円加わった。毎年、平均で35〜45兆円の財政赤字があるから、財政支出と税収の差である財政赤字は拡大する一方である。

このままでは、政府の財政は、夜霧で見えなかった大西洋北の氷山に衝突したタイタニック号のように破産して沈むと矢野次官は書いている。

ワニの絵は、矢野次官が示した記事にあったもの。当方には、こうしたものを示す趣味はない。

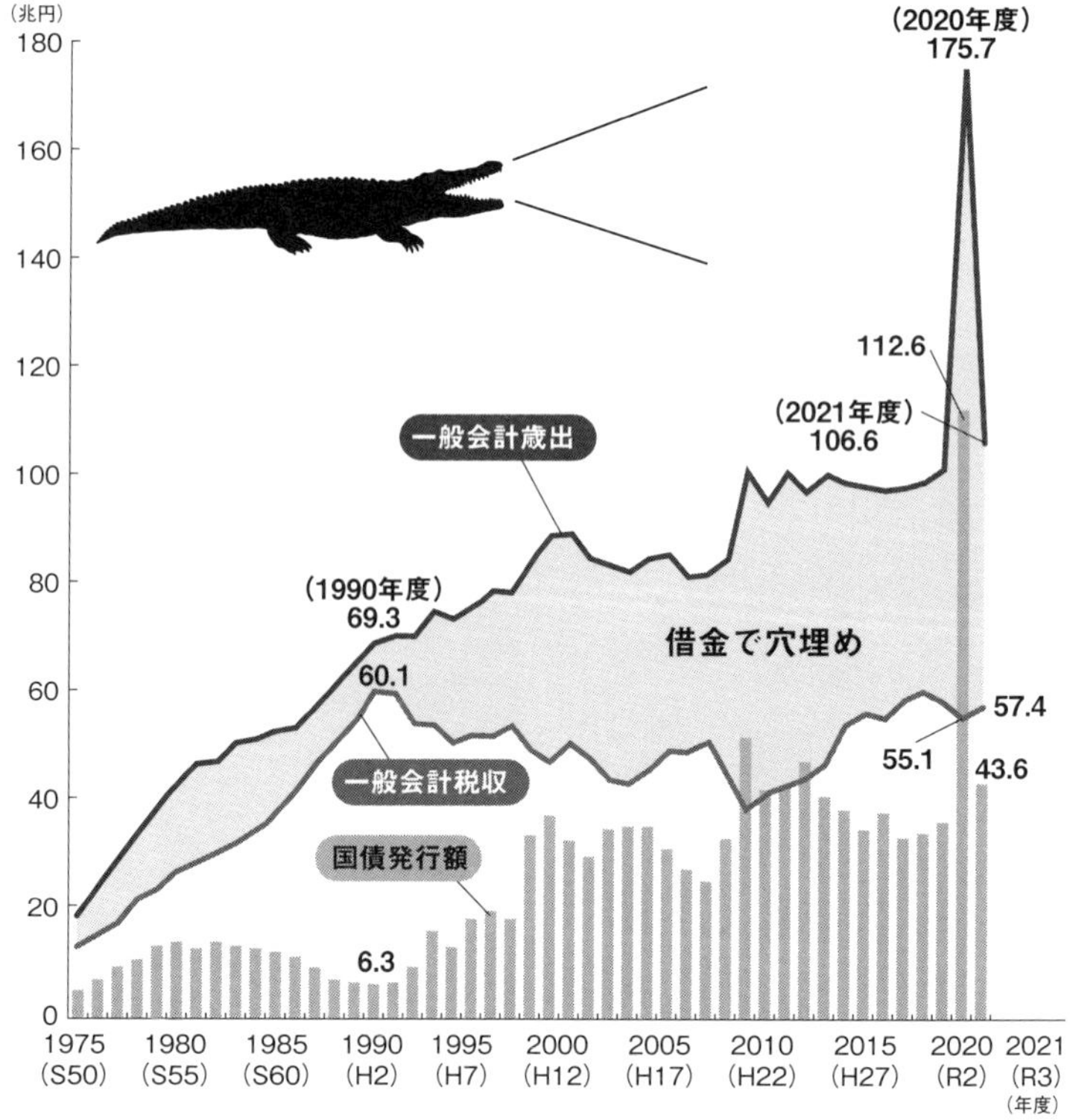

（注1）2019年度までは決算、2020年度は第3次補正後予算、2021年度は政府案による。
（注2）2019年度及び2020年度の計数は、臨時・特別の措置に係る計数を含んだものである。

２０２０年からはじまったコロナパンデミック対策支出の１００兆円のあと、一般向けに財政の緊縮と増税の根拠になることを財務省が示したものがこれだった。家産官僚の財務省は明然たる財政緊縮・増税派である。家産官僚である王家の執事（事務官）は王家の財政を破産させてはならない。

この論に沿って、①財政の緊縮（財政予算の削減）と、②五公五民の上に増税（消費税15％と言われている）をすれば、対策費１００兆円を使ったコロナ敗戦後の緊縮になる日本経済は、矢野氏の目的とは逆にルイ王朝や江戸幕府のように奈落《ならく》に落ちる。これは１００％確実である。緊縮財政と増税による消費の低下と設備投資不足から沈むのが人口減の日本丸である。

【消費税の増税は所得税を減らす】

消費税15％への増税で政府の年度予算上の赤字は、いまより13兆円減る。しかし５％が加わる消費税で５％上がる物価にたいして大きな不況になり、所得からの消費が減ってＧＤＰが低下する。購買頻度《ひんど》の高い商品の物価は、２０２０年にたいして行動経済学の感覚ではおよそ1．4倍（日銀生活意識調査での物価上昇は1年に10％）に高くなっている現在よりさらに５％上がると、実質賃金が減っている世帯はどうするだろう。

その年度から企業の税抜き売上と所得税収は減って、消費税収が増えても政府財政の決算での赤字は解消しない。ＧＤＰは法人と世帯の国民所得である。ＧＤＰは需要と投資であり、法人の売上になっている。マネーは循環するから増税で実質需要が縮小すれば、400万社の合計売上が減って利益が低下し所得税も減る。

消費税の15％への増税で5％上がった物価にたいして、おなじGDPの需要になるには平均所得が5％～7％は上がらねばならないがとてもムリだ。これは財務省悪者論ではない。マネーの循環と経済の連関を言っただけだ。

アベノミクスの消費税の増税5％（3％＋2％）が結果として経済の縮小をもたらさず、税収の増加になったのは、通貨増発のうち100兆円（年10兆円）が国内経済に流入して底支えをしたからである。しかし2025年からの金融緩和のない消費税の15％への増税はGDP（減る法人所得＋減る世帯消費）を下げて、3年間で税収を減らして逆に財政を悪化させ、赤字国債の増発を迫られるだろう。

GDPの2・5倍の政府負債残と、毎年の財政赤字でその負債が増える一方の財務省の懸念はわかる。しかし日本経済に賃金が5％から7％上がる条件（労働生産性の上昇5％から10％が必要である）はない。生産性の上昇は1990年代からずっと年0・5％から1％の範囲である。設備と機械と労働を100％稼働したときの潜在GDPの成長率は、労働人口の年90万人の減少があるので高く見ても0・6％である。天《てん》の采配《さいはい》で急に上がることはない。

現職の財務次官が財政破産の可能性を書いて国民向けに一般雑誌で公開したのは、歴史上初めてだった。政界、財界、国民の心理に波紋を起こした。政治家は官僚の越権行為《えっけんこうい》と非難したが、それだけだった。

財務省には、２０２１年からコロナウイルスの対策費の赤字国債１００兆円を増やして、その後どうするのかという経理部長的な善意の思いがあったのか。事業の経営でいえば、コロナパンデミックからのロックダウンで収入が急減するなか、累積借金（当時は１１００兆円の国債の残高）を１００兆円積み増したようなことだった。国家の会計官（経理部長）の性格は保守的であり、支出を抑制し、税収を増やす係である。

40％の円安から対外資産の「見かけ上」の増加

米国が０・75％ずつ５・25％に向かって利上げをした２０２２年３月からの日米金利差拡大から、１ドル１０５円から１５０円台の42％の円安（円売り／ドル買い）になった。全部の企業の経常利益は30兆円に海外事業のドル利益の評価分が加わり1年に約15兆円上がった（合計45兆円）。これが円安による日本経済好調論の根拠になっている。

海外生産企業の純益が通貨の評価での為替差益《かわせさえき》で上がったようになって、ドル建て対外資産の評価も40％も増えた。日本の対外資産は１４８８兆円に増加し、対外負債も米国系ファンドから日本への証券投資の増加から１０１７兆円に増加した。

マネーの出所《でどころ》が日本の対外負債（海外ファンドからの、円株の買いの増加は対外負債の増加）であれ、株価は買いが増えれば上がる。ファンドは時価総額では300兆円の日本株をもっていて、アクティブな投資家として自社株買いを要求する。自分の利益のためである。

①ドル建て外貨資産、2倍の円安でのドル評価の上昇（残高1488兆円）、

②東証の時価総額1000兆円の状況を見て、1200兆円の国債残がある政府財政の破産は語られなくなった。語られないだけであって、いまの経済構造のままで国債の金利が2％に上がると危機になる。

【株価の値上がり益は売って実現するまでは霞《かすみ》である】

しかし国債・株式・債券を買った価格からの価格上昇とドル高（＝円安）による評価の含み益は高い価格で売らないかぎり実現しない霞《かすみ》である。円安を理由とした為替評価益から対外資産が増えたような感じがするだけだ。そうであっても外為の時価会計では、資産は増えたとして扱われる。先行きがドル安／円高になるとこの含み益は消える宿命にある。

【国際的な金融市場では貨幣錯覚が問題になる】

現在、世界の株式と証券市場はネットでつながっている。海外にマネーが行くという古典的な考えは現代金融の世界にはない。世界にとって、60％がドルの国際金融の処理は国内金融と変わらない。米国から、150億円（1億ドル相当）の日本株を買うときも、逆のときも、証

券会社にインターネットでつながったコンピュータでの数字の入力である。

実はこうした外形の変化こそが金融のイノベーションである。

もうひとつのイノベーションは、とくに1990年以降、債務（借金）の証券化によって金融資産にして売ったことである。これは金融工学によるデリバティブ（金融派生商品）である。

サブプライムの住宅ローンは、そのローンをまとめて投資銀行やファンドが買ってプールし3層に切り分け（トランシェして）、
①下層から信用度が低く金利の高いエクイティ債、
②中程度のメザニン債（中二階債）、
③信用度が国債並みに高く、しかし金利は国債より高い、原理的には偽装のシニア債（MBS）を作った。
「米国債並みのAAA格の信用だが、金利は国債より高い（これは金融工学の確率統計の嘘である）」として販売してきた（AAA格とされた偽装のMBSを買ってリーマン危機のとき40％下がって5兆円の損をした農林中金がカモだった。2024年もデリバティブで2兆円の損をしている）。

住宅ローン、クレジットカードローン、自動車ローン、学資ローンのほとんどが証券化され、世界中に販売されている。高い格付けをつけた証券化金融が果たしたことは、米国の債務大国化である。米国はGDPの4倍の債務をかかえる国になった。ほかに対外純債務が21兆ドルもあり、実際の総債務はGDPの約4倍の132兆ドル（1京4500兆円）と計算されている。

（日銀：資金循環の日米欧比較：24年8月）https://www.boj.or.jp/statistics/sj/sjhiq.pdf

1990年代からの米国は、借金が増えないとGDPが成長できない国になっている。債務の証券化には利払いに限界がある。債務がGDPの4倍以上というのはすでに限界であるから、政府はデリバティブ証券の金利に関係する失業率、物価、株価、証券価格の高値維持のため金融・経済統計の偽装をサンプリングを偏向させて行っている。

バイデン政権下の不法移民の流入、犯罪の件数偽装にまで、米国の経済は順調に発展していて好況とするという偽装がある。NYの不法移民は宿泊費がおよそ5万円の中級ホテルに無料で住んでいる。ゆるい国境を越えて米国に押しかけることは自然なことであろう。民主党が不法移民を入れるのは、選挙が目的である。米国には戸籍制度はなく、運転免許証で投票ができる。

貸付債権と保有証券の含み損（6兆ドル：2024年：FDIC）を出さず、先送りしている米銀の時価会計にも問題がある。メディアは民主党を有利にする情報しか報道しない。

米国は連邦国家の基礎が、1980年代のソ連のように壊れている。ソ連はブレジネフの末期の1982年から崩壊に向かい1991年に崩壊した。その間9年だった。50の州が合州した連邦国の米国も9年、大統領で2期という時間的な経緯をたどるかもしれない。国家が解体する原因は昔から債務の超過である。古代のローマ帝国も近世の江戸幕府も、財政の赤字から兵と装備と倫理が弱体化して潰《つぶ》れた。到底《とうてい》返せない債務の多さは人間にもっともたいせつな倫理を堕落させる。これには例外がない。米国政府、日本政府だけでなく、債務が大きすぎる企業経営者にも共通している。ひとは債務で堕落し犯罪すらおかす。銀行員の不正がこれだ。自公の半数割れは政府官庁にたいする支持率の低下である。

国債より金利が高い証券化商品のデリバティブは、正常債券（シニア債）を装わないと売れず借金の増加ができない。借金の増加ができないと、GDPの増加速度が低下して自転車が倒れるように倒れる。米国の総債務はGDP（29兆ドル）の4倍の116兆ドル（1京6820兆円）だから債務・デリバティブ証券・株価の劣化の衝撃は世界に広がる。

1万円札の紙幣の発行額（119兆円：24年10月）の10倍ある世帯の預金マネーは、全部がデジタル化され、株と国債にも2003年からは紙の券面はなくデジタル信号になっている。スマホの電子マネーやクレジットカードでの店舗での買い物のようなものだ。

2010年ころから金融商品（株式、通貨、債券、国債、ビットコイン）も全部がスマホで売買できる。ユーチューブやX（旧ツイッター）はテレビや週刊誌を超えた。小さなスマホは半導体のナノ集積化のおかげで、1990年に10億円以上だったスーパー・コンピュータ以上の情報処理と高速通信の能力がある。ナノとは10億分の1ミリ。

日本産の半導体はナノ化に遅れた。エヌビディアやTSMCが先行してシェアをとった。60億人に携帯されているスーパー・コンピュータ（スマホ）が社会と経済を変えている。20世紀までの近代化は鉄道・郵便・電話・電力・自動車が果たした。21世紀はインターネットとAIである。インターネットは電話線がなくても衛星通信では短時間で敷ける。このため21世紀は世界の進化（経済成長）が同時化している。日本はインターネットとＡＩに15年は遅れた。ここに30年の日本経済が停滞した原因がある。

いまは世界一のマーケットの中国は、26年後の２０５０年に人口が14億人から半減するという衝撃のリポートもある（香港紙：合計特殊出生率は現在１・18人、これが１・０人に下がる）。世界経済は30年で一変する。

通貨レートは変動相場制なので、今日は１５３円台の再びの円安に向かい時々刻々《じじこくこく》と変わっている（11月３日）。普通は上がる円安にもかかわらず、日経平均は激しく下方に動き、３万８０００円に下がった（同日）。米国長期債の売りが増えて価格が下がり、米国の金利が円金利以上に上がって、円は下げたからである（円の長期金利０・98％：ドルの長期金利４・38％）。金利・株価・外為相場はいま方向が見えない動乱期である。

【通貨の相対価値が日々変わる変動相場制のなかで】

米国債と米国株の表示はドルである。ドルでの株価がおなじでも円安（ドル高）で為替評価が上がり、円高（ドル安）で下がる。ほとんどの場合、通貨レートの変動益（円安評価）が利益より大きい。１週間で２円の円安変動なら１・５％であるが、年間の利回りに換算すれば、52週の平方根をかけた50％になる。ファンドによる短期金利が０・25％と低い円キャリー（円の借り入れ）のレバレッジをかけた週間短期売買はこの50％の為替差益を狙う。

24年７月末のオルカン株（世界株式指数：ｅＭＡＸＩＳ）が1ドル１４０円台の円高による下落12％をした。世界株の年間上昇予想は７％付近だから、12％の円高で５％のマイナスになった。円安になると、逆である。これが変動が株価上昇より大きな為替差損、為替利益の性格である。円安によるドル建て株の短期の為替差益を利益として見ていいのかという疑問がわく。

他方で５％の円安では、日本世帯の１１２７兆円（世帯平均２１３０万円）の預金（24年6月）がドル評価では55兆円分下がっている事実がある。ドル建てで見れば、日本の賃金と物価も５％下がっている。

国内の証券会社でドル株が円建て表示されているものは、証券会社がドル／円の変動レートで換算したものである。０・06％くらいの管理費用に為替交換《かわせこうかん》の手数料がはいっている。

１９７３年から半世紀続いている変動相場制では、ドル、円、ユーロ、人民元などの現金マネーそのものの価値が大きく変動するリスク資産になった。ところが、ひとびとにはこの認識は薄い。1万円はいつまでも1万円の価値を保ち続けるという貨幣錯覚があるからだ（ケインズ）。

通貨の価値（購買力）と外為市場での変動が激しい通貨のレートは、別のものとして区分しなければならないが、普通はそれをしない。貨幣錯覚は、ケインズのマクロ経済学においてキー概念のひとつである。ひとびとは物価上昇０％（貨幣の価値はおなじ）賃金上昇３％より物価上昇４％賃金上昇７％（貨幣価値はマイナス５％）を好む。銀行預金の価値が1年に４％下がるにもかかわらず。円安での為替利益も貨幣錯覚である。

第十一章

成果をあげることができなかった異次元緩和

異次元緩和が政策の中核だったアベノミクス

インフレなら1円の返済をしなくても国債の価値が下がるので、政府はインフレ政策に傾斜する。日本でデフレ脱却としての2年で2％の物価上昇を政府・日銀が目指した「異次元緩和」。金利のゼロ％と日銀の国債買い、言い換えれば円の増加発行500兆円の目的がこれだった。

しかし2010年代からとりわけ進行した人口減・高齢化が作用し、商品需要と国内への設備投資が増えないという問題をかかえている日本では、異次元緩和による2％のインフレ目標と名目GDPの増加3％を達成はできなかった。

日銀が金利をゼロ％に下げ、銀行マネー（日銀当座預金）を550兆円へと2012年の5

倍に増やしても銀行借り入れが増えず、商品需要と設備投資が増えなかったからである。

仮に日本が世界の先頭を走っている人口減と高齢化がなかったら、日銀の異次元緩和は政府目標のインフレ2％の達成という政策成果は得たであろう。


【人口構造は無視していた】


2013年4月から2％のインフレ目標をかかげて円を増発した日銀は、人口減と高齢人口の増加という構造的な条件を見ていなかった。それではGDPの需要と投資を増やさない。

このため増発された円のうち約400兆円はドル買いになって、12年末の1ドル78円から100円（13年）、110円（14年）、125円（15年）という円安を生んだだけだった。

1ドル78円から125円（15年）へ38％という大きな円安の原因は、増発されたゼロ金利のマネー推計で400兆円が日本と2％から3％差の金利のつくドル（MMF、ドル国債、ドル株）に流れたからである（金融機関によるドル買い／円売り）。

対外負債を引いた日本の対外純資産は471兆円になっているが、これは国内の円がドル買いの超過で米国に行ったマネーだった。外為市場でのドル買いは円売りになるので買われたドルは上がって、売られた円が下がるのは理の当然である。

〔たとえれば〕所有していた国債を売って金利ゼロ％の現金・預金（当座預金）を過剰にもったJ家が2％から4％の金利を払ってくれる隣のA家に471万円を貸し付けたとする。貸付債権として帳簿上の資産にはなっている。しかしJ家では使える預金と現金が減って収入は増えていないので、株も買えず貧しい食事になった。しかしA家では借りたマネーで株や住宅を買って、ドル高で資産と収入が増え豊かな生活をしていた。これが貸し付けた日本と円を借りた米国の対照的なちがいである（日本の純貸付金が471兆円）。

日本はバカなことをしてきた。米国物価上昇との関係における円の価値下落である。「日本は現金になった経済力を自国では使わないで米国に貸し付けた」。これが異次元緩和だった。2012年の1万円は12年後の2024年でもおなじ名目数字の1万円だ。しかしドルとの関係で1万円は5270円へと半分の通貨価値に下がっている（2012年1ドル78円→24年148円）。日銀が過剰に増やした円の価値が下がった結果が円安である。

しかし物価が上がらないときの1万円は1万円の価値を保っているように見える。これが貨幣錯覚である。

異次元緩和で銀行の日銀内の当座預金500兆円（金利は0％）が日本で使われず2％から4％の金利がある米国に、なぜ貸付金（対外資産）として流出したのか？

原因は、

①日本の実質GDPの期待成長率がゼロ％から1％、金利はゼロ％、

②期待物価上昇率もゼロ％から0・5％と低かった。

このことから日銀当座預金は500兆円を超えても、国内では利用できるマネーが少ない冷えたピザのような社会であった。

日米金利差が日本経済と所得を縮小させた円安を生んだ

日本の政策金利は０％～マイナスだった。銀行の貸し出しの平均金利は0・6％台だった（0・25％の利上げがあったあとの24年8月でも1・0％）。貸し出し金利が0・6％でも借り手がなかった。資金需要は赤字企業にあっても、貸し付けはリスクが大きいので貸せない。米国のような負債の証券化金融《しょうけんかきんゆう》は、銀行の間接金融が多い日本で発達していない。世帯の所得増加への期待は0％から2％と低かった。日本人の多くは、米国人のように借り入れで消費することはしない。ローンの借入金で消費すれば資産の減少だから、企業では売上、世帯では賃金が上がらないと破産するからである。

【事業経営者が感じている期待ＧＤＰ成長率の低さ】

この結果、成長余力がある企業が国内で借り入れによる設備投資を行って減価償却費を増やしても、売上増加で金利と経費を払ってあまる期待利益が予想できなかった。市場の需要（＝売上）が増える見込みがないと、借入金による増加、更新、高度化の設備投資は行えない。

株主資本主義の企業は社会主義よりも動的である。売上と利益を伸ばさねばならない宿命をもつ。経済は経営者と国民の期待で動く。このため新規の設備投資は、売上の増加が期待できる海外に脱出した（日本企業の、海外直接投資の累積残は307兆円の対外資産：2023年度）。国内の企業の総生産であるGDP（＝生産＝所得＝需要）の伸びが、0・5%付近と低い経済では、こうなる。「GDP＝1人あたり生産性×生産年齢人口×就労率」である。

2000年以降の1人あたり生産性の上昇は1%未満であり（生産性本部）、労働に出ることのできる生産年齢人口は減っていた。移民も米欧とは比較にならないくらい少ない（2024年の労働移民は累計人口で204万人：年間10万人程度）。

少子高齢化から毎年80万人（総人口の0・64%）の人口が減ると、商品需要も増えない。日本の期待GDPの成長率は、楽観的に予想しても1%だった。円安になるだけで名目GDPが増えないバカなことをしたのは、異次元緩和を蛮行した黒田総裁の日銀が2010年代の少子高齢化と人口減を勘定にいれなかったからだ。蛮行とは結果を予想しない果敢《かかん》な行動を指す。実利を求めるトランプ風のプラグマティズムとはちがう。

現在の日銀では、異次元緩和の結果検証が行われている。ところが「安倍首相からの異次元緩和には異論を唱えることが当時はむずかしい空気があった」と日銀の官僚は言う。日本の責任論は中心が空洞になる（戦争を推進した政治家、軍人、国民の心理を書いた『超国家主義の論理と心理』：名著：丸山眞男）。政府と日銀の目的とした効果を生まなかった異次元緩和は、2024年3月の利上げで解除された。0%だった金利は、その後に0・1%と0・15%の利上げをして8月からの政策金利は0・25%になっている。

【政策金利と市場の金利の関係】

政策金利は一般に馴染《なじ》みのない言葉だろう。米欧では1985年ころ、日本では1995年の橋本首相のとき、前述した外貨購入自由化の金融ビッグバンが施行された。国際金融では資本の規制がなくなったことをビッグバンとして宇宙の創生になぞらえた。外貨を自由化し資本の規制をなくすとは、自国通貨での外貨・海外債券・国債の売買を自由にすることである。日本では、1973年から円が変動相場になっても1995年まで外貨の規制があって自由ではなかった。金融のビッグバンで、マネーから国境を取り払って外貨の購入規制がなくなると、通貨はインフレ率との関係から、名目金利の高い通貨の米ドルに移動する。国境を越えるマネーの瞬間移動のため、国内の短期金利を決めていた公定歩合（日銀が銀行に融資するときの金利）の役割は消えた。

1995年からの金利は、

①返済満期が1年以内の短期金利は、短期国債の変動する価格で、

②満期が1年超える長期金利は、長期国債の変動する価格で決まるようになった。

金融ビッグバンの1995年から、債券市場（日本では公社債市場）が日々微妙に変わる国債の価格による利回りから金利を決めている。銀行の預金金利と貸し出しの金利も自由になった。

【経済の自然に介入する人為的な政策金利】

バブルとは、現在の日米欧のような非合理な資産の価格である。

①株価では歴史的にＰＥＲが15倍あたり以上（現在日経平均は米国基準ではＰＥＲが20・7倍：ナスダック１００は22倍）、

②住宅価格では年収の６倍以上の価格は、通常のローン金利で買えない非合理な価格である。中央銀行の通貨増発と利下げが経済にたいして人為的だから、設備投資に回らず、しかし負債は増えて金融商品と不動産に流れバブルを引き起こす。

バブル価格はいずれの時期か、インフレから金利が上がって金融が引き締まると崩壊する。

現在のバブルは、コロナ対策の財政出動とマネー発行の増加がもたらしたコロナバブルと命名されるだろう。崩壊の時期は、中央銀行によって引き延ばされても２０２６年末までには来ると想定している。確率は85％あたりか。バブルはバブルだから崩壊する。バブルは自律的な市場の金利形成にたいする中央銀行による人工的なマネーの増発と低い金利から起こるものであって、それ以外ではない。政策は人工的である。

日銀やＦＲＢの公定歩合のような金利の規制を外して、債券市場での国債の売買に金利を任せることを金融ビッグバンといった。しかし１９９５年以降も日米欧の中央銀行の国債市場への介入は規模を大きくして続いてきた。このため金利は債券相場の自然ではなく（中立金利ともいう）、中央銀行の国債買いの介入が続いたから債券市場の中立金利より長期間、低くなっていいた。これがマネーの過剰経済を生んだ。

つまり中央銀行がバブル経済を引き起こし、中央銀行がパーティーのさなかにお酒のパンチボウルを引っ込めるから、バブルが崩壊する。中央銀行の国債市場への介入と通貨の増発がリーマン危機の2008年以降の16年、当たり前になっているので、これが認知されていない。

【リーマン危機のプロセスとその後の結果】

①米国の実質金利の人為的なマイナスから株と不動産の余分な買いが起こって、2000年にはインターネットへの未成熟な期待のIT株バブルになったが、1年で崩壊した（ナスダック株：1997年1500ドル→2000年5000ドル→2001年1500ドル）。

②8年後に今度は証券化して売られていたサブプライム・ローンの過剰を原因に、住宅の高騰が起こった（2001年から2006年に2倍に上がった：15万ドル→30万ドル）。

最初は金利が低いサブプライム・ローンは、無職の移民世帯にもおりた。担保は価格が上がると信じられていた住宅だったからだ。米国では1929～33年の大恐慌の経験から、日本のような連帯保証は禁止されている。敗戦で分断された日本とはちがって米国では戦前からの歴史が連続している。

世界同時多発テロとされた9・11が起こった2001年のブッシュ大統領は、2000年のIT株の無残な下落のあと、累積3000万人の移民層に10年で1000万戸の住宅を与える政策をとった。人口が増えない白人層の住宅需要は増えなかったが、借家に住んでいた移民層の住宅需要は旺盛だった。住宅をもてば、真の米国市民になることができるという感覚はいまもある。ローンは証券化の方法でたばねてMBS（不動産担保証券）にされ、回収保証のCDS（ローン回収の保険証券）がついて米国債並みのAAA格とされた。日本は政府系金融機関がこれを買って米国にマネーの供給をした（農林中金が筆頭だった）。

土地が日本の23倍と広い米国の住宅（平均面積は日本の2倍：260平米）は、1ドル100円なら日本の1／2くらいの1500万円の価格で1990年代は安定していた。2001年からの6年で急に2倍に上がった。しかし2006年の金利の上昇から、高騰していた住宅価格が下がって住宅ローン担保証券（MBS）のシニア債（格付けは最優良のAAA格）が40％も下がった。これが米国に過剰な負債からの金融危機を引き起こして、リーマン危機になった（S&P500：04年900ドル→07年6月1514ドル→09年3月756ドル）。

③リーマン危機にたいしてFRBは即座に2兆ドルの国債・MBS証券を買って米銀の連鎖システムにマネー供給を行い、危機を収めた（08年9月から12年）。2014年にはさらに2兆ドルマネー供給を積みあげた。コロナ危機からはこの4兆ドルに、さらに4兆ドルが積み上がった。

この間、S&P500の株価は、FRBのマネー供給を原因にして08年9月の底値の800ドルから14年12月の2000ドルまで2・5倍に上がった。22年3月からの10％の物価上昇に対応した0・75％の利上げを重ねた23年12月には３７００ドルに下がったが、その後は上げて現在は５９６９ドルである（24年11月23日）。

リーマン危機の時期から16年でマネー増刷を原因として株価は7・8倍になっている。日経平均もリーマン危機の８０００円からいまは３万８０００円台、Ｓ＆Ｐ５００の66％の４・８倍に上がった。

おなじ16年の期間に金価格は1グラム２５００円から1万５０００円までと、Ｓ＆Ｐの株価に近い6倍に上げている。これには円安の効果が加わっているので、国際的なドル価格では２００８年の1オンス８００ドルから２７００ドルであり3・4倍である。

日本では債券市場は1日に50兆円、１か月（10日間の週末を除く20日）で１０００兆円の国債の売買がある。株式市場の約10倍の円が流れる巨大市場である。

また外貨を売買している外為市場（世界の銀行の店頭市場）は、ドル円にかぎっても1日に１６０兆円、１か月３２００兆円の通貨の売買がある、もっとも大きな金融市場である。

外貨準備をもつ財務省の通貨への介入も、１回（３日間）で20兆円から30兆円は投入しないと効かない。それくらい外貨の売買という形をとって外為市場を流れているマネーは大きい。

国際的な資金移動の巨大さをイメージしていないと、実質金利（その国の名目金利４・75％－期待物価上昇率３％＝１・75％）が高いドルが外為市場で多く買われ、実質金利の低い円（＝名目金利０・25％－期待物価上昇率２・２％＝マイナス１・95％）が多く売られ、１５０円台の円安になっていた理由がわからなくなる。

〔トルコのハイパーインフレの原因〕人口が８５００万人の中東の経済大国であるトルコの名目金利は50％と極端に高いが物価上昇が61・８％と高く、実質金利はマイナス11・８％と極端に低いため、２０１７年の１リラ36円から２０２４年10月は４・４円に下がっている。この7年間に円安の円にたいしても、１／８に下がった。

エルドアン大統領はハイパーインフレで生活苦から暴動が起こらないように賃金を49％上げている（24年1月）。それでも61・８％上がる物価には追いついていない。デフレ政策でマネーを引き締め、物価を下げる必要があるが、それは行われていない。独裁的なエルドアン氏は、「金融を緩和すれば、賃金が上がって通貨安は回復する」という逆のいわば社会主義金融に染まっている。イスラム教のトルコは反イスラエル、親ロシア、反米、親日である。日本人は歓待される。風土は美しく、食物は豊富である。ドイツの工場が多い。

年61％のハイパーインフレにたいしてトルコで内乱が起こっていない理由は、①コーランが規定するイスラム社会であること、②エルドアンが賃金を23年49％、24年１００％上げて実質賃金をプラスにしているからである。24年は日本より実質賃金のプラスは大きい。だれが経済顧問だろうか。

世界の外為市場の中心はウォール街の投資銀行である。あとはロンドン、フランクフルト、パリ、スイス、ドバイ、シンガポール、香港、東京の大手銀行の外為市場が大きい。ノードにコンピュータ（結線）がある網の目（これがネットの語源）の通信網で、全金融機関のコンピュータ同士がつながっている。インターネット（通信手順がＴＣＰ／ＩＰ）とおなじように高速の光回線を使っている。

スイスやロンドンに行くと、ドルが自国通貨であるかのように銀行預金ができる。店舗でもドルのまま使うことができる。クレジットカードを使えばドル、ユーロ、スイスフラン、円の現金はいらない。クレジット会社が各国のカード使用者の銀行口座に使われた外貨の金額を通信で送って、プールした外貨を交換している。それが「世界」である。各国の異なっている通貨の意味は、変動する通貨レートでしかなくなった。そのなかで、世界基準の世帯所得を下げる自国通貨安の政策をとるのは愚策であろう。それが２０１３年からの日本だった。

外貨購入が自由化されたあとの政策金利

公定歩合の機能が低下した金融ビッグバン後の中央銀行の政策金利について示す。市場の金利は債券市場で決まる。政策金利は債券市場にたいしてどう働きかけるのか。

①政策金利は目標金利ともいう。市場の金利を政策目標の金利に近づけるからだ。

②中央銀行が政策金利を上げるときは、物価上昇率が国際的な標準とされている2％より高く、物価を上げている需要を減らして景気を減速させたいときである。あるいは低い実質金利から下がった通貨を上げたいときである。

日銀は、外為市場で短期国債を売って国債価格を下げ、0・25％の利上げに誘導した（24年7月30日）。日銀は最大の資金量をもつので債券市場の銀行、機関投資家、ファンドは、日銀の利上げが目的の国債売りに反応して誘導される。

誘導の結果、売りが増えた国債価格が下がって債券市場の金利は上がる。つまり日銀からの国債の売りオペレーションが利上げになる。0・25%に上がったところで売りオペをやめるが、再び短期金利が0・25%以下に下がったときは調整のための売りを行う。

以上が政策金利の上げである。政府の新規発行の金利も政策金利の0・25%とされる。

これが0・25%の利上げである。日銀マンにとって市場を睨《にら》んだ結構大変な国債ディーリングの作業になる。逆に利下げをするときは、国債の人為的な買いオペレーションを行って既発国債の価格を上げ、金利を下げる。政策金利であるオーバーナイトの金利をやりとりしている短期国債の「現先市場」は国内の銀行との間で1日平均3兆円、海外の銀行との間では1日に2兆円はある（日銀FSBレポ金融：2024年10月）。（注）現先市場は、一定期間後に一定の金額で買い戻すことを約束した短期国債の取引。ここで短期政策金利が決まる。銀行間の賃借であるレポ金融とおなじ。

【利上げで起こった日本版ブラック・マンデー】

植田日銀は24年7月30日に、0・10%から0・25%への利上げを行った。07年2月から17年5か月ぶりの利上げだった。低金利の長期化を想定していた米国の外為市場に植田ショックが走った。瞬間に35兆円くらいあるファンドと米銀によるキャリートレードの巻き戻しの円買いが起こって、円は外為市場が開く8月5日の週明けには瞬間的に1ドル140円台の円高になった。

キャリートレードはゼロ金利の円を借りて日本株、米国株、米国債を買うこと。「巻き戻し」は金利が上がった借りた円の返済が起こり、キャリートレードで買われていた日本株・米国株・米国債が売られること。外為市場で円買いの増加になった円は上がって、株式市場で売られた日米の株価は下がる。目には見えないが、通信での円高・円安のときのマネーのフロー（流れ）を考えると、この動きの意味がわかる。わずかな金利変動で株価の急落に至ったことは、2024年の世界株価がバブル水準であることを証明する。高い水準に株価があるときは、レバレッジのかかった信用借りのわずかな利上げでも将来を織り込む株価は大きく下がる。

7月の初旬は1ドルが最高であり162円だった。瞬間であれ140円になって22円という巨大な円高だった。キャリートレードの巻き戻しとして売られた日経平均は、7月30日の3万9100円から3万1400円まで1日で7700円（20%）も暴落した。すわ金融危機！という緊張が走った。

翌日から株価を支える大きな自社株買いが連続的にはいって、9月3日には3万6800円台に回復した。今日の日経平均は、ドル国債が売られるドル金利の上げから3万8000円台である。1ドル153円あたりの円安になったが、7月11日の高値4万2000円台には回復していない。8月5日の株価暴落と円高は、植田ショックあるいは日本版ブラック・マンデー（暗黒の月曜日）といわれている。考えなければならないのは17年ぶりとはいえ、なぜわずか0・

15ポイントの利上げで、
・ドル円が7月11日の162円から16％も円高の140円に急騰し、
・瞬間ではあれ日経平均が1日で20％も暴落したのかということである。
ここにはファンドによって高度になった現代金融のレバレッジがある（証拠金を積んだ信用借りで株と債券買い：個人のFXやCFDとおなじ）。アルゴリズムによる通信回線での瞬間的なマネーの逆移動はフラッシュ・バックともいわれる。フラッシュが光るように短時間のたった数時間で起こってしまう。

現代のマネーは船とトラックで運んでいた古典的な紙幣ではなく数字のデジタル信号だから、地球の裏側へ1兆円の移動も一瞬である。1万円札1枚が1グラムの紙幣は、1兆円だと100トンにもなる。学説の経済原理はマネーが紙幣の時代に作られたものだ。マネーをコンピュータで数理的に運用するクオンツたちはいなかった。
（1）ひとつはゼロ金利の円キャリートレードが大きく、借りた円で日米の株買いが行われていたこと。キャリートレードは高いレバレッジ倍率の信用買いとおなじである。
市場の予想外だった日銀の0・15ポイントの利上げの瞬間に37兆円相当（1万円札で3700トン）の円買いの巻き戻しが起こり、外為市場でドルが売られて円が買われ、日米の株が売られた。

10月のIMFの調査で円キャリートレードの世界の総額は200兆円（1万円札で2万トン）

だった。まだたぶん１４０兆円から１６０兆円は残っていて、日経平均の株価ボラティリティ（ＶＩ：年間の価格変動幅）を20％から30％に高くしている。日経平均のＶＩが世界でもっとも高いのは、変な現象である。

株価が安定しているときのＶＩは、15％あたりかそれ以下である。ＶＩが20％以上の相場に個人が手を出すことは危険である。マレに大きな短期利益の機会もあるが、損のリスクも高い。ＶＩが高い時期に安定した利益をあげる方法は、ファンドを含めてだれももっていない。24年10月のヘッジファンド５００本の運用利益はマイナスになっている。

日本の株式市場（東証）は米国の１／10と小さい。日本株の下落が20％と大きかった。Ｓ＆Ｐ５００の7月31日比での8月5日の下落は日経平均の１／３の７・２％だった。

（２）２番目に当時の金融相場では、日本の総選挙後の財政・金融政策、米大統領選後の減税と財政・金融政策がまだ見通せない時期であったことだ。レバレッジの高い現代金融は３か月から６か月先の金融政策を今日の株価や国債価格に織り込む。ここがまだ予想の確定していない領域である。このためボラティリティ（価格変動幅）が20％や30％という、上下動の大きな混乱相場になっている。

10年の間の長きにわたった黒田日銀は円を大量に増発すれば、銀行にあふれる当座預金の５００兆円が国内で循環し物価が２％上がって、物価上昇を含む名目ＧＤＰの期待成長は３％以上になるとまちがって予想していた。

結果は、

①需要が増えない国内ではなく増えている海外への設備投資の増加、

②12年の累積で400兆円分のドル買い、

③円キャリートレードになって、ドル／円を、最高で162円しただけだった（2024年4月と7月の最高の円安）。

日本人の所得は国際的な基準通貨のドルを円に換算して比較する。世界で25位に下がった。海外旅行に行く日本人は半分の1000万人に減った。34年前、1990年には日本人の所得はスイスとならんで世界一だった。いまでは信じられないことかもしれないが日本人の団体観光客が大声で「値段は半分、安い！」と海外で言い合っていた。いまは2倍である。2010年からは中国人に変わった。1990年からの34年間はなんだったのか？

日本にはとくに大きな貨幣錯覚があった

前章で記したように通貨の金額数字と通貨の価値（＝輸入商品の購買力およびドルとの交換レート）は異なるものだが、ひとびとは通貨の名目数字と、その購買力である価値を区別しない。これがケインズが指摘した貨幣錯覚である。インフレを通貨価値の下落ではなく商品の価格上昇と考えることからもきている。信用通貨は、鉱山を掘って精練が必要な金の通貨とちがって、デジタル信号の数字だから、いくらでも増発ができる。

〔イメージの単純化モデル〕５００個の商品（＝ＧＤＰ）を生産する孤島があるとする。村の銀行が５万円の通貨（マネーサプライ）を発行しているときの商品と通貨の関係は５：５００である。１個が１００円。銀行が通貨を10万円に増やしたときは５：１０００になるから１個２００円相当になる。物価は２倍に上がった。生産される商品量はおなじで２倍に増えた通貨の価値が１単位では１／２に下がったことであり、物価の上昇率が１００％である。信用通貨と商品の価格の原理的な関係がこれである。しかし村人はタンスの１００万円をいまも１００万円の価値つまり購買力があると思いこんでいる。これが一国経済での貨幣錯覚である。

通貨量と物価の関係を示すと、古典派経済学のＭ（通貨増加率）×Ｖ（通貨の流通速度）＝Ｐ（物価上昇）×Ｔ（商品生産量）になる。しかし異次元緩和で５００兆円増発をした日本では、マネー量の増加から物価は上がらず、消費税３％と２％の増税で上がった。

原因は増発された通貨が国内の商品生産に向かわず、ドル買いになって約４００兆円が海外に純流出し、円の為替価値は１／２に下がったからだ。そして国内の１００兆円分は円の流通速度の低下になった。日銀の岩田副総裁と黒田総裁は、①４００兆円の海外流出（＝外為でのドル買い＝円レートの低下）と、②国内に残った通貨の１００兆円の、流通速度の低下（＝当座預金への滞留）を想定していなかった。簡単にいえば１９７３年まで固定相場時代の外貨交換が少なく、預金の回転率は一定速度とする古い宗教的な学説を信奉していて「アタマが悪かった」。１年に４回、10年で40回、主要な文書の展望リポートを書いていた日銀職員は大丈夫だろうか。

物価が10％上がることは、その国の通貨の価値が10％下がることである。物価の上昇は通貨1単位の実質価値を下げて、賃金の切り下げとおなじ効果をもっている。通貨が下がった国からの輸出商品の価格は下がる。

米国ではウクライナ戦争のあと、22年6月には消費者物価が10％上がった（24年8月は2・5％）。名目の賃金は5％上がったが、実質賃金は5％下がった。日本では24年6月まで、26か月、実質賃金がマイナスになっていた。これでは通貨を増発するインフレ策（＝実質賃金の低下策）をとっている政府にとって都合が悪い。だから国民の賃金上昇が経済の好循環《こうじゅんかん》になるとはいっても、物価上昇を引いた実質賃金の上昇が3％必要とはいわない。

商品生産の潜在成長力が低いなかで賃金が上がると、物価は上がる傾向になる。現在、各所・各産業で人手不足がいわれる。原因は、生産年齢人口が1年に60万人くらい減っていることであってGDPが1％成長になると人手が不足する。それも政府はいわない。政権政府は国民を統治すると考えるが、国民に貢献すべきとはしない。法的なポジションでは官僚と、官僚の上になる政治家はおなじである。

世界中で国民主権の民主主義は偽装されている。なぜこうなったのか。官僚の仕事が分業で専門化して国民の目に見えなくなったからだ。官庁組織のなかで国民の目が届かない税法と財政支出の一般会計、特別会計（純計320兆円）を管理する財務省が君臨しているが、それが日本をタイタニック号になぞらえた矢野次官や岸田前首相だったことを思うと侘《わび》しくなる。

【円安は実質賃金の切り下げ策である】

円安は、世界標準のドルにたいする国民の実質賃金と商品価格の切り下げである。このため海外から「日本の物価、旅行費、宿泊料は安い」として観光のインバウンドが３０００万人も来る。仮に１・５倍の円高（１ドル93円）になると、円での旅行費と物価が１・５倍くらいになるから、海外観光客はおそらく50％以下に激減する。

政府はいまも「脱デフレとして２％インフレの長期化がいい」としている。これは国内で働く国民の実質賃金（商品の購買力）を毎年２％分切り下げるという意味である。１２００兆円の国債の実質価値も２％のインフレでは毎年２％下がる。１円も返済しなくて50年先には36％の４３０兆円の価値になって問題がなくなる。

英国は２％のインフレではないがＧＤＰの２５０％だった戦時国債を物価上昇にたいする実質金利を年平均でマイナス５％にする金融抑圧をすることで１ポンドの返済もせず、30年（１９４５-１９７５）でＧＤＰの50％に下げた。これは後述する。

①人口が１年に70万人減って、実質ＧＤＰ（国内の商品生産量）は１％付近しか増えず、
②世帯の名目所得が１％〜２％／年しか増えていない日本経済のなかで、
③賃上げを無効にする実質での賃金の切り下げが国民のためにいいことだろうか。自問していただきたい。政府は異次元緩和の８年を60％の国民からは讃えられた政策として実行した。国民にもインフレへの待望があったからだ。

【あるべき姿はこれだが国債の金利が問題】

政府と日銀が目標にしている2%の長期的なインフレなら、賃金上昇は平均で3%（個人別には2%から4%）でなければならない。そのためには0・6%／年の人口減のなかで働く1人あたり生産性が年4%上がって、実質GDPの成長は3%台（名目成長は5%）でなければならない。そのときの中立金利《ちゅうりつきんり》は5%になる。

「中立金利」とは景気を刺激も抑制もしない金利である。これからの日本に可能だろうか？5%利払いが必要になる国債を政府が1100兆円発行してしまった。不可能である（利払いが年55兆円になって財政赤字が80兆円になる）。

日本経済の潜在成長力は高いときでも1%あたりである。日銀が政策金利を中立金利よりはるかに低くして4%台の成長を目指すと（いまの経済では4%台の成長には決してならないが）、一層の円安が進み、インフレが6%以上になる。（注）実質GDP成長力＋期待物価上昇率＝中立金利である。

以上の国民からの疑問には、日本経済の構造的な問題をあげて要因を分析したあとしか解決策を示せない。国家の経営（つまり財政予算の内容と支出目的）と、民間の事業経営（つまり経営計画：P／LとB／Sの予算とその目的）においても問題は正確に直視《ちょくし》し分析しなければならない。適切な診断のあとにしか治療はできない。

内閣府の骨太の方針にひそむ問題

日本経済の長期推計と政策を示す日銀と財務省にとって都合のいい経済分析と、内閣府の「骨太の方針」には、認知のバイアス（偏向《へんこう》：偏《かたよ》り）とまちがいがひそんでいる。全文は長文になりすぎるのでコメントは短くして図19に掲載する。

【内閣府のスタンスにある問題】

まとめていえば、過去の事実データから意図してプラス方向に予想する偏向からの願望に満ちている。これが政府のもっとも重要な政策の評点であろう。

もとは明治以来の「よらしむべし、知らしむべからず」という政治・官僚の体制からくる欠陥である。肝心な政策の純計の合計が３２０兆円（ＧＤＰの60％）に拡大してきた財政予算のうち、もっとも大きな国債整理基金の会計予算、外為特会《がいためとっかい》の特別会計の予算を書いていない。これが政府政策のコアである。１２０兆円の一般会計だけは、およそ積みあげまたは天井を示すシーリングでしかない。

米国の年度予算教書では５００ページを使って具体的な予算数字を示し、議会で適否を審議して付加・修正する。ＧＤＰの55％の３２０兆円を占める財政の予算額の意思を書かず、何が

図19　2024年度骨太の方針（内閣府特命担当大臣）

①人口減の時代の成長の鍵になる生産性の向上が必要なことは誰でもわかっている。どういう政府の政策と方法で、30年間も続いてきた生産性上昇0%から1%未満を、3%以上にもって行くのかを示さねばならない。「向上が必要や、DX化・解雇の規制緩和であるリスキリング」では、政策ではなく「願望」に終わる。

②出生率の向上もおなじである。政策と方法をとって子育て層の賃金と10年後の予想を上げ、今年子供を生んでも安心であることを示さねばならない。過去からの継続的な方針であるが、一度も上がったことがない。

③骨太の方針の策定は2001年から開始され、小泉内閣で強化されたが、そのGDP成長目標と財政赤字縮減目標を果たしたことは一度もない。単に、政府の願望だった。

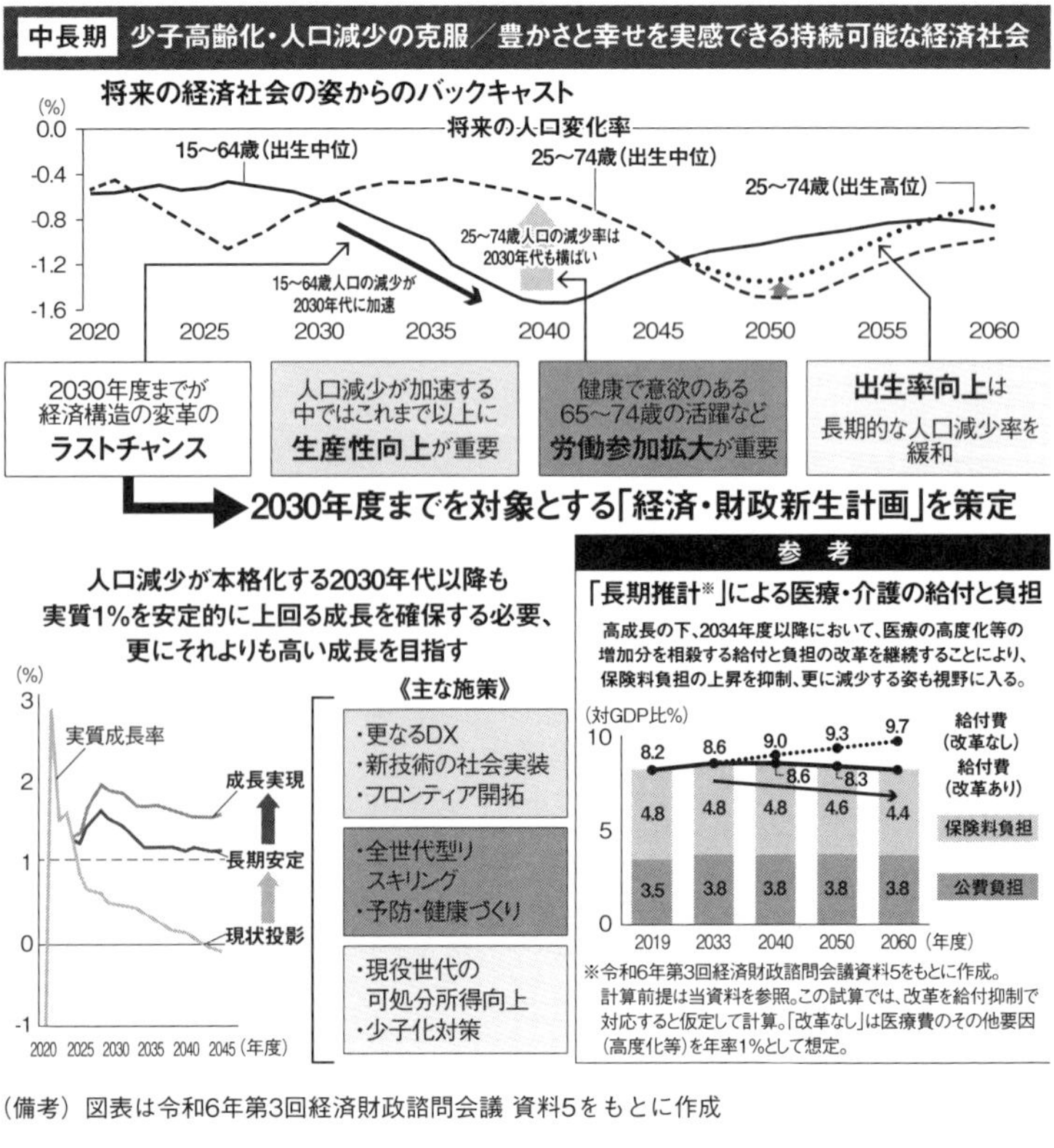

（備考）図表は令和6年第3回経済財政諮問会議 資料5をもとに作成

骨太の方針だろうか。官僚諸氏、心せられよ。

骨太の方針は、国民の人気が高かった小泉首相のときの経済・財政担当だった竹中平蔵氏が2001年に開始したものだった。それ以来、形上から民間人も混じった経済財政諮問会議で23回作られている。内容はすべて都合のいいデータを使った財務省の願望である。23年間に23回、掲げた数字に達したことは一度もない。政治家とメディアはこれに無言である。

政府の政策とは一般会計と特別会計の予算額である。予算額にたいして議会で承認を受けて官僚が実行する。日本の財政が法で単年度会計とされていることが問題である。このため予備費と補正予算だらけになる。最短でも5年間のロールオーバーの予算にすればいい。米国の大統領は4年続くから長期政策が立てやすい。日本でも5年10年の計画を作るべきである。

政党は固定化し制度化してしまったこうした政府の予算制度こそを改定する法案を作らねばならない。これが、わが国の制度改革の根幹《こんかん》である。政府の政策はすべてが予算の金額である。収入と予算のない政策はない。

官僚の特性

キャリア官僚は政治家に従属しないが、法には従う。財務省は議会では審議されない一般会計との重複を除く純額で207・9兆円（2024年度）の収入と支出がある特別会計の予算をもっている。

企業のP／L（長期予想損益計算）、予算のB／S（貸借対照表）と過年度B／Sとの比較による資金運用表のついた経営計画が事業経営であるように一般会計＋特別会計の財政の予算は、国家運営の根幹である。国家のB／Sは議会の審議がないまま、財務省がこそこそと毎年作っている。

（連結財務諸表：財務省）

https://www.mof.go.jp/policy/budget/report/public_finance_fact_sheet/fy2022/point.renketu.pdf

これも経営者（国民と議会）の審議のない経理部の数字である。これによると財務省が管理している債券の流動資産と不動産の固定資産は、減価償却費と時価への換算のない簿《ぼ》価《か》で946兆円、負債はおよそ時価で1544兆円。債務超過額が962兆円である。債務超過とは、国家の資産を全部売っても（買い手はないが）残る負債である。

日本国の債務額の許容値と国債の残高は、前述したように国会の審議を受けていない。連邦国家の米国では連邦政府が発行できる上限は現在35兆ドル（5057兆円）である。半年ごとに上限が来て、その都度《つど》、議会審議がデフォルトのギリギリの日（今年は4月30日と9月30日だった）まで紛糾する。前に述べたように米国では州の代表である議会がワシントン州コロンビア区にある連邦政府の国債残高の上限を決める。連邦政府の機関である財務省は、州の代表である上下両院の議会決定に従わねばならない。これが財政の民主主義であるが、日本には国債の上限を議会が決めていない。

①日本国のB／Sで利用ができる対外純資産のうちもっとも大きなものは、輸入用の準備金である外貨準備1・2兆ドル（174兆円）を含んだ有価証券（過半は米国債）の353兆円である。

この外貨準備の大きさは、ＧＤＰは5位、国民の1人あたりの所得は25位に落ちたのに世界一である。政府は米国債をムダに買って保有を続けている。外貨準備の持ち高も議会の審議を経ていず、財務省が内輪《うちわ》で決めている。

②国家の負債で、もっとも大きなものは公債（国債・地方債）の１１０３兆円である。

国家の資金の収支で、もっとも大きなものは理財局が国債の返済と利払いをしている国債整理基金の会計である。

・国債発行が一般家会計の約2倍の２１２兆円（借り換え債約１８２兆円の発行を含む）、
・国債の金利の支払いと、返済の満期が来た国債の償還費《しょうかんひ》が１８２兆円、
・国債の残高は30兆円の増加で１１０３兆円である（２０２２年度）。

解説すれば、あれこれ面白い発見があって終わらない。

国家の財政の金額が大きく煩雑《はんざつ》な姿に興味のあるひとは以下を見ていただきたい。

（国の財務諸表２０２２年度：国家のＢ／Ｓと資金繰り表にあたる収支計算表：財務省）

https://www.mof.go.jp/policy/budget/report/public_finance_fact_sheet/fy2022/national/fy2022renketsu.pdf

第十二章

1995年からの円安とその意味

円安になっただけの異次元緩和

将来に向かう日本経済の二大問題は、

①ここまでとりあげてきた人口減をともなう少子高齢化、

②GDPの約250%の政府債務（国債1100兆円＋借入金）の圧力である。

いずれも難問である。国債については、政府と連結の日銀が買えば、国債は減るから案じることはないというエコノミストがいる。これはまちがいである。

【異次元緩和：2024年4月〜】

２０１３年４月から24年７月までの11年３か月の異次元緩和と円安の関係を以下に圧縮して示す。日銀が銀行から国債を買うと日銀のＢ／Ｓ（貸借対照表）で資産が国債になるが、国債を買った先の銀行の当座預金《とうざよきん》に円を振り込まねばならない。

銀行はもっている国債を日銀に売って、日銀から代金として当座預金への振り込みを受ける。これが日銀の国債買いであって、この取引では日銀が買った国債の金額分の円の増加発行になる。増加発行は国民にたいする負債となる。

２０１３年４月に黒田日銀が開始したインフレ目標の異次元緩和では、５００兆円の国債を増加買いして、白川日銀が発行していた50兆円に加えて５００兆円の円を増加発行し、金利ゼロの超金融緩和を行った。表の目的は、ＧＤＰの需要と投資を増やし、０％からマイナス１％のデフレだった物価を上げることだった。隠れた目的は、金利上昇による財政赤字の増加を先送りすることだったと思う。

日銀が５００兆円に向かう金融緩和を実行する過程で、円は１ドル78円（12年10月）から１００円（13年４月）、１２０円（14年11月）、１２５円（15年４月）の円安に下がった。

しかし財政赤字を減らしたい財務省からの強い要請で、

・５％だった消費税を14年４月に８％に上げたため物価の２％上昇は果たせなかった。
・２０１９年には、さらに２％の上げが加わって消費税は現在の10％になった。

図20　2013年4月の異次元緩和から2024年の円レートの激動

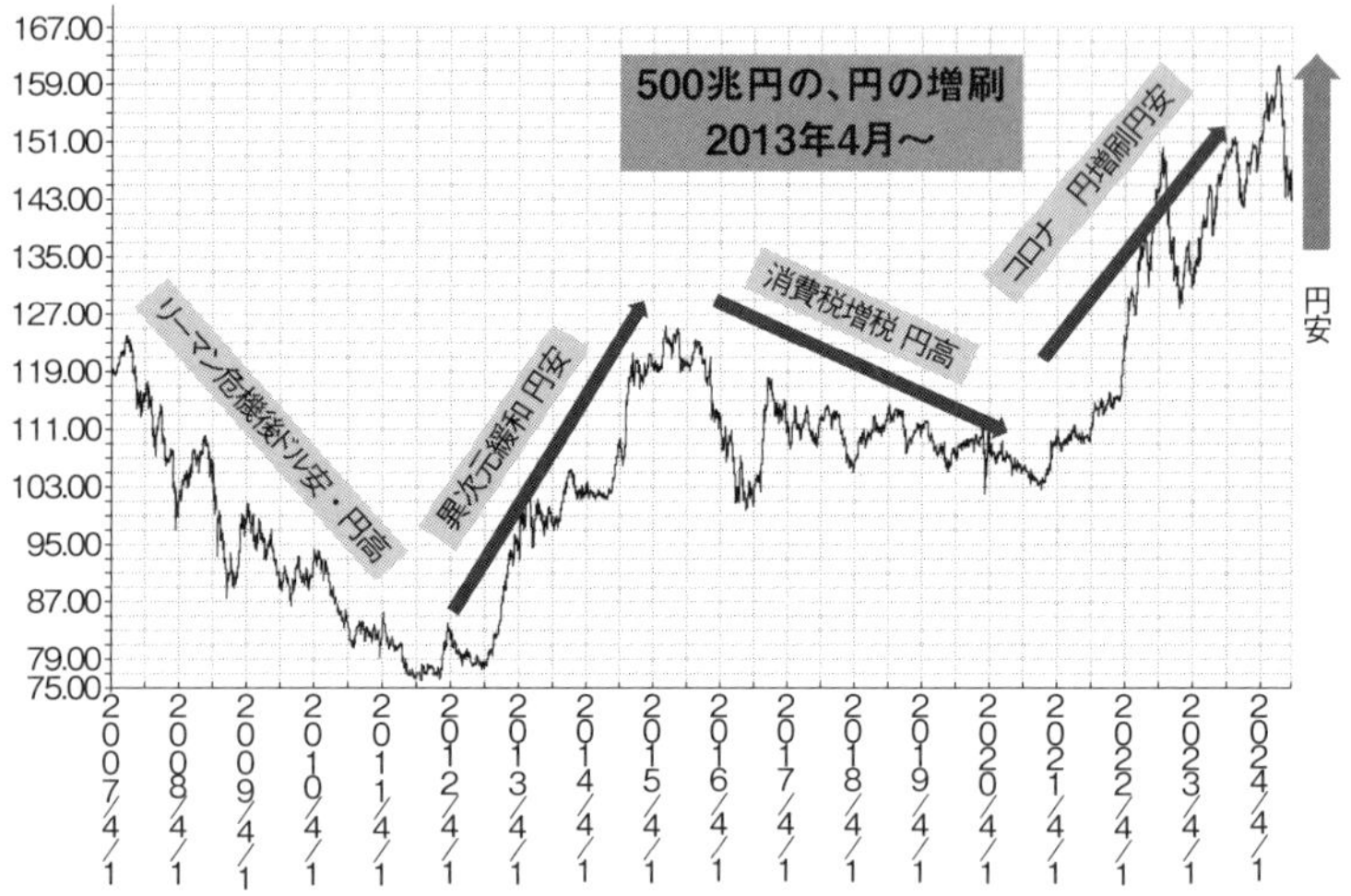

税を上げることは、民間経済では金融の引き締めになる。国民の手取り所得から毎年5％増税の分（11兆円）が政府に行くからである（消費税増税の5％は5年で55兆円、10年で10兆円の巨額な税収になる）。

日銀は異次元緩和で金融を超緩和したが、財務省は財政の赤字を減らすために消費税を10％に上げて民間の金融を引き締めた（図20）。外為市場は、増税という金融引き締めに反応して円を買い、ドルを売った。

2015年5月には、1ドル125円の円安になっていた。その後は民間の金融引き締めになる増税が効いてきて、1ドル107円までの円高になった（2020年）。

そのあとは経済を停止させたコロナパンデミック対策としての100兆円の円の増発から、ふたたび大きな円安に向かい、1ドル1

61円の行きすぎた円安になった（24年4月）。

財務省は24年4月末から「ドル売り／円買い」の為替介入を9兆円行って、物価を上げる過《か》剰《じょう》な円安を修正した。この為替介入をするとき、神田財務官は米財務長官のイエレンに相談している。イエレンはアイマイに承諾した。9兆円のドル売り介入で円は5円上がったが、2日目からはまた円安に戻った。外為市場の「プール」が1日に160兆円と大きく、9兆円程度のドル売りでは円レートは変わらない。

外為市場の国際金融にあるトリレンマ

GDPにたいして通貨の増発度合いの大きな国の通貨は、外為市場で売られて為替レートが下がる。これが世界でもっとも経済成長率が低くなった日本の円だった。

1ドル150円台後半の円安により、日本人のドル換算の所得は世界の25位に低下した。

変動相場制の国際金融には、「国際金融のトリレンマ（三面不等価）」という原理がある。①金融政策からの独立性、②自由な資本移動、③通貨レートの安定の3つは同時に成立しないというものである。

日銀は2013年4月から年60兆円、次年度からは80兆円の異次元緩和を実行した。

①ほかの国がまだ行っていなかった平時に国債を年60兆円（1年後は80兆円）買って、円

を大量増発する異次元緩和を実行した。

②大量に増発されたゼロ金利の円は、自由な資本移動で金利のあるドル買いになって日本から米国に移動した。

③この円売り／ドル買いが円レートの安定を壊し、大きな円安になった。

まとめていえば、①の金融政策の実行によって、②の自由な資本移動は起こったが、③の円レートの安定は大きな円安になって壊れた。

これが消費税増税付きの異次元緩和の結果だった。国際金融のトリレンマそのものだった。

【マネタイゼーションを行っても政府国債のGDP比は下がらない】

日銀が国債を買うことによる通貨発行は、銀行の預金である当座預金という日銀にとっての銀行への負債を増やすことである。政府の負債は帳簿上減るが、日銀が国債を買った分が日銀の負債に振り替わる。政府と日銀を連結で見た統合政府の国民にたいする負債は減らない。(注)統合政府：財務省は日銀の株を55％もっているから連結の対象である。政府と日銀の連結を統合政府という。

日銀の当座預金の金利が0％を維持《いじ》できるときは、日銀が買った分の政府の国債の利払いは減ったようになる。これを国債の現金化＝マネタイゼーションと呼んでいる。

【当座預金への付利《ふり》】

重要なことをいえば、日銀が利上げしたときは（たとえば24年7月末の0・25％へ利上げ）、ゼロ金利にしていた当座預金のマネーに0・25％の金利をつけなければならない。

当座預金の金利を0％のままにしておくと、0・25％の市場金利で0％の預金を強いられる銀行は、①0・25％に利回りが上がる債券・国債と、②金利が4％台と高い米国債を買うから549兆円ある当座預金が減少し、0・25％の利上げより過度の金融引き締めになってしまうからである。

このように日銀が利上げをすれば、政府が払う国債の金利が日銀の払う当座預金の金利に振り替わるだけである。つまり日銀が国債を買っても統合政府では国債の利払いの負担は変わらない。日銀の利上げで「政府＋日銀」の利払いは利上げとおなじ率で増える。

日銀が国債を買うことは円の通貨を増やす量的緩和である。日銀当座預金に増えた円からは金利が3％以上高いドル国債の買いが増えて円安になる。これが2012年末の1ドル78円から2024年の超円安162円だった（24年7月11日）。

日銀の国債買いによるGDPに相当する500兆円という円の増発から、ドル円のレートが78円からおよそ半分の円安になったのだから、量的緩和の12年間の円安はすさまじい。この円安は外為市場でのドル買い／円売りが大きかったことを示す。

1ドル150円台以上の円安は、輸入の物価を上げて国内物価に波及《はきゅう》する。日本は資源を自給ができる米国とちがって、1年に100兆円の必需の資源・エネルギー・食品の輸入依存国である。賃金の上昇が十分ではない日本では、物価の上昇は商品の購買力である実質賃金を下げて、食品と必需生活財、電力、ガソリンなどを買う国民の生活を苦しくする。新築住宅価格の上昇も、円安で高くなった輸入資材と工賃が高くなったことの結果である。半分になった円安は新築住宅価格を50％上げたが、２倍のドル高の海外から見れば下がっている。

海外工場のドル利益はドル高・円安で為替差益が増えて株価を上げる方向になるが、海外事業がある会社の雇用は国民の15％くらいにすぎない。国内の会社や個人事業に勤務する85％のひとは困窮《こんきゅう》する。雇用の40％に増えた非正規雇用の年収２００万円以下の貧困層になる。世帯収入４００万円の夫婦では子供が産める生活ではない。

地方公務員・国家公務員にも非正規雇用が増えている。教員の希望者は激減した（全国で志願者は12万人：１９８０年からは半減）。子供が半分に減ったから、購読数減少で収入が約半分になった新聞とおなじ運命の衰退産業に大学教育もなった。定員割れの大学が多い（５９８校中で３５４校：59％：２０２４年）。数年で大学も閉校が増える。１９８０年代からもっとも早く減ったのは商店街の商店数である。店舗数は78万店に半減した。

【まとめていえば】

①円安は国民の国内需要と国内投資を増やさない。

②むしろ上がる物価にたいする実質賃金を下げるから国内需要を減らす。

③増えるのは海外からの観光客のインバウンド需要とファンドの日本株買いだけである。
国内の需要が減れば、336万社の中小企業の売上は伸びない。売上が伸びないと企業の利益は減り、賃金は下がる傾向になり雇用も減る。輸入物価を上げる円安によって国内生産のGDPが拡大成長することはない。海外事業の為替差益の利益が増えるだけである。
ただし株価は円高で下がる傾向があり、円安に同期して上がる傾向はある。

この原因は、

①円安で円建ての日本株が下がって、海外ファンドの日本株買いがはいる。

②3800社の上場企業がもつ海外事業のドル建ての利益はおなじ金額であっても為替差益があって、株価を決めるEPS（1株あたり純益＝円での純益÷株数）が上がるからである。

日本は2012年からの1／2への円安で、観光だけなく不動産と企業の株も海外に売る国になっていて、政府と経産省は海外資本の日本買いを誘導してバックアップしている。何という国家になったことかと思う。海外ファンドの日本株保有が増えて、「物言う株主」として自社株買いを要求している。

為替レートの変動での攪乱《かくらん》

ややこしいことだが、逆の円高／ドル安のときはドルの利益額はおなじであっても円に換算した利益は減る。通貨レートの大きな変動は海外事業を攪乱《かくらん》する要素である。

海外事業の為替差益の利益が円安で上がったからといって国内・海外の賃金を上げると、円高になったときは為替差損が出るから賃金を下げなければならなくなる。ただ普通は雇用者の抵抗があって賃金の切り下げはできない。

２０２３年と24年の大きな円安で海外事業の利益が上がったのを見た政府は、企業に５％から７％付近の賃上げを求めている（従来の上場企業の賃上げは平均２％だった）。政府は円高になって海外事業の利益が急減したら、賃金の切り下げを要求するのだろうか。

たとえば日本のトップ企業のトヨタは１０００万台を生産するが、国内生産は３００万台、海外生産が７００万台である。円のレートで利益が大きく変動する。円安の利益で賃金を上げると、大きな円高のときはトヨタすら赤字になるかもしれない。いったん上げた賃金は切り下げることはできない。事実、前年は円安で史上最高益にふくらんでいた24年４-９期の純益は26％減っている。

円安でのドル高の通貨インフレ利益（為替差益の利益）とはその程度の、不安定なものである。ドル高による海外事業の利益増加は、円にたいする通貨ドルのインフレの名目利益が膨らんだだけである。この含み益は円高になると消える。このときは日本の株価も下がる。

【国内事業の事例】

小売業トップのイオンは、物価の上昇と政府の要請に対応して２０２４年春闘でパートと正社員の賃金を７％上げた。賃上げ後の24年3-8月期の純益は76％減っている（54億円：売上比０・２％）。次期にインフレ率が下がって売上が不調だと赤字に転落して株価が急落する。いまのイオンは経営危機にある。７兆円で１００％買収されるイトー・ヨーカ堂のように、外資から買収を受けるかもしれない。国内は物価上昇で急速に不況になったが、性懲りのない政府は3か月から6か月前の上場企業の為替差益を見て好況という。新聞もおなじである。

実質の数量生産性《すうりょうせいさんせい》の上がっていないインフレでの名目売上の増加による賃金上昇は、こうした結果を生む。円安下の賃上げの音頭をとった政府に警告しておきたい。

経産省はガイドまで作って円安の日本への投資を推進している。これは円安インバウンド消費の振興《しんこう》とおなじ筋の日本売りである。岸田前首相は退任間際の訪米の際、ブラックロックが主賓《しゅひん》のファンドと銀行の会合で、得意になって日本への投資歓迎と支援のスピーチをした。要は「日本売り」である。政府が安易に考えることは、すべてに後顧《こうこ》の憂《うれ》いがあり、困ったことだ。小泉政権の「郵政民営化」も郵貯の米国への売りだった。

世帯がオルカン株の投資を増やした投資非課税枠１８００万円のＮＩＳＡでも1年後を見ていない。官僚の組織集団の予想能力が政治家と一緒に低下している。中国による不動産を含む日本買いも円安が原因である。中国輸入のニトリの本拠地である北海道が買われている。政府は、円安の日本売りを推進している。その裏には、米国ファンドの日本買いがある。

米銀のおよそ3倍に巨大化したファンド

海外ファンドからの投資とは、再生の見込みがある企業の株、または不動産の買いである。株を買って経営権を握り、雇用を合理化して利益を出し、株価を上げて売るハゲタカ・ファンドの方法である。ハゲタカ・ファンドとファンドに境界はない。ファンドのメインの収益事業はM&Aである。（注）M&A：事業利益が赤字か低い会社を格安に買収し、人員整理と事業の合理化をして株価を上げ、売ること。利益目標は一般には年25%である。

1997年の銀行金融のとき、破産《はさん》した長期信用銀行を政府の支援金付きで10億円で買って、合理化して新生銀行として再上場した。その株を売って米国に戻ったのがリップルウッドだった。利益は投資額の540倍の5400億円だった（2005年）。金融という手段なので手が込んではいるが戦争より酷《ひど》い。

【現代のグローバリズムの重商主義】

資金量が11・5兆ドル（1668兆円）と世界一のブラックロックのようなファンドにとって株の買い（投資）と買収は、自社株買いを含む配当を要求し、株価を上げて売り逃げることである。長期の安定株主となることや経営参画の意思はない。運用の資金量が多いことは、マネーを預託《よたく》する投資家から利益要求の圧力が強いことでもある。円安により安値で買った株は、ファンドにとっては高値で売り抜ける金融商品でしかない。

政治家と官僚は国益の国士でなければならないが、その気概《きがい》は薄い。経産省はファンドを救世主と思っているのか。彼らは、負債や不動産収益を証券化した証券と会社が株という資本になったマネーの利ざやを抜く商人、つまり現代の重商主義《じゅうしょうしゅぎ》である。

【巨大化したファンドが、現代の重商主義の担い手】

現代の重商主義とは、内外の証券の短期売買とハゲタカ・ファンド風のM&Aを通じて富を増やすことを目指すファンド・マネジャーたちの経済イデオロギーである。ブラックロックのCEOラリー・フィンクが代表的である。米国の資産格差を大きくした2020年代（コロナ禍後）の株価の高騰が作ったものだ。米国のバブル株価（総時価9000兆円）の崩壊《ほうかい》があると、ファンドは飛行船のヒンデンブルグ号のように爆発して消えるので、

①戦争中のウクライナで底値の資産と株を漁《あさ》り、

②日本の世帯預金1100兆円を含み、ハゲタカの群《む》れのように空から見た世界中のマネーの在処《ありか》を探して買うのに死に物狂いである。（注）経産省が推進している海外ファンドの投資をよぶことは、日本のゼロ金利預金マネーでファンドが日本を買うことである。これが残念だが日米の資金循環である。日本がドル買いで米国にマネーを提供している国際資金循環を説明したから、

もうおわかりだろう。

ファンドは投資家への還元利益《かんげんりえき》が5％以上ないと潰れる。ブラックロックの資金量11・5兆ドル（1680兆円）のうち、2％がファンドの手数料収入なので必要な運用益は7％の118兆円と巨大である。1年に118兆円、四半期に30兆円（日本の上場企業の全利益に相当）の利ざやを抜かねばならない。ブラックロックには、米国と世界からの機関投資家・個人投資家の預託金が年率で8800億ドル（130兆円）純流入している。運用規模で米連邦財政予算870兆円の約2倍、1年のブラックロックへのマネー流入額130兆円は日本の一般会計並みである。

今後3年、この規模を118兆円（総資金量の7％）の運用益を出しながら維持が可能であろうか。不可能に思える。

米国と世界の株価バブルの中心は、日本の対外資産（1488兆円）を超える金融資産金額のブラックロック（11・5兆ドル：1680兆円）。2位のバンガード（総資金量8兆ドル：1160兆円）である。3位がフィデリティ・インベストメンツ（4・2兆ドル：609兆円）、4位ステートストリート・グローバル（4・1兆ドル：595兆円）、5位JPモルガン・チェース（3・1兆ドル：450兆円）と上位20社で総額65兆ドル（9425兆円：2022年）。

国債、社債、不動産も買うからファンドの資金量は米国の株価時価総額の58兆ドル（900

0兆円）より大きい。

https://www.wtwco.com/ja-jp/news/2022/10/top-500-asset-managers-reach-new-us-dollar-131-trillion-record）

株以外に国債、債券、不動産のポートフォリオがあるからであるが、どこからどう見ても65兆ドルは巨大すぎる。GDPにたいするファイナンスの最適な規模を3倍くらい超えて膨らんでいる過剰信用の飛行船である。マネーは信用である。マネーの増刷を経済学では信用創造という。株価の上昇も信用創造である。何を根拠に、こうした信用創造ができたのか？　答えは球根1個が家1軒の値段を超えた17世紀のチューリップ・バブルのように、いまもない。ゴッホの絵の値段のようなものか（124億円）。1枚を124億円で買うひとがいるという信用の連鎖という心理的な根拠しかない。エヌビディアの1株を134ドルで買うひとがいるから、エヌビディアの時価総額3・3兆ドル（480兆円）がある。

ファンドが米国のように巨大化し、株の所有で50％くらいを超えると赤字が出て解約が殺到したとき、解約のマネーを得るため株の強制売りを迫られる。解約を停止するクローズド期間（3か月から6か月）をもうける契約もあるが、期間がすぎれば解約に応じなければならない。運用規模の大きなファンドがそうなると、市場が崩壊する。

全体の株価が上がるときはいいが、下がる期間が3か月続くと大手ファンドが破産する。これが借金で投資するファンドの巨大化による市場リスクである。20社の運用総額9425

兆円から、ファンドの巨大リスクがうかがえる。

株価が下がったときのファンドの危機にたいしてもFRBがマネー供給をすれば、リーマン危機のように解消するから、大丈夫だという見解がある。金融関係者に多い。これは以下の2つから、まちがいである。

①大手ファンドのリスクにたいしてはFRBのバランスシートの9倍も金額が大きすぎてマネー供給ができない。

②銀行の救済のような国民の預金保護（Too Big To Fail）という名目がない。ファンドへの金融機関と国民の預託マネーは銀行預金とちがい、政府から保護されてない。このためFRBはマネー供給ができず、投げ売りの市場は阿鼻叫喚《あびきょうかん》になるだろう。

次回の金融危機は、米国の金利が上がって債券価格と株価が下がったときに預託金の引き出しが増えるファンドの破産から起こる。リーマン危機の4倍の規模である。現在でも中小ヘッジファンドの20％は、報道されることなく消えている。ファンドの平均寿命は5年である。2010年代以降の金融問題は、銀行よりファンドであるが皆にこの視点がない。

【ファンドの利益】

ファンドの利益で確実で大きなものは、前述したM＆Aの利益である（目標利益率は投資額の25％）。市場の認知の歪《ゆが》みから株価が低いとき買い、株価を高くして高く売り逃げる。ドル圏から見れば株価と不動産が１／２と安い円安の日本は狙《ねら》われている。カナダのファンド、アリマンタシォン・クシュタール（仏語：ＡＴＣ：時価総額８兆円）がサークルＫ買収のあと、セブン-イレブンを７兆円の金額を提示して狙っている（24年10月）。井坂社長は買収に応じる意向を示している。セブン＆アイの株価は８月に１６００円から２３００円に上がっている。日本の小売企業の株価は、円安のためドル圏からは１／２の格安に見える。資本の論理には経営者（株主から経営の委任を受けたマネジャー）は勝てない。

資本主義ではマネーが最強である。とりわけ新自由主義の思潮から２０００年代は、株主ガバナンス（株主の経営支配権）が強化された。ファンドはいま頂点にある。戦争まで引き起こす（米国とＮＡＴＯのウクライナ戦争＝ウクライナとロシアのエネルギー利権が目的）。軍事会社の派遣傭兵が多い軍隊もマネーに従属する。議員も岸田前首相のように従属する。ハーバードも寄付金に頼っている。米国の大学への寄付金はわかっているだけでも８兆円である。

大きな寄付金は、イスラエルやビッグテックのような議会へのロビー活動になるから研究をねじ曲げる。ロビーとは圧力団体の意味である。ルネサンス期は貴族が学問と芸術家のスポンサーだった。近代のモーツァルトの作曲も、祝祭と貴族のパーティー用音楽だった。

世界の国で多様な証券に分散投資をしているブラックロックが７％の運用益を上げることは、米国株９０００兆円の時価総額が毎年７％（６３０兆円＝連邦政府の総予算の60％に相当する）上がることであって不可能である。ウォーレン・バフェットのように、ファンドのトップに自分をおいて想像すればわかる。ファンドのトップも大統領も首相も認知が有限な人間である。

根拠のない資産倍増をかかげた岸田前首相と経産省はファンドの罠《わな》にかかっている。

石破首相はキシダノミクスを引き継ぐという。米国系ファンドの活動の意味がわかった上でのことだろうか？

米国系ファンドは、２０２４年から、日本の世帯預金１１２７兆円（24年6月）を米国株に引きこんで利用しようとしている。ファンドに協調した日本政府がかかげている資産倍増計画がこれである。経済新聞にはオルカン株（世界の株価指数：米国株が約60％）への長期投資を誘う記事が急に増えた。株は買いが増えれば上がる。ファンドの決算に合わせた四半期での利益確定の売り抜けが増えると下がる。理由が何であれドル買いが増えると円は下がる、逆なら上がる。金融商品の価格の動きは売買の結果である。価格の動きからは、その売買をした主体が誰かを想定しなければならない。価格の理屈はあとでついてくる。

第十三章

戦時国債を50%に減らした英国の「金融抑圧」

GDP250%の国債にたいして戦後英国がとった金融抑圧

ここで、GDPの250%もあった戦時国債を英国が戦後の1980年までにGDPの50%に減らし、1／6へのポンド安という副作用を生んだ「金融抑圧」という方法を振りかえる。

日本も現在、GDPの250%という戦後英国とおなじ政府負債がある。年金、医療費、介護費、子育て支援金、物価調整金などの社会福祉費の増加とゼロ%だった国債金利の上昇（現在は0・25%：植田日銀はたぶん0・5%まで利上げ）から、日本の財政が黒字になる見込みは立たない。大きすぎる政府負債にたいして、どうなることかと案じているひとは、財務省以外にも多いだろう。

図21　戦後英国のGDP比250％の国債は、「金融抑圧」よってGDP比が50％まで下がった

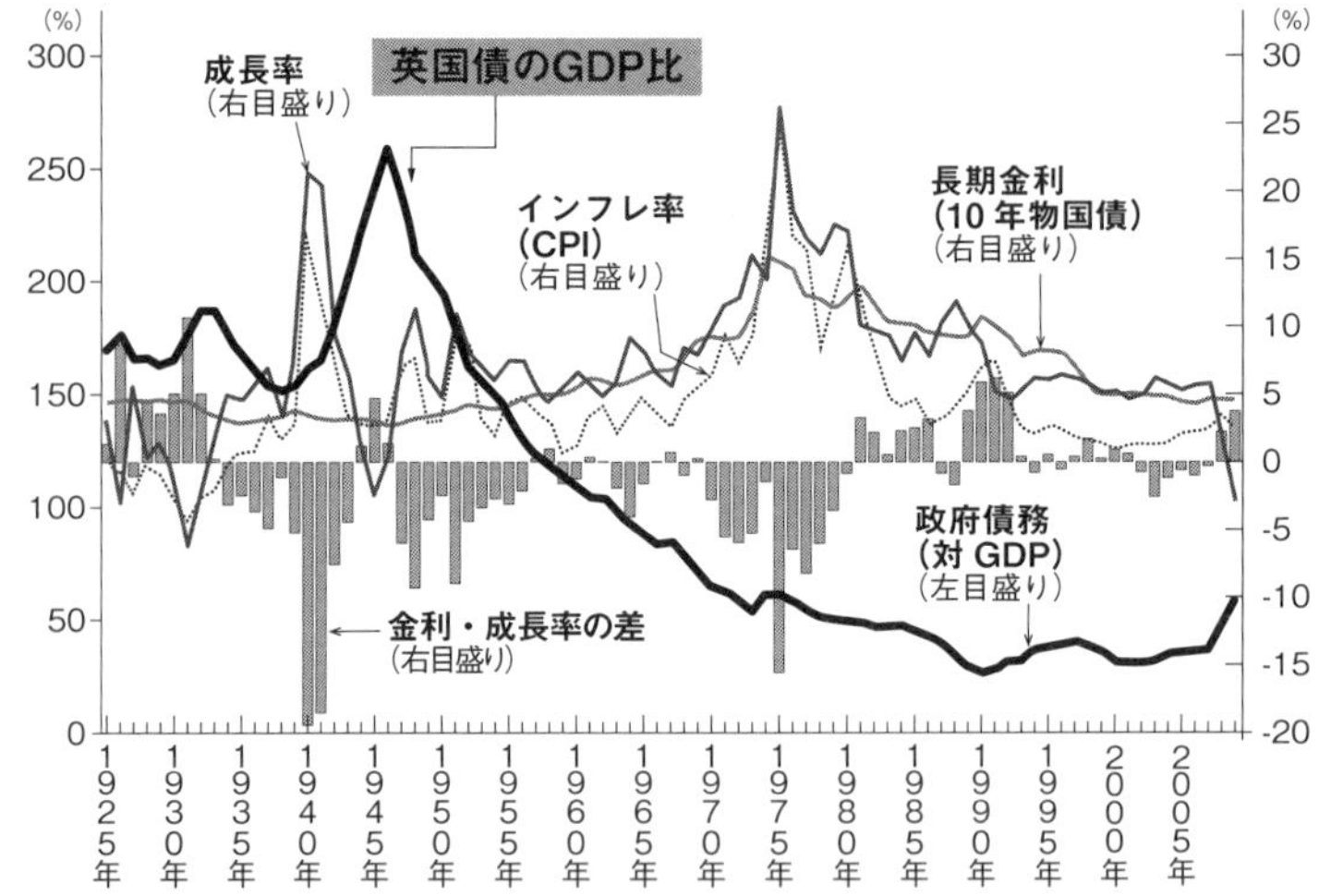

出所：Bank of England　　法政大学教授　小黒一正氏の財務省への説明図表による

少し複雑すぎる図であるが、財務省出身の小黒一正氏（法政大学教授）が財務省に説明したときのイングランド銀行（ＢＯＥ）からとったグラフを図21に示す。多様な要素が1枚にまとまっている。

図21のもっとも太い黒線が英国債のＧＤＰ比である。英国債は１９３５年からドイツとの戦争のために、ＧＤＰ比１５０％から２５０％まで増加した（１９４５年の終戦時）。戦争は兵士の雇用と兵器・弾薬の財政予算の支払いで実行できる。仮に中央銀行のＢＯＥが買っても、英国経済の国債の購入余力がないと戦争は実行できない。

グラフを見ていただきたい。１９４５年から１９８０年である。ＧＤＰ比の国債は１９４５年の２５０％から１９８０

年は50%に減って適度なものになっている。1ポンドも返済していないが、この間の35年に英国のポンド金融で一体何が起こったのか。1945年から80年の金利と物価上昇を含む名目GDP成長率の差のマイナスの棒グラフを見ていただきたい。これは英国の金利から名目GDPの上昇率を引いたものだ。戦後復興の1945年から1955年10年間、名目GDP成長率は7%と高かった。物価の上昇率が4%くらいと高かったからである。しかし英国中央銀行BOEは、名目GDPの成長率付近でなければならない金利を低く保って、実質金利を平均マイナス4%付近にしていた。これが英国の金融抑圧である。

【実質金利の大きなマイナスが金融抑圧】

中立金利は、経済を刺激も抑圧もしない金利をいう。英国のこの時期の中立金利は、「実質GDPの成長3%＋物価上昇4%＝7%付近＝名目GDP成長7%」だった。ところがBOEが敷いた金利は、中立金利の7%あたりより4%低いものだった。実質金利は「7%－3%＝マイナス4%」だった。

1ポンドも返済しなかった英国債の名目金額は変わっていない。しかしマイナス4%の実質金利のため物価上昇を含む名目GDPは7%と高かった。国債の金額はほぼおなじだったから、名目GDPの成長平均7%にたいして、名目GDP比の国債は年間で平均7%減っていった。10年で0・93の10乗＝48%に下がった。1945年にあった名目GDP250%の英国債の重みは、返済がなくても250％×48％＝120％付近に半減した。

物価が大きく上がるときの中立金利7％より中央銀行が政策金利を大きく下げて、国債を現金化することを「金融抑圧（Financial Repression）」という。英国はこの金融抑圧をBOEの金利政策として長期間実施し、GDP比で250％あった国債を10年で120％へ半減させた。

1980年まで低い政策金利で金融抑圧を続けて国債増発しても、石油危機のときの物価上昇率が10％以上と高かったので物価上昇10％を含む名目GDPは増えたようになった。英国債の名目GDP比は、第二次石油危機の1980年に名目GDP比50％の正常値に下がった。以上が35年間続いた金融抑圧の正の効果である。

この金融抑圧には、4％くらいのマイナス金利の英国ポンドが売られて、ポンドが長期に下落するという副作用があった。戦後英国には、35年間も典型的に「国際金融のトリレンマ」が起こっていた。

1945年のポンド金本位のときは、1ポンドは1000円と高かった。1971年に金本位が外れていた1980年には半分の500円に下がった。通貨信用のバックがなくなった英国ポンドは、戦後の高度成長（7％、GDPは10年で2倍）と、貿易黒字でパワーをつけた円にたいして12年間で150円に下がった。1945年の1ポンド1000円にたいして1／6に下がった。1945年には世界一だった英国人の所得も円では1／6下がった。通貨の低下は、国の経済力と実質所得の低下であって、それ以外のものではない。断言できる。

【BOEが金融抑圧をした経済は英国病になった】

このとき英国は「英国病」にかかっているといわれていた。戦後の英国人は貧困になった。戦後没落は35年間続いた。一方で敗戦国のドイツと日本は、大量に輸入した米国からも助けられて輸出経済で戦後の高度成長をした。日本は１９８９年に実質ＧＤＰで世界2位、１人あたり所得では米国を超えスイスに迫っていた。

日経平均２２５社の平均株価指数は、１９８９年12月に3万８９１５円に上がり、住宅価格も世界一高くなっていた。東京では1億円の不動産物件はザラになり、高級住宅地では2億円、3億円も多かった。皇居を売れば、日本とおなじ面積のカリフォルニア州が買えるともいわれた。日本人は金ぴかの金満感に満たされていた。いまではまったくイメージができないが、終身雇用の日本的経営は世界一といわれていた時期だった。

バブルの末期に大阪に引っ越したときのマンションの賃料は35万円と高かった（平成元年：１９８９年）。2年くらいあとにそのオーナー、日産の車のハンドルのデザイナーという40歳代後半に見えた女性が確か、1億５０００万円で買ってくださいと売りに来た（１２０平米だったか）。何軒か家をもっていて富裕な様子だったが、赤い爪のマニキュアが剝《は》げていたことを奇妙に覚えている。

いずれ下がると思っていたから、買わなかった。買っていたら、どうなっていただろう。いまも改装して建ってはいるが、築50年と古いから広さはおなじでも４０００万円かそれ以下だろう。1億円以上の損になる。竹中工務店が高級仕様で建てたものだったが、住宅の仕様が上がった現在はB級だろう。

バブルの渦中《かちゅう》では絶対に儲かるように見えるが、需給の基礎からの数値で予想すれば、損をする機会はいろんなところにある。それから33年後、株価・不動産バブルの米国株。時代はファンド（9000兆円の運用マネー）が作った金融バブル。

日本の1980年代後期に建った60平米（18坪）の2LDKの狭い住宅が、価格だけは世界のマンション（邸宅）並みだった。世界の用語でコンドミニアム、フランスではアパルトマン。たとえれば現在の香港のような感じだった。2024年の現在も、おなじように狭くMansionと米国人に言うたびに恥ずかしくなる。

1ドルは1973年の360円から、1990年には120円台になっていた。17年で3倍の円高だった。その22年後の2012年には1ドル78円という円の最高レートになった。ところが2024年は1ドルが150円台、2011年の1／2への円安である。

30年間、賃金の上昇率が世界一低かった日本は、2024年の賃金で世界25位に下がっている。さらに下がる勢いであることが問題である。日本は戦後の英国を40年遅れてたどっているように見える。日本は英国とはちがい、円の増発とゼロ金利で金融抑圧をした。

経済の豊かさとは、インフレ率以上の実質賃金の上昇以外にはない。1950年から1989年までの39年間は3％から5％の物価上昇もあったがそれ以上に、年7％くらいの実質賃金の上昇が続いた。しかし資産バブル崩壊後の1989年から2024年までの35年、実質賃金と名目賃金の両方が増えていないどころか減った。

英国は、１９８５年のサッチャー革命で金融課税を無税にしてロンドンのシティを世界の銀行とファンドが集まる金融センターにして戦後衰退から救って現在に至っている。サッチャーは英国経済にとって偉大だった。

ロンドンのシティにポンド買いが集まることは、英国人の賃金として払うポンドが下がらなくなったことを示す。１９９５年の英国ポンドは１５０円だった。徐々に上がって２０２４年は1ポンド２００円付近である。しかし英国の経常収支の赤字は米国に次いで大きい。

対外的な借金国だから、いずれ没落する。英国車ジャガーはインド資本になって、ローバー・ミニはＢＭＷになった。ロールス・ロイスのファンドも１９９８年からＢＭＷ。００７のアストンマーチンはカナダ富豪とサウジの資本である。

日本のサンヨーとシャープは中華資本。セブン&アイにたいしてはカナダのファンドが7兆円で買収を仕掛けている。没落期にある日本政府は、経産省が海外ファンドによる日本買収を後押ししている。岩盤支持層が27%離れた自民党と政府は没落期にはいった。石破首相を選んだ自民党は5年以内に分裂するだろう。国民が選んだ首相ではない。目先の浅慮な議員が選んだ政府である。25年の参院選で、このままなら自民党の惨敗が予想されるから石破政権はその前に終わる。われわれがいま見ている政治劇は、自民党分裂の初期状況だろう。高齢化して人口が減る現在の岩盤層の支持は、もどらないから。

1990年代からは英国に代わって日本が衰退した

日本の経済成長と賃金の伸びは、1980年代まで世界一だった。奇跡の成長といわれ、終身雇用をベースにした長期雇用の日本経営が世界一とされたのは1989年までだった。1989年12月の大納会の日経平均は、3万8915円でいまより高く、株価時価総額は501兆円になっていた。1985年のプラザ合意のときが1万2000円だったから、4年で3倍に上がったバブル株価だった。現在の米国株に瓜二つである。資産バブルの幻想であっても、経済成長の空気があった日本では日経平均は8万円に上がると言う投資家もいた（図22）。35年後の現在の空気感に似ている。株価と経済は世代のサイクルで一巡するのかとも思う。

こうしたものの総体がバブル経済の社会の空気感である。NY市場の時価総額が343兆円だったから、東証の株価時価総額はNY市場を46％上回っていた。信じられるだろうか。2024年現在は日本株の価時価総額が約1000兆円で、米国はその7倍の7000兆円あたりである。日本株の時価総額は1989年の2・9倍だが、米国株は20・5倍になっている。米国の株価時価総額は明らかに評価の高すぎであり、たぶん2倍のバブル価格である。

戦後の40年、およそ上がることしか知らなかった日本の株価が暗転したのは、1990年の1月からだった。1990年の12月には2万3000円まで低下した。

図22　日経平均株価（1980-2024）

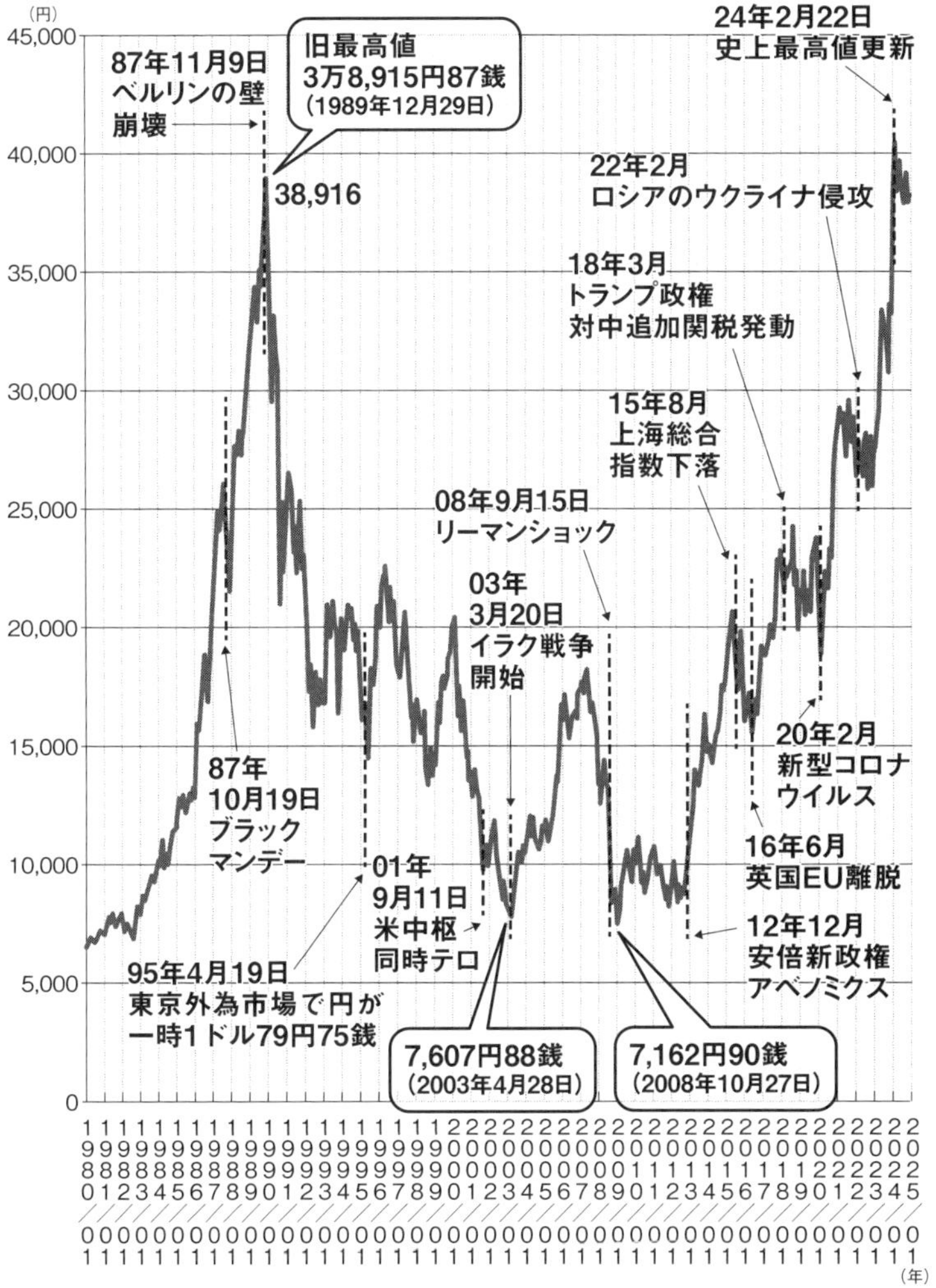

https://honkawa2.sakura.ne.jp/5075.html

90年1月からの暴落に先鞭をつけたのは米国投資銀行のソロモン・ブラザースなどが「日本のPER60倍（株価が次期予想純益の60倍）は高すぎる」として金融工学（ブラックショールズ方程式）で計算したオプション料でオプション売りと先物売りを大量に仕掛けたことだった。

日経平均は1992年の1万5000円で底を打ったが、その後2000年まで8年間、1万5000円から2万円が続き、2008年には最安値の8000円まで下がった。これが大底だった。

1989年の3万8915円から2008年まで株価と不動産で死屍累々《ししるいるい》の投資家の屍《しかばね》を築いて、8000円（ピークの1／5）で底値に達した。

アベノミクスの2012年末からは、日銀の異次元の緩和500兆円を原動力にして2015年に2万円、2020年に2万4000円にまで行った。2020年にはコロナパンデミックからのロックダウン（経済の封鎖）よる経済危機だった。株価は2020年の3月の1か月で30％下がった。その後、政府の財政から合計100兆円のマネーが投入され、日経平均は12年かけて2024年3月に4万円に達した。

24年の7月初旬は、1ドル162円の円安（海外事業のドル高評価益）をともなって4万2000円まで行った。7月30日の植田日銀の0・25％への利上げと、米国経済の不況化懸念が重なり、円キャリートレードの35兆円の巻き戻しの円買い・株売りによる日本版ブラック・マンデーが起こり、8月5日の7月11日比では1万円（マイナス23％）も下げた。

慌てた日銀は「追加利上げは株価が不安定なときはしない」と年内利上げの方針を修正した。8月には事業会社の3兆円から5兆円の自社株買いがあって、日経平均は現在3万8980円である（24年10月18日：金曜日終値）。

トランプは中国の輸入関税を60％上げて、世界からの輸入関税は10％（いずれも3倍）に上げるという。24年10月には2・4％にまで下がった米国物価は来年以降、再び上がるだろう。加えて政府の赤字財政を1年に1兆ドルは拡大する（5年間5兆ドル）。米国の財政赤字の拡大が示すことは、海外からドル買いが1兆ドル／年で増えないと、米ドルが下がり米国の金利が上がるなかで株価は暴落するだろう。経常収支が赤字の米国は、自国で赤字国債を買うマネーがないから。海外からのドル買いの増加がないと米国経済は変調を来す。短期的には時価総額7000兆円とGDPの2倍になったバブル株価は上がるが、2025年の後半期からはあぶないだろう。

株価の下落を追った地価の下落

株価の暴落は、経済のマネーパワーの縮小だから株価とともに高騰した不動産の大きな下落をともなう。1980年から1991年まで日本の地価の総額は1000兆円から2300兆円まで2・3倍に上がった。土地の面積が増えたわけではない。1坪単価の地価上昇である。

日本の銀行融資は土地担保金融だったので、土地価格の上昇とともに貸付金が増え、株価と不動産価格を上げていた。

地価が下落したのは、株価に約2年遅れた1992年からだった。株価の売買回転率は高いが、不動産の回転率は低い。このため不動産価格は株価の約1年半遅れの遅行指標になる。2008年9月15日からのリーマン危機のときも安易なサブプライム・ローンで、2000年の2倍に上がっていた米国の住宅価格の下落は株価に1年半遅れだった。

その後も日本の地価は株価の下落に比例して、2005年まで1980年の1000兆円にまで下がった（43%）。商業地はピークの1／3に下がり、住宅地は半分に下がった。

1990年からの日本は、戦後英国の金融抑圧よりは穏やかだったが45年遅れで追いかけた衰退だった。経済が成長する国の株価と地価（資産価格）は上がる。資産価格が半分以下に下がるのは経済が衰退したからである。

とりわけ地価の下落は、土地担保金融が主流だった日本のマネーパワーの低下を示すものだった。日本の銀行の融資は地価上昇とともに増えて、地価下落とともに減る。銀行の信用創造が貸付金の増加である。銀行の貸付金が十分な担保の価値があって増加できるとき、経済は成長する。

1990年から2010年ころまでの日本経済は、「日本病にかかっていた」といわれる。事実、中国政府内では、中国の住宅価格の下落を「中国を日本病にかけてはいけない」というかけ声がある。

中国のエコノミストたちは日本経済を研究している。日本の地価の下落が始まったのは、日銀が地価バブルの対策として利上げをし（公定歩合4・5%：長期金利6・08%）、不動産業にたいして財務省（当時は大蔵省銀行局、現在の金融庁）が銀行の窓口規制をしたときからだった。

その34年後、1990年に日本の1／2だった米国の物価は、円で見ると2倍に上がった。米国の代表的な株価S&P500は、1990年の500ドルから24年10月は5800ドル、34年で11・6倍、平均年率で7・5%の上昇だった。30年間の米国の平均金利は6・1%だから、株価の上昇と1・4ポイント差で見合っている。現在の米国の30年債の利回りは4・6%である。日本の30年債は利回りが2・3%である。2・3%のプレッドがある。

米国の労働者階級の平均賃金は2倍になったが、株価に比べて1／5・8だった。

2022年から住宅価格が急落している中国では、1000兆円の不良債権がある不動産危機にたいして利下げをした（1年もの金利3・1%、5年ものは3・6%：200兆円のマネーを投入）。

中国は先進国G7に比べて1年早く金融危機になる。

日本の政府債務も戦後英国とおなじGDP250%

2012年11月からは、5300万の世帯が世界一の預金（1100兆円）をもっていた円マネーが海外に逃げるようになった。日本の円マネーがドル買いになって逃げることは、円レートの下落を示す。２０１２年の１ドルは78円だった。今日は１５３円あたりである（24年11月10日）。円はドルにたいして１／２に下がった。１９９０年に日本の１／２だった米国の物価は円で見ると2倍に、米国の労働階級の平均賃金も2倍になった。

米国の最低賃金は州によって大きなちがいがあるが、カリフォルニア州では20ドル＝２９００円である（２０２４年）。NY州では15ドル（２１７５円）、ミシガン州では10ドル（１４５０円）である。日本で政府が音頭をとって最低賃金を５％上げても、全国平均で１０５５円である。東京が１１６３円（ドルでは8ドル）。（注）通貨レートは大きな変動があるので、本書では中庸な１ドル１４５円で計算している。

【戦後の金融抑圧の英国と異なる日本の問題】

日本の政府債務のGDP比２５０％は、戦後英国と異なる問題をかかえている。

①人口減が70万人から80万人と大きく、国内生産と需要の実質GDPが２％以上上がる基礎条件がない。

②インフレ策をとれば、上昇率がゼロ％あたりと低い実質賃金が大きく下がって、貧困層が増える。全産業では１人あたりの生産性上昇が１％未満だからである。

③日銀が期待インフレ率より低い実質金利のマイナス策をとっても、物価の上昇を含む名

目ＧＤＰの伸びは高くても３％程度と小さい。

１２００兆円ある国債の年２％から３％の増発になる財政赤字が20兆円から30兆円はあるので、よくて維持。名目ＧＤＰが３％以上伸びないと、ＧＤＰ比の国債残は増加する。

経常収支が赤字の英国とちがう強みが日本経済にはある

戦後英国とは異なる日本の強みは、主に米国に貯めてきた対外資産１４８８兆円、対外負債１０１７兆円、対外純資産４７１兆円が売りの権利行使がされないままに残っていることである（図23）。ＧＤＰではインドとドイツの下の5位に下がるが、対外純資産では世界一の水準である。１ドル１００円の円高にもどると米国、中国に次ぐＧＤＰ3位になる。

日本の資産は、外貨の買いが自由化された金融ビッグバン直前の１９９４年当時、つつましい２５９兆円だった。海外からの日本への証券投資である対外負債は１８１兆円であって、対外純資産は78兆円だった。

その後、２０２４年（図にはない令和6年）に対外資産１４８８兆円、対外負債１０１７兆円、対外純資産４７１兆円に膨らんだ。ドル／円の売買には、いろんな動機があるが、これが合計である。

日本の円マネーの価値は、30年間で差し引き４７１兆円分がドル買いで主に米国に行って、

図23　対外資産と純資産の増加＝円のドル買いの増加

（財務省：1994-2022）

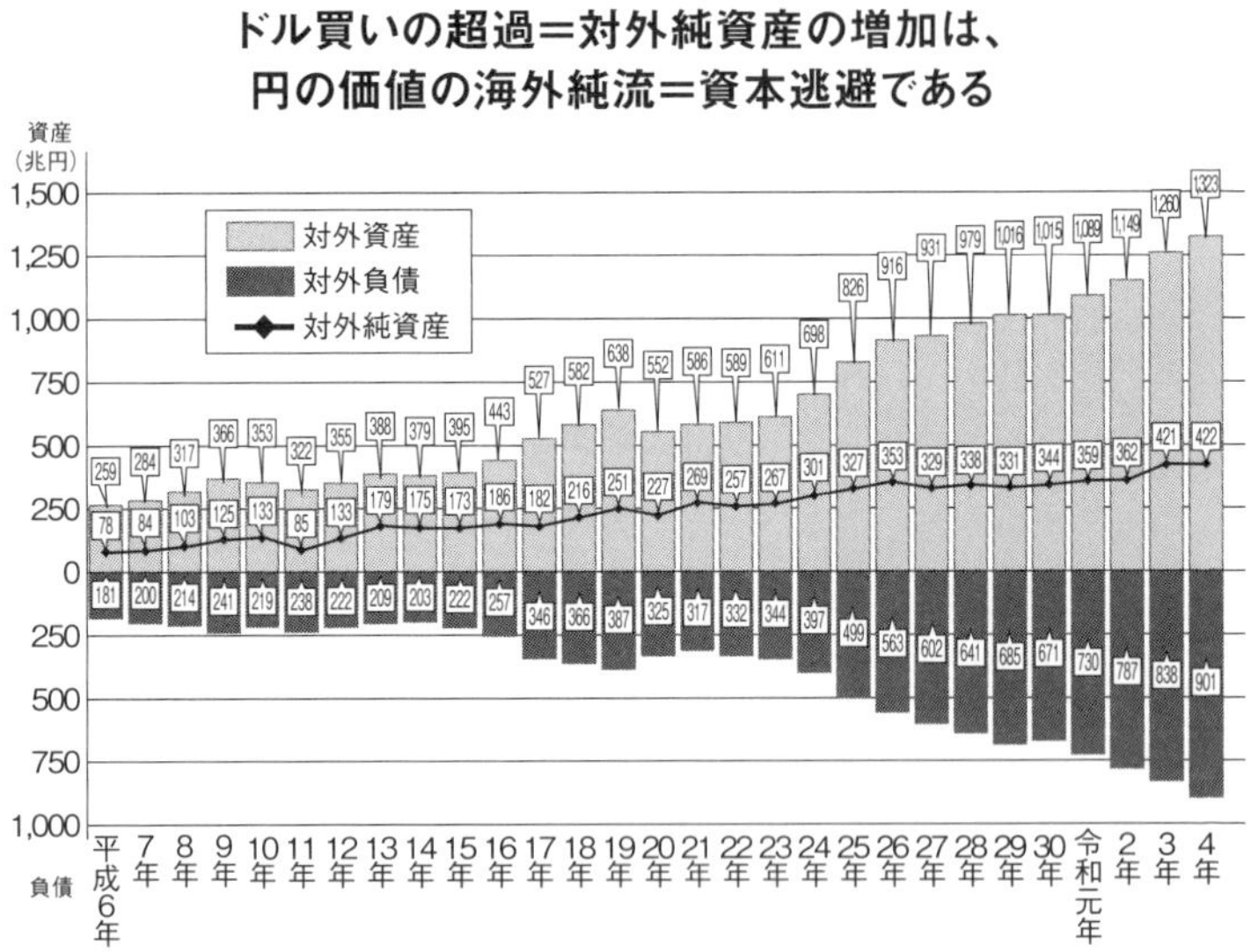

図24　対外資産、対外負債の内訳（2024年5月：財務省）

対外資産	金額	内容	対外負債	金額	内容
直接投資	308兆円	工場など	直接投資	50兆円	不動産
証券投資	997兆円	株・債券	証券投資	967兆円	株・国債・債券
外貨準備	183兆円	米国債	ー	ー	ー
合計	1488兆円		合計	1017兆円	
			日本の純資産	471兆円	資産の超過

米国経済と株価の成長原資になってきた。日本のＧＤＰの期待成長率がこの30年、米国より低かったため、円マネーは米国に行って米国経済の消費を活性化させ、株と不動産の価格を上げてきた。米国債の買いは１４８８兆円の対外資産のうち、１・２兆ドル（１７４兆円）である。政府の外貨準備１・２兆ドルの米国債と一致する。

図24は対外資産と対外負債の中身である。日本は海外への工場投資の累積残が３０８兆円ある。国内への設備投資を減らして海外に投資してきた。だから国内のＧＤＰが増えるわけがない。３０８兆円の工場は海外生産、海外販売になっている。ドルは得られるが、２０１０年以降は生産の利益のドルが国内に円転して帰ることが少なくなった。これが２０１２年の１ドル80円から１６０円台の１／２への円安の主因であった。

さらにその原因は、日本人口の高齢化と減少から国内の需要の増加を企業が見込むことができず、期待できる海外での生産になったことである。生産力のある大手製造業は、ドル／円のレートの大きな変動を嫌っていた。このため需要が減っている国内より、需要が増えている海外生産を選択した。これは合理的な動きであるが、国内経済は伸びなくなった。海外の現地法人数は２万５７００社に達している（２０２０年）。自動車の海外生産がもっとも大きい。

日本の政府系金融と民間金融の証券投資は、９９７兆円である。この金額は、海外金融機関とファンドの日本への投資９６７兆円とおよそ均衡している。

超過しているのは、財務省が占有管理している外貨準備1・2兆ドル（図表では183兆円）である。その内容の多くが長短の米国債である。あとは米銀やFRBへのドル預金である。日本の外貨準備は、1995年以前の外貨規制があった時代の遺物である。1995年以前の商社と輸入企業は、輸入決済用の外貨を外為市場で自由には買うことができなかった。このため財務省が輸入の超過に備えて内外の銀行から買ったドルを貯めて、輸入用のドルとして売っていた。この外貨準備はいまは必要がない。輸入する商社、企業はドル円だけでも1日に160兆円の売買がある外為市場でドルを買えばいい。ネットで瞬間に買うことができる。

1・2兆ドルの外貨準備を財務省が債券市場で売れば、その時点のドル円のレートで特別会計の財源になる。1ドル平均を145円で売ったとして、174兆円の外貨準備特別会計の財源になる。10％の消費税の年間額は約24兆円だから、消費税を撤廃したときの財源の7・3年分が米国に眠っている。ドル高になって平均120円で売ったとしても144兆円だから、消費税6年分である。ただしこの外貨準備の売りには、米国からよりも強い抵抗が財務省内にあるだろう。

【財務省が外貨準備売りに抵抗する理由】

財務省が外貨準備売りに抵抗する理由はなんだろうか？　イマジネーションが必要だ。

①日本経済の危機のときに売ってマネーを調達する外貨ストック。

②アジア開発銀行などへの天下り権限確保のため。

③国庫短期証券（短期国債の一種）を日銀に売って外貨を買ったものである。外貨準備を売った分、日銀に返済しなければならず財源としては利用ができない。

④米国が抵抗する。

以上の4項しかないように思えるが、ほかになにがあるだろうか。たぶんない。いずれも正面から論理を立てて対論ができる。

①と②は必要性がない。危機（たとえば金融危機、財政危機）のときは、日銀が国債を買って通貨を供給すればいい。また天下り先はいくらでもある。

③は外貨準備を売っても、日銀に国庫短期証券を返済する必要はない。国債とおなじように借り換え債を発行すればいい。

④米国が抵抗するというのは財務省の想定だけである。ウクライナ戦争の2022年から中国は米国債を売って金を買っているが、これを止める手段はない。

米国債は自由に買って自由に売れるという点で、通貨の次に価値があるマネー証券である。米軍が日本の防衛義務を負っている対価として米国債を日本に買わせているという説がある。しかし、これは虚説である。米国が日米安保で日本を守っていたとされる1994年には、外貨準備の米国債はわずかなものだった。対外資産の総額は259兆円しかなかった。外貨準備は1350億ドル（19・5兆円）だった。現在の1774兆円の1／9でしかない。

米国債174兆円が米軍による日本の防衛の対価だとする説は、論理的にも嘘である。米国は1994年の9倍の米軍を日本に駐留させていない。逆に減らしている。加えて日本は米国に「思いやり予算」として5年で1兆円を拠出している。

以上から米国にたいしても真正面から論じると、外貨準備の米国債は売ることができる。相手はトランプになるが、不動産業のトランプは商売的なセッション（交渉）とディーリング（取引）が好きである。これは押すことと適度に引くことだから、正面から日本のMJGA（Make Japan Great Again）のためだと対論すればいい。トランプは戦後の米軍の前方展開、つまり日本や韓国・中東への駐留とNATOの解体を述べている。米軍がグアムに引くなら、駐留費用のために日本に米国債を買ってもらっているという論拠はなくなる。加えてトランプは、輸入関税強化とドル安論である。つまり日本が米国債の外貨準備1・2兆ドル（168兆円）を売る条件は、2025年から2026年までに整う。任期は4年しかないから、2年目までに矢継ぎ早に米国再興の政策を実行する。

トランプがふだんの言動に似合わず、あれこれ抵抗するなら、この米国債を暫定的《ざんていてき》に日銀に売ってもいい。米国債を買うことに日銀は抵抗しない。あるいは前述したように外貨準備の米国債を担保にした「サムライ債」の発行でマネー調達しても、おなじ効果である。ドル円の外為市場では、1日160兆円というプールのように巨大な通貨取引があるから、1年で25兆円（1か月で2兆円）分のドル売りは蚊に刺された程度のものである。24年4月末の財務省による為替介入（9兆円）でも、たった0・26%円高に動いただけだ。

米国FRBが気にしている基軸通貨のポジションには影響ない。事実を言えば、中国はすでに2022年からドル国債売りをしている。外貨準備の売りに抵抗しているのは、米国より日本の財務省である。彼らは国会の監視がない特別会計の自由に処理ができる外貨準備の管理権限を失いたくない。これが動機である。

重要なことは、消費税をゼロにして衰退した日本の国内経済を消費税導入の1988年以前までとはいかないが活性化して、人口が年100万人減っていく5300万の世帯の実質賃金と実質の年金を10%上げるという政治的な政策である。

総選挙の結果、減税を主張する政党だけが勝った事実に照らせば、国民の希求がここにあることがわかる。腰の重い財務省も正面から論破できる。根拠と論理で論破された秀才は弱い。矢野次官が文藝春秋に書いたエッセイを読んで多少言いにくいが、財務省の頭脳とファイナンス理論の底は浅いと思った。

闇雲《やみくも》に米国債を売るのではない。1年に1700億ドル（25兆円）、1か月142億ドル（約2兆円）の売りなら、ほかのたとえば中国の大きな売りに重ならないかぎり、米財務省とFRBが懸念するドル基軸への打撃はない。1か月に米国債の世界での売りと買いは3兆ドル（435兆円）もあるからである。日本の財務省からの外貨準備の売りは、その0・6%である。

終章

成長経済に転じることができる日本

国民のための税制改革

終章に達した。
財務省も論破するために少し面倒ではあったが、
①経済・金融理論の背景と、
②ほぼすべての金額数値を根拠にして論理的に書いてきた。
形容詞、副詞は、映像的なイメージを作るための最小限しか使わなかった。

消費税がなくなって、四公六民になる国内経済はどうなるだろうか。シミュレーションする。

名目金額の賃金と年金額がおなじであっても、商品購買力になる実質賃金と年金は10％上がる。1か月名目金額で30万円を使っている世帯が物価10％低下による実質では33万円に上がる。これに名目賃金上昇の2％が加わって、実質の購買力は33万6600円相当に上がる。重要なことは、この世帯の実質賃金上昇がケインズ的な「乗数効果」を生んで持続することである。

所得の3％に下がっている預金の積み立ても若干は増えるだろうが、多くが数量を減らしてきた消費に回る。商品であれ、サービスであれ消費財を売るのは企業であるから、企業の数量売上は10％増えるだろう。これは、企業の人的な生産性を総労働時間はおなじでも10％上げることになる。

9章にまとめて示したが確認のため、消費税撤廃後の想定マネー循環を再掲する。「消費税撤廃→物価の10％低下→実質賃金の10％増加→①期待企業売上の増加（23兆円）→②人的生産性の上昇（5％）→③賃金の上昇（4％）→④経費10％の減少による企業利益増（10％）→⑤設備投資の増加（10％）→⑥GDPの3％増加（18兆円）→⑦税収の所得弾性値1・1〜2・0からの増加（10兆円）→⑧政府税収の増加（10兆円）→①への循環」というプラスの国内マネーの循環である。

②の人的生産性の5％上昇と、③の賃金上昇4％は控えめな試算である。消費税撤廃後、およそ1年後から実現するものと確信している。

【プラスの正のマネー循環を作る】

賃金の平均上昇を生産性上昇とおなじ5％にしても、じつは企業利益の増加でおつりがくる。コストに含まれている電力などにかかっている消費税もゼロになり、10％は下がるからである。ほかの経費や設備のコストも消費税分10％が下がるから企業利益の増加になる。企業の総経費が10％下がれば賃金を5％上げても、企業利益は上がって政府の税収も増えるようになる。これが消費税10％で失われていた、マネーのプラス循環として生産と需要を生む乗数経済である。社会保険料支給（年金・医療費・介護費・子育て支援金）の年3％の増加も実質賃金が5％上がると、政府収入も5％増えるから赤字が小さくなっていく。

【生まれる乗数効果】

そして強調すべきは、この経済循環は消費税をゼロにした1年では終わらないことだ。ケインズが言った実質賃金の増加によるプラスの波及的《はきゅうてき》な乗数効果が起こるからである。マイナスの乗数効果をもつものが消費すれば納税額が増える消費税だったが、財務省は決して消費税の乗数効果をマイナスにする本質を言わなかった。消費税の撤廃は、消費の10％にあたる約25兆円のマネーを毎年国民に与える点で公共事業とおなじ効果をもつ。

乗数効果とは、ケインズ経済学の経済成長の概念である。政府の支出や投資などの経済量の変化が民間の所得に波及し、最終的に何倍かの経済、国民の所得、政府の税収の成長を生み出す効果を言う。

政府が公共投資を増やすかまたは民間が設備投資を増やすと、その投資は経済を刺激し、新たな雇用と賃金の上昇を生み出す。この新たな雇用と賃金の上昇によって所得や消費が増加し、国全体の付加価値が増加する。このとき付加価値の増加額は、単に公共投資額にイコールになるのではなく、何倍（何年分）にもなる。第9章に、具体的な金額を入れて乗数効果の経済循環を示している。

1988年から3%、5%、8%、2021年の消費税の10%は、マイナスの乗数効果を33年間の日本経済にもたらしてきた。物価の上昇10%と、実質賃金の13%低下のスタグフレーション効果である。スタグフレーションは普通なら、好況の時期である物価が上がるなかで実質賃金が下がってしまうことである。

マイナスの乗数効果をもっていた10%の消費税の撤廃で日本経済には、今後すくなくとも10年にわたる乗数効果、実質GDPと所得の拡大効果が出る。拡大した商品需要になる実質賃金の上昇が成長経済へのターンキーである。

こうした、決定的な効果をもつことを書くために、

①5%の消費税増税つきの異次元緩和（500兆円）が目的だった名目GDPの3%上昇に失敗したこと、

②日銀が増刷したマネーは、ドル買いの増加（400兆円）になってしまって海外に流出し、1ドル150円台、160円台の円安にして輸入物価を上げるだけの結果だったこと、

③消費税と社会保険料の高騰から国民負担が五公五民に重くなって、国内経済を縮小させ

てきたことを数理的・論理的に述べてきた。

本書の全般にわたって具体的に数字をいれて詳細に書き、方法を示したあとは、外貨準備の売り（年1700億ドルを5年）を財源にして、日本経済をマイナスの乗数効果から縮小のスパイラルに走らせた消費税を撤廃する政党・政治家の出現をまつ。経済理論的な根拠は、本書が提供できたように思う。①適正を欠いた30年の低金利と消費税に、②1／2の円安にしただけのマネー増発が加わり、③構造的な人口減から長期停滞に陥っている日本を救うには、この方法しかない。

税制の改革に向かい政治と政府を革命的に動かすことができるのは、59％を占めている最大多数、無党派層の国民（主権をもつPeople&Public）の集合意思である。自民の固定的な支持層は、いまは20％台に過ぎない。国民のあいだには、反財務省の気運が強くなってきた。25年にわたって預金金利はゼロであり、世帯の実質賃金の低下があったからである。

24年10月27日の総選挙の投票率は53％と低かったから、自公が過半数を割るだけで済んだ。2009年並みの69％とはいわずとも投票率が60％台にもどるだけで政治は転換する。財源論はなかったが、減税だけを唱えた国民民主党の4倍（28議席）への躍進はあたらしい現象である。減税額は6兆円から7兆円と小さくても国民のニーズに合致していた。財務省ではなく国民の主権は、投票率が60％台に上がるだけで発揮される。25年7月には、衆参同日もうわさされている国政選択の総選挙がある。本書では経済の分析だけでなく、国民のために必要な税制の制度改革まで示した。

[著者プロフィール]
吉田繁治（よしだ・しげはる）
1972年、東京大学卒業（専攻フランス哲学）。流通業勤務のあと経営とITのコンサルタント。87年に店舗統合管理システムと受発注ネットワークをグランドデザイン。経営、業務、システムの指導。95年から2000年は旧通産省の情報システムの公募で４つのシステムを受託して開発。2000年、メールマガジンを開始。『ビジネス知識源プレミアム（有料版）』、『ビジネス知識源（無料）』を約４万人の固定読者に配信。経営戦略、商品戦略、在庫管理、サプライチェーン、ロジスティクス、IT、経済、世界金融、時事分析の考察を公開し、好評を得る。
主な著書に『金利と通貨の大転換』『アフターコロナ 次世代の投資戦略』『臨界点を超える世界経済』『仮想通貨 金融革命の未来透視図』『米国が仕掛けるドルの終わり』『マネーの正体』（いずれもビジネス社）、『国家破産』『財政破綻からAI産業革命へ』（PHP研究所）、『ザ・プリンシプル：経営の成功原則100』『利益経営の技術と精神』（商業界）などがある。
過去の記事　　　：https://www.cool-knowledge.com/
メールマガジン：https://www.mag2.com/m/P0000018.html
問い合わせ、質問：e-mail：yoshida@cool-knowledge.com

失われた1100兆円を奪還せよ！

2025年１月14日　　第１刷発行

著　者　吉田繁治
発行者　唐津隆
発行所　株式会社ビジネス社
〒162-0805 東京都新宿区矢来町114番地
神楽坂高橋ビル５階
電話 03(5227)1602　FAX 03(5227)1603
https://www.business-sha.co.jp

カバー印刷・本文印刷・製本/半七写真印刷工業株式会社
〈装幀〉大谷昌稔
〈本文デザイン・DTP〉茂呂田剛（エムアンドケイ）
〈営業担当〉山口健志　〈編集〉本田朋子

ISBN978-4-8284-2690-7